于立志 陈鲁民 编著

从历史深处
汲取智慧

中国出版集团公司　中国民主法制出版社 | 全国百佳图书 出版单位

图书在版编目（CIP）数据

从历史深处汲取智慧 / 于立志, 陈鲁民编著. 北京: 中国民主法制出版社, 2024.7. — ISBN 978-7-5162-3722-9

Ⅰ. K209

中国国家版本馆CIP数据核字第2024HJ4280号

图书出品人：刘海涛

出 版 统 筹：石　松

责 任 编 辑：张佳彬　姜　华

书　　　名/ 从历史深处汲取智慧

作　　　者/ 于立志　陈鲁民　编著

出版·发行/中国民主法制出版社

地址/北京市丰台区右安门外玉林里7号（100069）

电话/（010）63055259（总编室）　　63058068　63057714（营销中心）

传真/（010）63055259

http：//www.npcpub.com

E-mail：mzfz@npcpub.com

经销/新华书店

开本/16开　690mm×980mm

印张/17.5　字数/188千字

版本/2025年2月第1版　2025年2月第1次印刷

印刷/北京中科印刷有限公司

书号/ISBN 978-7-5162-3722-9

定价/56.00元

目录

第一章

怀志笃行

举世皆浊我独清

早在屈原（约前340—约前278）之前，楚国已广为传唱《沧浪歌》。约公元前305年，屈原带着无法实现政治抱负的一腔愤懑和忧国忧民的满怀愁绪，被流放到汉北，在汉北他又听到了渔父的《沧浪歌》。《昭明文选》中有《渔父》一文，文中两人通过问答遣词寄意，其表达方式新颖而独特，在楚辞中别具一格。

屈原被放逐后，行吟泽畔（在水边边走边吟诵），颜色憔悴，形容枯槁，一副英雄末路、心力交瘁的形象，不复往日的伟岸与潇洒。屈原眼睁睁看着奸佞弄权，国土沦丧，内心痛苦迷茫，思考着自己的生与死、去与留、进与退。这时渔父出现了，与屈原进行了一场很有思想深度的对话，试图以自己的人生观来打动屈原。全文采用对比的手法，主要通过问答形式，表现了两种对立的人生态度。

渔父先是问屈原："子非三闾大夫欤？何故至于斯？"——您不是三闾大夫吗？怎么落到今天这个地步啊？渔父这里第一问认定屈原的身份，第二问才是重点所在"错在哪儿"，为何落魄到这地步，当是渔父没有料到的。短短一句发问，一个洞察天下事的智者形象便跃然纸上，引出屈原答话，进而展开彼此间的思想交锋。

屈原直抒胸臆，坦言被流放的原因是"举世皆浊我独清，众人皆醉我独醒，是以见放"。亦即自己与众不同，独来独往，不苟合，不妥协，因而招致放逐，这是对当时黑暗现实和腐败朝政的痛苦揭露，也是他坚持真理、不肯放弃自己崇高信念的生动写照。

渔父对待现实的态度却与他相反，提出应当学习"圣人不凝滞于物，而能与世推移"的精神，随着外界事物的变化而变化，亦即识时务者为俊杰，不应该被停滞的外物所羁绊。渔父又劝解道："世人皆浊，何不淈（搅乱）其泥而扬其波？众人皆醉，何不铺其糟而歠其醨？何故深思高举，自令放为？"——世上的人都是浑浊肮脏的，你何不干脆把水进一步搅浑？大家都沉醉不醒，你何不多吃些酒糟使自己醉得深一些？何必忧虑君主和庶民，独标忠直，让自己倒霉呢？渔父拿出一种悠然又高蹈的姿态，其言意在劝说屈原在乱世中放低姿态，"与世推移"，要善于保护自己，不要太清高，不宜高标独立，以至招来流放之祸。还是随波逐流，与世沉浮，作一隐居林泉的高士，忘却世间一切烦恼与纷争吧。

屈原答曰："吾闻之，新沐者必弹冠，新浴者必振衣；安能以身之察察，受物之汶汶者乎！宁赴湘流，葬于江鱼腹中。安能以皓皓之白，而蒙世俗之尘埃乎！"——屈原回答说：洗完头一定要掸掸帽子上的灰尘，刚洗好澡一定要抖抖衣服上的污秽，怎么能以清洁之身去沾染污垢呢！表明自身洁白，不能接受周围污物的沾染。屈原对贪鄙奸佞的人表示了极大的愤懑，并矢志不移地回答"宁赴湘流，葬于江鱼腹中"，也绝不"蒙世俗之尘埃"，不惜牺牲性命也要坚持自己的理想。"竹移低影潜贞节，月入中流洗恨心。再引离骚见微旨，肯教渔父会升沉？"可以这样说，《渔父》是一个爱国者壮志未酬、无比悲壮的挽歌。

《渔父》以对话的形式，完美地塑造了渔父与屈原两个完全不同的人物形象，展现出两种完全不同的处世立场、原则与价值观，最终谁也没有说服谁。与其说渔父与屈原偶然巧遇，不如说是渔父等待屈原，他给屈原一个表明清白忠贞的机会。一个折节保身，随遇而安；一个宁为玉碎，不为瓦全。

全文结尾部分，渔父听了屈原的再次回答，莞尔而笑，兀自唱起"沧浪之水清兮（碧波清清啊），可以濯我缨（帽缨）；沧浪之水浊兮，可以濯我足"，"鼓枻（划桨）而去"，驾船唱着《沧浪歌》远去了。文中对渔父的描写十分传神。他对屈原不听劝告，不愠不怒，不强人所难，以隐者的超然之态，心平气和地与屈原分道扬镳。看来，这个渔父不是普通的渔父，而是一位饱读诗书的博学之人，是一位对屈原知情交心者，有着高洁洒脱的隐士风度。他对世事了然于心，说话含蓄，唱歌还那么有意蕴，具有闲云野鹤般的神秘色彩。他在文中处于从属地位，为屈原抒发内心郁结而存在，他对世事的"无为"态度也凸显出屈原忠贞爱国的高尚情操。

司马迁将《渔父》作为史料载入屈原的传记中。许多人认为《渔父》的作者并非屈原。文中屈原表示"宁赴湘流，葬于江鱼腹中"，也绝不"蒙世俗之尘埃"，不惜牺牲性命也要坚持自己的理想，以下当是赴湘自沉的一幕，似不可能再有心绪用轻松的笔调续写"莞尔而笑"的渔父。郭沫若说："《渔父》可能是深知屈原生活和思想的楚人的作品。"（《屈原赋今译》）

沧浪浊清高下见，濯缨濯足是非明。不论是作者的叙述还是渔父的批评，都充满着对屈原的理解、关心和同情。在《渔父》中可以看到，渔父是一位隐者，是道家思想的忠实信徒，历经沧桑，惯看秋月春风，笑谈人生奇遇，能够提高对话的含金量；淡泊尘世，洒落超脱，全身远害，是在劝告屈原摆脱尘世的烦恼；归隐山林，一言不合，飘然而去，荡舟于碧波之上，隐没于绿荷之中。也有人认为，渔父用"自我暴露"的方式，诱导屈原抒发内心郁结，反衬和赞扬了屈原。

作为坚守儒家传统的思想家、政治家、爱国诗人，屈原面对社会的黑暗、污浊，执着、决绝，不苟且、不低俗，取"沧浪之水"清纯、高洁之意作为自己追求的精神境界，不为外界环境的污浊所动摇，以"举世皆浊我独清，众人皆醉我独醒"的高风亮节，以视死如归、为理想奋斗终生的不屈精神，始终坚守着人格高标，明知不可为而为之，宁可葬身鱼腹，宁愿舍弃生命，"伏清白以死直"，也不蒙世俗尘埃，不肯在"兰艾杂糅"中污损了清白崇高的本质，决不随波逐流而玷污清白；纵然理想破灭，也要精神清洁，视死如归，"宁为玉碎，不为瓦全"；他以沉湘自尽，表现出与黑暗势力苦斗到底的决心和忠直清廉的高尚情操。正如李白《江上吟》所言："屈平辞赋悬日月，楚王台榭空山丘。"

屈原的精神激励着中华儿女为真理而奋斗，前赴后继，砥砺前行。渔父用吟唱《沧浪歌》来表达他对三闾大夫的无比崇敬之情。屈原的志向在于立德、立功。他努力修炼充实自己，做到了"立德"。屈原很有才华，起步很早，但由于种种原因，他在政治上失败了，没能实现"立功"的目标。但他取得了"立言"的巨大成功，真正做到了"不朽"，使我们对他倍加敬仰。

当筵完璧乃真英

蔺相如，战国后期著名的外交家、政治家，官至赵国上卿。他经历了完璧归赵、渑池之会和负荆请罪三个事件。蔺相如足智多谋，胆量过人，不畏强权，以国家利益为重，迫使敌人就范，使赵惠文王免遭屈辱，受到重用。

战国后期，秦国经商鞅变法后迅速崛起，成为"七雄"之首。唯一能抵抗秦国的只剩下赵国。公元前 283 年，秦昭襄王听说和氏璧落到了赵惠文王手里，派人给赵惠文王送来一封信，表示秦国愿意以 15 座城池的代价，换取赵国的和氏璧。赵惠文王觉得秦王有诈，若是答应，恐怕上当；若是拒绝，又怕秦王发怒，攻打赵国，急得团团转。这时赵国的宦者令，即管理宦官的官员缪贤站出来对赵惠文王说："我有个门客蔺相如是个勇士，又有智谋，可以出使。"赵惠文王说："快把他召来。"

蔺相如来到赵王面前，说："秦国以 15 座城换璧是假的，臣愿奉璧去秦国。城归了赵国，我就把璧留在秦国；城不交给赵国，臣一定完璧归赵！"

　　这次出使有很高的风险，但智者自有打法。蔺相如到秦国献璧后，见秦王让身边的美人和侍从观赏，无诚意交割城邑，于是假称和氏璧上面有小小的瑕疵，要指给秦王看。

　　秦王就把璧给了蔺相如。蔺相如举起美玉立刻靠近大殿的柱子，怒发冲冠，声色俱厉地指斥秦王如此傲慢，恃强凌弱，无意用 15 座城来交换和氏璧，以城骗璧，言而无信，并说，如果秦王一定要逼迫他，他情愿把自己的头颅和玉璧，撞碎在柱子上！

　　秦王这时才明白，赵国派来的使臣是强硬的对手，怕他损坏玉璧，就答应从此斋戒 5 天，并派人送蔺相如到馆舍休息，之后双方再商谈。

　　蔺相如暗中派随从把玉璧藏在身上，抄小路送回赵国。最后秦国并没把 15 座城池划给赵国，赵国也没有把和氏璧送给秦国。

　　蔺相如一举成名。后来秦、赵两国交战，缺乏勇气的赵王应秦王之约赴渑池会，由蔺相如陪同。蔺相如与大将军廉颇约定，随事态发展做两种准备。

　　"不辞颈血溅秦王，进缶当筵气慨慷。"——渑池相会时，秦王企图侮辱赵王。席上，秦王对赵王说："我听说您喜欢弹瑟，请您弹一曲给我听听。"赵王用瑟弹了一曲。秦王命史官记下这件事。史官高声宣读："某年某月某日，秦王与赵王会饮，秦王命赵王弹瑟。"

　　蔺相如一听，这不是存心侮辱赵国吗？只见他走到秦王面前说："赵王听说秦王很擅长音乐，我今天奉上瓦盆，请秦王敲敲瓦盆助兴。"秦王气得变了脸色，不去理他。蔺相如很气愤，说："五步之内，我可以把自己的血溅到大王身上。"秦王见蔺相如怒发冲冠，咄咄逼人，只好勉强地敲了一下瓦盆。蔺相如吩咐赵国史官写道："某年某月某日，秦王为赵王敲瓦盆助兴。"

秦王的群臣见秦王没有占到便宜，就说道："请赵国送15座城池为秦王祝寿！"蔺相如随即说："好，请秦王割让国都咸阳给赵王祝寿！"

蔺相如机智巧妙，毫不退让，以死相拼，才气和胆识在此一览无余，使存有野心的秦王没有占到丝毫便宜，两国暂时停止战争。

赵王认为蔺相如是个难得的人才，捍卫了赵国的尊严，极好地完成了使命，便拜他为上卿，地位在廉颇之上。廉颇被后世誉为"战国四大名将"之一，与白起、王翦、李牧齐名。廉颇对蔺相如被封为上卿心怀不满，认为自己多次打败秦国的侵犯，屡立战功，声震诸侯，而蔺相如不过是个门客，凭借三寸不烂之舌，立了点功却位高于自己，心里不服，十分恼怒、嫉妒，扬言要当众羞辱蔺相如。

有一天，蔺相如偶然在路上望见廉颇，便吩咐手下的人倒车躲进胡同，让路于廉颇。上朝时，蔺相如不愿跟廉颇争职位的高低。以至于蔺相如手下的门人觉得主人没有胆量，被欺负都不敢还手，因而纷纷打算请辞。

廉颇后来得知蔺相如之所以退让，是因为蔺相如以国家大局为重，怕双方发生矛盾对赵国国家安全不利，觉得很惭愧，认为自己目光短浅，把个人的名誉和地位看得过重了。于是赤膊露体，背着长长的荆条，到蔺相如家去赔礼道歉。他一见蔺相如，马上跪倒在地，说："我是个粗鲁的人，见识少，气量窄，对您很不尊重，想不到您竟如此宽容大度。您就用荆条打我吧！"

蔺相如见廉颇负荆请罪，急忙起身上前扶起老将军。说道："大丈夫在世，要先国家而后私仇。我们都是赵国的文武重臣，最重要的事情就是保卫赵国，使赵国不受别国的欺凌。至于私人之间的一些小事情是算不了什么的。"

从此以后，廉颇和蔺相如互敬互让，成为生死之交。赵国"文有相如，武有廉颇"，由于"将相和"，秦国十年都不敢出兵进犯赵国。

蔺相如能够施展自己的人生抱负，离不开缪贤的发现与举荐。国难当头，缪贤深明大义。可以说，缪贤是发现蔺相如的伯乐，是蔺相如走向成功的真正推手。蔺相如的成功一是在于他有着非凡的智慧和勇气，敢在朝堂之上当众斥责如猛虎的秦王，可谓九死一生、屡破险招，诠释着对赵国的忠诚、对使命的担当。诚如鲁迅所说："真的猛士，敢于直面惨淡的人生，敢于正视淋漓的鲜血。"二是在于他顾全大局，宽容忍让，虽遭到没有自己地位高的同僚的误解，但依然礼让为先。蔺相如、廉颇一文一武，产生合力，最终胜敌，"军功章"有相如一半，也有廉颇一半，不愧为传颂千古的良相名臣。

蔺相如在秦廷之上，怒叱秦王，智逼秦王，巧计脱身，可谓大智大勇，立了大功，位列上卿，居廉颇之上。廉颇作为大将军，级别不可谓不高，以英勇善战闻名于世，但智谋远不及相如，自认为功高，声言"我见相如，必辱之"，表现得心胸狭窄。如果是"一阔脸就变"之人，就不能忍受廉颇的攻击，可蔺相如却不去计较，而是以国家大局为重，把个人恩怨放在后面，容让廉颇，确为明智之举。廉颇知错并勇于认错，特意用古人最郑重的道歉方式"负荆请罪"，承认自己是个粗人，气量小，希望能得到蔺相如的原谅，突出表现了他坦率真诚的品格，也难能可贵。

有感于斯，于立志赋七律《蔺相如》：

真堪豪气虎狼惊，巧计频施肝胆倾。

赴会犯颜宁溅血，当筵完璧乃真英。

邯郸示让回轩巷，廉将求罚袒负荆。

感叹蔺生花涌泪，夜读史迹句含情。

赵武灵王胡服骑射

赵武灵王（？—前295），赵氏，名雍，赵国邯郸（今河北邯郸）人。战国时期杰出的政治家、军事家、改革家，赵国第六代君主。他不循旧法，敢为天下先，实行胡服骑射变革，排除干扰，锐意进取，拓地千里，使赵国国势为之一振，跃入强国行列。

秋风阵阵，大雁南归，正是草原上牛羊肥壮的季节。一个身材高大的年轻人背着行囊，在赵国的边境上转来转去，问这问那，晚上就睡在简易帐篷里。白天，他看着胡人的骑兵来去如飞，机动灵活，人虽不多，但战斗力极强。而赵国以战车为主的军队，则行动缓慢，进退不易，很难捕捉到战机，常常是浩浩荡荡出去，结果是无功而返。看着看着，他不由得陷入深思，皱起眉头。

他就是乔装打扮的赵武灵王赵雍，一个人悄悄到边境来考察防务形势。赵武灵王刚继位时，赵国经济落后，军力弱小，内外交困，苦不堪言。在中原常受秦、齐、楚等强国的欺负，割地赔钱；在北边又饱受北方游牧部族的侵扰，他们三天两头到赵国抢掠，来去如风，追也追不上。赵武灵王是个有远大志向的人，不甘平庸，不甘落后，他继位后整天谋划着如何强国强军，改变赵国落后的面貌，但又苦无良策，每日闷闷不乐。后来他决定微服私访，不带随从，独自到北部边境了解军务和防备情况。多次亲眼见识了胡人骑兵的机动性和战斗力之后，他思考良久，反复酝酿，一个大胆的想法诞生了。

回来后，他找了几个心腹谋臣反复商量，分析利弊，终于下定决心，师法匈奴骑兵，实行大胆军事变革。赵武灵王十九年（前307），赵雍在朝堂宣布实行军事变革，他动员说："胡人的骑兵来如飞鸟，去如绝弦，是当今之快速反应部队，带着这样的部队驰骋疆场哪有不取胜的道理，赵国要想强盛，就必须学习胡人。"并明确变革三项任务：一是服装改革，将赵国军人臃肿的宽袍大褂式军装改为胡人那样的短装，束皮带，穿皮靴，戴着插有貂尾或鸟羽的武冠，轻装上阵，便于厮杀；二是军械改革，淘汰笨重的战车，改为大力发展轻巧、机动性强的骑兵；三是技战术改革，改过去的战车厮杀训练为在马上射箭的训练。

变革就是推陈出新，革除时弊，因而任何变革都是有阻力的，赵雍实行的军事变革同样也是如此。虽然有肥义、楼缓等大臣坚决支持变革，但反对改革的人更多，声音更大。贵族公子成等认为不该"袭远方之服，变古之教"；大臣赵文认为"衣服有常，礼之制也"；贵族赵造认为"圣人不易民而教，知者不变俗而动"，反对变革的声音甚嚣尘上。赵雍毫不动摇，一一驳斥了这些谬论，提出："治世不必一道，便国不必法古"，"以古制今者，不达于事之变"。①并当着他们的面用箭将门楼上的枕木射穿，严厉地说："有谁胆敢再说阻挠变革的话，我的箭就穿过他的胸膛！"

赵雍胆大心细，是个很有智慧的人，深知"擒贼先擒王"的道理，变革反对派的领袖人物是公子成，也是他的叔叔，赵雍宣布变革后，他就在家里装病不上朝，暗地里还在秘密活动，抵制变革。赵雍先派使臣去做工作，动之以情，晓之以理，结果无效。赵雍就亲自上门，以探病为由，给他耐心做思想工作，给他讲变革的意义，动员他站在支持变革的一边来。赵雍说："我们赵国四面受敌，没有一支强大的骑兵，怎么能守御得住？中山国区区小国，也敢屡次犯我赵国土地，掳掠赵国民众，有一次还差点打下鄗地，先君对此深以为耻。所以，我变革服装，号召学习胡人的骑射技术，是要借此增强国家的军事实力，这样才能保家卫国，消灭中山，报仇雪耻。可是叔父您固守传统习俗，不愿改穿胡服，却忘了国家的耻辱，这真是太让我失望了！"赵雍苦口婆心，磨破了嘴皮，终于说动了公子成。第二天上朝，公子成就穿上了赵雍送来的胡服，其他反对派官员一看，面面相觑，也无

---

① 缪文远、缪伟、罗永莲译注：《战国策》（下），中华书局 2012 年版，第 552、557、559、560 页。

话可说了，只有跟着走了。

赵雍懂得变革不能急于求成的道理，推行"胡服骑射"很讲究策略，并没有一下子全面铺开，而是逐步推广，循序渐进。先是自己以身作则，着胡服，学骑射；进而推广于家族中和朝廷上；再全面推广到官府中和军队中。层层递进，以点带面，收到了很好的效果。

变革后，赵国在攻取原阳（今内蒙古呼和浩特东）之后，把它改为"骑邑"，专门用来训练骑兵，由于轻装骑兵速度迅捷、运动灵活、攻击性强，特别适于在内地平原和北方草原地区作战。赵国军队面貌焕然一新，战斗力迅速增长。赵军小试锋芒，攻取中山，攻略胡地，借此扩大领土，而且使这些游牧部族服从；还收编了林胡和楼烦的骑兵，借以增强兵力，使赵国从此成为与齐、秦并列的强国之一，也成为战国后期唯一能与秦国抗衡的军事大国。

胡服骑射延至后世，骑兵成为封建国家的重要兵种之一，延续了2000多年，李广、关羽、吕布、秦琼、岳飞都是马上名将，赵武灵王也被后世奉为"骑兵之祖"。国学大师梁启超曾高度称赞道："自黄帝以后，数中国第一雄主，其武灵王哉，其武灵王哉。"[1]历史学家翦伯赞也十分推崇："骑射胡服捍北疆，英雄不愧武灵王。"

军事变革是否能成功，会影响一个国家的命运，赵国的军力由衰而盛，一跃而臻于一流，就是对胡服骑射变革的最好肯定。

---

[1] 《梁启超全集·第四集·论著四》，中国人民大学出版社2018年版，第600页。

而胸有大志，眼光敏锐，意志坚定，措施得力，是赵武灵王成功的主要原因。以史为鉴，可为前事之师。

应奏班超定远功

班超（32—102），东汉时期著名军事家、外交家，字仲升，扶风安陵（今陕西咸阳东北）人。班超在西域31年，功绩卓著，留名千古。唐朝诗人许浑高度评价班超说："秋槛鼓鼙惊朔雪，晓阶旗纛起边风。蓬莱每望平安火，应奏班超定远功。"

光阴荏苒，时光如梭。这一年，班超已到不惑之年，还在辛辛苦苦地为官府抄写文书，每日伏案挥毫，挣着微薄的薪俸，干着不如意的工作，心里十分郁闷。他常写着写着就停下来扔下笔叹息说："我身为大丈夫，尽管没有什么突出的计谋才略，总应该学学在西域建功立业的傅介子和张骞封侯晋爵，怎么能够老是干这抄抄写写的笔墨营生呢？"旁人都嘲笑他异想天开，不务实际，有些想入非非，班超却反驳说："你们这些凡夫俗子又怎能理解志士仁人的博大襟怀呢！"

这时，机会来了。永平十六年（73），因北匈奴频繁侵犯西域，边境危急，一再向朝廷求援，汉明帝令奉车都尉窦固领兵出征。班超得知这个消息后，就赶忙上书汉明帝，请求随名将窦固到边关杀敌安境，建功立业。汉明帝对勇气可嘉又极有辩才的班超早有好感，见他还有这般雄心壮志，大为高兴，当即批准他追随窦固出击北匈奴。就这样，41岁的班超"投笔从戎"，开启了他波澜壮阔的军旅生活。

班超不仅是个铁血男儿，而且还胆大心细，足智多谋。有一次，班超作为外交官出使西域鄯善国，国王一开始对他们接待十分恭敬礼貌，但过了些日子，忽然冷淡起来。于是，班超警惕起来，他探听到一则重要信息，原来匈奴的使者也来了。鄯善国处于汉与匈奴两国之间，国王谁都不敢得罪，左右为难，摇摆不定。

班超就把手下的 36 名官兵召来喝酒。酒喝足了，班超激将说："我们都想在西域建立大功，求取富贵。现在匈奴使者一来，鄯善国态度就变了，如果发展下去，他们将会把我们送给匈奴使者，我们将死无葬身之地。怎么办呢？"官兵们齐声说："现在我们已陷入困境，一切都听从您的安排。"班超给他们分析脱险的办法："不入虎穴，焉得虎子！如今只有先下手为强，夜里用火攻打他们，他们不知我们有多少人，杀他们个措手不及。消灭这些凶恶的匈奴使者，就能断绝鄯善国王的后路。"

当天夜里，班超就带领那 36 名官兵，按照事先打探清楚的线路，去袭击匈奴使者的住宿地。正赶上刮大风，班超命令 10 人带着鼓藏在舍后，约定说："看见火起后就敲起大鼓。"其余的人都手持弓箭，埋伏在门两旁。班超顺风放火，舍后鼓声震天。匈奴人在睡梦中被惊醒，根本不知道是怎么回事，整个驻地陷入一片混乱之中。班超带领官兵杀死匈奴使者及其随从 30 多人，其余的 100 多人都被烧死了。

第二天，班超就把匈奴使者的首级呈给鄯善国王看。国王很害怕，立即转变了态度，便把儿子作为人质，与汉朝结好。

接着，班超挟着鄯善国成功之威，出使抵达于阗国。这里巫术盛行，有一名与匈奴暗通的巫师找到于阗国王，声称汉朝使团的马深受天神喜爱，只要献祭给天神，天神就会高兴。于阗国王听信了巫师的话，就派同样被匈奴收买的丞相向汉朝使团索要马匹。如果汉朝使团不交出马匹，他们就会借天神之名，杀害班超等人。班超当机立断，毫不犹豫地派人斩杀了巫师，还把丞相抓起来，公开鞭打责骂，并向国王揭露了巫师和丞相的阴谋。于阗国王权衡利弊后，立即下令诛杀了匈奴使臣，同时宣布整个于阗国完全臣服于汉朝，并且向汉朝派遣王子作为人质。

班超在危急时刻沉着冷静，采用先发制人的策略，扭转了局面，使形势朝着有利于自己的方向发展。既顺利脱险，又不辱使命，为国家立了奇功。皇帝非常赞赏班超的胆识，给他记了大功。不仅实现了他异域立功的宏愿，且"万里封侯"。后世由此敬称他为"满腹皆兵，浑身是胆"的"班定远"。

班超，出身于史学世家，其志向不在于研究历史，而是希望建功沙场，杀敌卫国，"了却君王天下事，赢得生前身后名"。于是，就有了他的 31 年戎马生涯，出生入死，惊心动魄，最终完美收官，成了东汉时期著名的军事家、外交家。

班超在西域艰苦奋战，九死一生，为国家做出了巨大贡献。他在内平定诸国内乱，保持稳定；对外抵御强敌，文攻武卫，威信很高。他在西域进行军事外交活动，因为交通不便，路途遥远，很少得到朝廷资助，主要依靠当地兵力与财力，这全靠班超的个人影响力与人格魅力。他为政宽简，赏罚分明，处事公平，因而吏士团结，人心向附。毫无疑问，自汉置西域都护以来，以班超功绩最为卓著，创造了很多军事、外交奇迹。

班超退休后，儿子班勇接手他的事业，又在西域镇守了20多年。班家父子二人在西域的镇守时间累计超过了半个世纪，让汉朝牢固地掌握了西域，使它成为中原王朝无可争议的一部分。

每个人的历史都是自己书写的，只要为国家出了力，为民族做了贡献，人民就不会忘记，历史就不会忘记。历史演义小说家蔡东藩诗曰："投笔从戎胆略豪，积功才得换征袍；漫言生相原应贵，要仗胸中贯六韬。"

诸葛亮志存高远

诸葛亮（181—234），字孔明，人称"卧龙"，琅邪阳都（今山东沂南南）人，三国时政治家和军事家。因足智多谋，善于治国治军，功勋卓著，官至丞相，辅佐刘备、刘禅父子建立蜀国，并为统一中原的理想而鞠躬尽瘁。

诸葛亮长得大高个儿，瓜子脸，眉目清秀。陈寿说他"身长八尺，容貌甚伟"。诸葛亮刻苦读书，学问日渐精深，充满自信。一次，叔父诸葛玄对他说："你学问有成，应该有所作为。荆州刘表和我有交情，看在我的面子上，他会收留你。"诸葛亮说："我的才能只是小有所成，如果轻易出山，可得一时的富贵，但终不是我的志向！"

诸葛玄死后，诸葛亮带着弟弟诸葛均隐居于襄阳城西的隆中，亲自耕种土地，苦读不止，磨砺意志。有人劝他不要浪费自己的才能，诸葛亮说："现在天下大乱，没有大才的人是不能平定天下的。我不是不想出山，而是担心我的才能不够啊！"

诸葛亮的学识、才能与志向，奠立于这 10 年艰苦岁月。他博览诸子百家之书而"独观其大略"，其核心则为儒家学说，可与伊尹、吕望相媲美。诸葛亮"高远之志"的核心，即为拯世济民、兴复汉室。诸葛亮平素"自比管仲、乐毅"，表明以后是要出将入相的。在他心中，一州一郡不过弹丸之地，扫清天下方是本心。他正是以"社稷之器"而自认，充溢着青年人特有的豪气、锐气和勃勃生气，体现他的政治抱负和人生理想乃是做个贤臣良将，辅佐明君，"进欲龙骧虎视，苞括四海，退欲跨陵边疆，震荡宇内"，廓清四海，一统天下，建不世之伟业，立盖世之奇功。清人毛宗岗对诸葛亮推崇备至，认为诸葛亮是古往今来最有影响力的相辅，比管仲、乐毅的才能更强，兼有伊尹、吕望二人的能力。

徐庶在离开刘备之时，便对刘备称他与孔明相比"譬犹驽马并麒麟，寒鸦配鸾凤耳"。徐庶用这样的对比突出了诸葛亮的才智。刘备听后便三顾茅庐以请其出山。诸葛亮在《草庐对》中对天下三分形势的分析，体现了成竹在胸、指点江山的政治家的气度。他在刘备处于军事劣势的情况下出山辅之，并最终实现天下三分，堪称转败为胜的典范。

诸葛亮志在邦国，淡泊寡欲。他在《又与李严书》中有所表露："吾受赐八十万斛，今蓄财无余，妾无副服。"大意是，我的家里没有存款，侍妾连件像样的换洗衣服也没有。他在上给后主刘禅的《自表后主》一文中说，他家在"成都有桑八百株，薄田十五顷，子弟衣食，自有余饶"。说的就是占领益州之后，全家人就靠刘备赐给他的那笔钱购置的那一份产业生活，后来就从未增置。这份家庭财产清单充分地表明了诸葛亮是多么清廉。"桑八百株,薄田十五顷",按照汉代和三国时期的官俸制度,这是很少的。他还诚恳地表示,在他死后,"不使内有余帛,外有赢财,以负陛下"。

诸葛亮娶了河南名士黄承彦的女儿黄硕为妻子,对妻子的爱情忠贞不渝。他在隐居时,与妻子互敬互爱,在刘备"三顾茅庐"之后,待妻子依然恩爱如故。黄硕皮肤黑,长得比较丑,但聪明贤惠,不愧为诸葛亮的"贤内助"。诸葛亮出山后专注于治国与征伐,而家中始终井然有序,不劳诸葛亮分心。

一统北方有大为

曹操(155—220),字孟德,著名军事家、政治家、文学家。曹操有实现理想抱负的勇气和谋略,他凭借卓越的政治军事才能,一生戎马倥偬,南征北剿,结束了汉末豪族混战的局面,恢复了黄河两岸的广大平原,统一了北方。建安十三年(208),曹操进位丞相,后获封魏王。曹操在诗文方面有很高的造诣,诗歌深得古乐府之妙,引领一时之风气,开创了"建安风骨",在中国文学史上有着重要地位。

曹操十分聪明能干,爱惜人才,机智权变,在一定的历史条件下,做出了一番事业。曹操独具慧眼,清醒地认识到政治决策是否正确、民心的向背,是决定胜负的首要因素。因此,他毅然接受了幕僚"挟天子以令诸侯"的建议,把汉献帝接到自己的根据地许昌。他手握天子王牌之后,得以号令群雄,壮大自己的势力，取得了政治上的优势。董卓、王允、袁绍等都曾显赫一时，但最终昙花一现，是由于他们缺乏统揽全局的政治才能。袁绍比曹操更有条件挟天子以令诸侯，却拒绝了谋士田丰的建议，错过了迎汉献帝的良机。

曹操多谋善断，善于用兵，有着较高的军事组织才能和指挥才能。谋臣郭嘉27岁到曹操那里当参谋，出了许多好主意。郭嘉评价曹操以少克众，用兵如神，基本符合事实。曹操一开始就注重抓粮食生产，他在许昌一带招募逃亡农民进行屯田，这对解决军粮问题、安定民心、巩固后方起到了很大作用。

曹操领兵救援东郡太守刘延、解除白马之围后，估计白马很难固守，于是便将军队撤出。忽报袁绍已派河北名将文丑率大军来追击曹操。曹操登高眺望，见敌军越来越多，便下令骑兵解鞍放马，同时将粮草、器械等辎重弃放在路上。敌军乘胜追杀而至，见状误以为曹军在逃，便纷纷四散，抢粮草、马匹，队形完全乱了套。曹操乘势率领骑兵攻打袁军，断敌后路，使敌军措手不及，溃不成军。

官渡之战是汉献帝建安年间袁绍、曹操之间爆发的一次决定性战役。官渡之战最危急之际，袁绍犯了致命性错误。袁绍派出去攻打曹军大营的主力部队，由名将张郃和高览统率。张郃主张增援乌巢，向袁绍分析道："曹军精锐，必定打败淳于琼，而乌巢失守，满盘皆输。"袁绍刚愎自用，只分出少量部队去增援乌巢，主力仍然攻打曹营。看似面面俱到，实则面面皆空。袁绍该用的人不用。他手下的谋士许攸掌握了大量军事情报，又足智多谋，建议袁绍遣骑兵袭击许都，遭到袁绍的怒斥。此时从邺城传来消息，说许攸的家人犯法被抓捕，许攸如五雷轰顶，一气之下投奔曹操。许攸的叛逃对袁绍是个极大损失。

听到许攸来投奔的禀报，曹操欣喜若狂，连鞋子都来不及穿，光着脚冲了出来，把许攸迎入大帐，连声说道："您来了，我大功告成啦！"许攸对曹操的窘境有着准确的判断，说道："您孤军困守，外无救援，粮草将尽。袁绍有辎重一万多车，集中在乌巢一带，驻防部队戒备不严，您轻装袭击，出其不意，烧掉粮草，袁军不出三天便将溃败。"曹操决定亲自出马，一旦遇到险情，他能够随机应变。

曹操率领5000兵马直捣乌巢，不顾一切地发动猛攻，殊死作战，将袁绍的大粮仓全都点着，火光四起，化为灰烬，大破淳于琼部，从根本上打败了袁绍。袁绍后方粮仓陷落，前方主力降敌，占据优势的袁军竟然在转瞬之间大溃败，袁绍仓皇逃跑，连收拾营帐中的机要文件都顾不上。曹操消除了外患，统一了中原。

官渡之战巩固了曹操的政治地位，以及在汉官、曹氏阵营中的声望。曹操走上了事业的巅峰。经过几年征战，他攻下了冀、青、幽、并四州之地，基本上统一了北方。

曹操在用人上具有大海般的胸怀。张绣是曹操的敌手，占据南阳郡，双方曾多次交战。在一次战斗中，张绣的军队杀死了曹操的儿子和侄子。199年，张绣的谋士贾诩劝他投降曹操。当张绣率兵到许昌投奔曹操时，曹操以诚相待，拜张绣为扬武将军，并为儿子曹均娶了张绣的女儿。张绣在以后对袁绍的战争中，替曹操立下了不少功劳。

曹操对人才的诚意和信任，换来的是感激和忠诚。曹操的智囊团中有一个叫程昱的人，此人虽然很受曹操赏识，但性情刚戾，得罪了不少人，有人忌恨，就诬告他要谋反，想借助曹操手中的权力除掉他。曹操对程昱是了解的，他清楚，程昱虽然有缺点，但绝非谋反之人。曹操为了维护程昱，越是有人告状，他就越是宽厚地对待程昱，用人不疑。

王修原本是袁谭的人。袁谭被杀后，王修号啕大哭去找曹操，请曹操批准他为袁谭收尸。曹操故意不答应。王修就说："受袁氏厚恩，若得收敛谭尸，然后就戮，无所恨。"结果曹操"嘉其义，听之"，后来王修也成为曹操的重要谋臣。

曹操以雄才大略，叱咤风云数十年，成为汉魏之间的一代霸主。曹操始终没有废去汉献帝而自己称帝，主要是由于东汉末年，朝纲伦常依然存在，儒家文化的忠、孝、礼、义依然是当时的价值标准。曹操摆脱不了儒家的影响，受皇权的正统思想影响较深，未敢一举废掉皇帝自立。

曹操心理素质好，尤其是逆商高，不管遇到多大的风浪，总能毫不气馁，坦然处之，然后从头再来，依然不减英雄气度。他融合韬略和率真，豁达开朗，乐观自信，笑得放达，哭得动情，大气磅礴，笑傲江湖，是一个性情中人和本色英雄。

智勇双全"杜武库"

杜预（222—284），字元凯，京兆杜陵（今陕西西安东南）人。魏晋时期军事家、经学家、律学家，晋灭吴之战的统帅之一。杜预武学精湛，善于打仗；耽思经籍，博学多才；文史皆通，多有建树。正因为他是文武全才，功勋卓著，成了一位同时进入文庙和武庙之人。

咸宁四年（278）春季，杜预刚担任荆州前线主将，得知对面是经验丰富的东吴名将张政把守，很难对付，不把他除掉就无法打开局面，就想了一条借刀杀人的计谋。他以迅雷不及掩耳之势发起进攻，张政虽然对杜预的到来有所警惕，但万万没有想到，他一到任就来偷袭，由于没有准备吃了败仗。张政害怕皇帝孙皓惩罚他，没有如实报告情况。杜预早已了解到孙皓生性多疑，刻薄寡恩，对臣下不信任，就故意把在西陵抓到的俘虏送到孙吴的首都建业（今南京）以激怒孙皓。他果然中计，气急败坏地召回张政，任命没有作战经验的刘宪接替。大战之前，将帅移易，军心动荡，这就为晋军的胜利创造了有利的条件。

《晋书·列传第四》记载，咸宁五年（279），经过多年精心准备，晋武帝终于开启统一大业。杜预是西晋统帅之一，任务是进攻江陵（今湖北荆州），控制长江中游的水道。以江陵为核心的荆州地区当时是东吴重兵把守的战略要地，可以说西晋灭东吴能否成功就取决于杜预能否拿下江陵。

战役打响了。杜预陈兵于江陵外。江陵城防坚固，易守难攻。杜预不想在这里消耗时间和兵力，对它只是围而不歼。在切断了江陵和外部的联系之后，他立即调动参军樊显、尹林、邓圭和襄阳太守周奇等率一部分兵力沿江而上，向西进攻，夺取沿岸城池。一个漆黑的夜晚，杜预又派出800名奇兵，偷袭江南的乐乡。这支部队在夜幕的掩护之下，神不知鬼不觉地渡过长江。

他们按照杜预的计谋，一方面在山上到处点火，树立旗帜，虚张声势；一方面分兵袭击乐乡附近的各个要害地区。这样一来，把乐乡城里的吴军都督孙歆吓得坐卧不安，心乱如麻，手足无措。这时，有一支吴军从江岸返回乐乡，杜预就让将士乔装打扮，混杂在吴军的队伍里溜进城里，活捉了孙歆。杜预设计巧取乐乡，兵不血刃，使部下将士十分钦佩。他们传诵歌谣说："以计代战一当万！"

在扫清江陵的外围之后，杜预带兵攻下了江陵城，占据荆州，从沅湘以南直至交州、广州一带，孙吴的州郡都望风归顺，奉送印绶。杜预运筹帷幄，用兵如神，以几乎完美的表现完成了攻占江陵的任务，迅速歼灭了东吴的西线主力，为王濬舰队顺利东下奠定了基础。正因如此，后世通常认为杜预和王濬是西晋灭吴的首功，甚至有观点认为王濬不如杜预。

唐朝时，朝廷挑选先贤先儒22人进入文庙配享孔子，挑选64位古代名将进入武庙配享姜太公。杜预既是进入文庙的先儒之一，也是进入武庙的古代名将之一，成为明朝之前同时进入文庙和武庙的唯一一人。

如果说杜预能进武庙，是因为武功卓著、武学出众、武德服人，杜预能进文庙，则是因为他的文学造诣、史学成就、经学水准。杜预虽是个武将，却一生酷爱读书，喜欢钻研学问，对于经济、政治、数学、史学等都有很深的研究。他尤其对《左传》情有独钟，自称有"左传癖"。他与张斐对《晋律》的注解，在当时有"张杜律"之称。此外，杜预在律学、行政、礼法、机械、铸造、建筑方面也都有突出的表现和成果，是实打实的文武双全的儒将兼工程师、建造师、经学家、哲学家。

就说建造吧，孟津造桥就是他的又一功劳。《晋书》卷三十四《杜预传》记载，黄河孟津渡口十分重要，承担繁重的漕运任务，但水流湍急，风大浪高，时常翻船，人死货丢，损失惨重。于是杜预建议修一座桥，但却遭到了朝廷上众人的反对，说是没有先例，没有把握，也没有资金。他力排众议，舌战群臣，终于得到皇帝支持，由他负责建桥。在建桥过程中，从设计到筹款到备料施工，杜预都亲力亲为，废寝忘食，付出了极大的心血。桥建成了，司马炎率领百官到桥边设宴庆祝，向杜预祝酒说："若不是你，此桥是不能建成的。"深受其惠的百姓，也歌颂他说："后世无叛由杜翁，孰识智名与勇功。"

因为杜预多才多艺，是个多面手，当时的百姓都很崇拜他，觉得杜预真是什么都懂啊，因此，将他称为"杜武库"。"武库"可不是武器库的意思，是古代储藏各种器物的仓库。所以这"杜武库"的意思，就是指杜预博学多才，样样皆通，能文能武，干啥都行，就好像武库一样，无所不有。

杜预常对人说："立德是我无法企及的，立功立言差不多可以做到。"其实，这是他自谦，他不仅功勋卓著，德行也属上乘，心胸宽阔，顾全大局，清正廉洁，自律甚严，德高望重，是史上不可多得的"三立"人物。

气吞万里如虎

刘裕（363—422），字德舆，小字寄奴，彭城（今江苏徐州）人，迁居京口（今江苏镇江）。东晋至南北朝时期杰出的政治家、改革家、军事家，南朝刘宋开国君主。刘裕开创了江左六朝疆域最辽阔的时期，为"元嘉之治"打下了坚实基础。他治军有方，用兵多奇谋，丰富了中国古代的军事思想体系。明人李贽誉之为"定乱代兴之君"。

辛弃疾也曾赞誉刘裕。在《永遇乐·京口北固亭怀古》一词中写道："斜阳草树，寻常巷陌，人道寄奴曾住。想当年，金戈铁马，气吞万里如虎。"人们说，武帝刘裕曾在这个地方住。想当年，他骑战马披铁甲，刀枪空中挥舞，气吞万里如同猛虎。

刘裕是汉高祖刘邦之弟、楚元王刘交的第二十二世孙，但到他这一辈时，家道中落，早已贫困潦倒。他母亲在分娩后因缺乏营养患病去世，父亲刘翘无力请乳母给刘裕哺乳，差一点就想遗弃他。

不知不觉，刘裕已长成小伙子了，还上过几天私塾，略通文字。平日就靠耕地、打柴、卖草鞋为生，已成为"身长七尺六寸，风骨奇特"的硕壮青年。此时正是东晋中晚期，战乱纷纷，民不聊生。他抱着远大志向加入了谢玄的北府兵，这支军队曾屡立奇功，因淝水之战而名噪天下。刘裕从军后，机智勇敢，屡立战功，深受重用，职务一升再升，很快就成为北府兵独当一面的重要将领。

刘裕作战勇猛，在当时几乎没有对手。有一天，刘裕带领几十人前去侦察敌情，不巧的是，竟然和敌人迎头相撞。当时，敌人多达几千人。敌我力量相差悬殊，然而不可思议的事情发生了。当刘裕的战友全部战死后，他还在孤身奋战，勇不可当，令前来援助的人目瞪口呆，惊为天人。大臣王谧对他十分赏识，曾对他说："你肯定会成为一代英雄。"

刘裕一生征战无数，几乎无一败绩，他参加的所有关键战役都打赢了，最出名的有两仗。《宋书·武帝本纪》记载，东晋隆安三年（399），孙恩扯旗造反，声势很大，率水陆大军从长江入侵南京，参军刘牢之急令正在海盐征战的刘裕立即回撤，北上阻击。当时京口以北，有北固山、蒜山、金山一字排开，蒜山伸入长江，且四周陡峭，山顶平缓。驻守顶端，长江南北、京口东西均可一览无余。为争夺这几座今天看起来海拔还不到百米的山头，数万大军展开激战。刘裕将部队埋伏在江边，待孙恩军刚登岸时突然发起攻击，结果孙恩大军在江边上岸不成，施展不开，挤作一团，众多士兵跌落山崖，落入水中。"高祖率所领奔击，大破之，投巇赴水死者甚众。恩以彭排自载，仅得还船。"刘裕以不足千人的兵力击败孙恩6000大军，一战成名。此后数载，转战三吴，刘裕屡当先锋，身先士卒，每战必胜，终于彻底剿灭了孙恩，同时也奠定了刘裕在东晋的军事地位。

而发动京口起义，击败大楚皇帝桓玄无疑决定了刘裕的政治地位，为他日后称帝打下了坚实的政治基础。元兴二年（403）12月，权臣桓玄篡位。刘裕以打猎为名，聚集北府兵残余兵将1700余人，在京口举兵起义。势如破竹，一举歼灭了桓玄在此的兵力，杀死主将桓修。接着，众人推刘裕为盟主，传檄四方，各地纷起响应。桓玄先派手下猛将吴甫之及皇甫敷带领精兵抵抗刘裕，刘裕先于江乘杀吴甫之，至江乘以南的罗落桥时奋力作战，又杀皇甫敷。接着，刘裕大举进攻覆舟山，巧妙设计，命老弱兵卒登山，持着旗帜高调行进，营造四周皆有士兵，数量很多的假象。并派人潜伏入城四处放火，引起一片混乱，里应外合，主力部队乘机攻入城内，迅速击溃桓玄守军，桓玄亦弃城西逃。

刘裕大半辈子都在打仗，他治军有方，用兵多奇谋，出其不意，几乎都是以少胜多，以弱制强。坚定的决战意志以及武勇精神是刘裕战胜一切敌手的先决条件，巧妙的指挥艺术与高超的用兵办法是刘裕所向无敌的重要保障。

他在执政期间，对江南经济发展、政局稳定、汉文化的保护与发扬做出重大贡献，使人民得以安居乐业，免于战乱之苦，生活水平有了明显提升，呈现了中兴局面。清人王夫之评价他："裕之为功于天下，烈于曹操。"当然，最为人熟悉的还是辛弃疾的名句："想当年，金戈铁马，气吞万里如虎。"

刘裕，从卖草鞋的少年到开国皇帝，他用自己的勇气和智慧书写了一段传世之史，留下了令人惊叹的战绩，不仅是一段传奇，更是对勇气、智谋和领导力的生动演绎。

天赐大才耶律楚材

耶律楚材（1190—1244），杰出政治家，三朝宰辅。他出生时，父亲用《春秋左氏传》中的"虽楚有材，晋实用之"的典故，给儿子起名为"楚材"。耶律楚材主政时，大力推动文治，逐步构建"以儒治国"的方略。他所主张的制度措施为元朝建立奠定了立国之基，对元朝的治国走向产生了深远影响，促进了蒙古民族文化的融合与发展。

1218 年，成吉思汗平定燕地后，四处搜罗人才，打听到耶律楚材是位难得的智士，于是遣人去询问治国大计。胸有大志的耶律楚材感到这是一个大展宏图的好机会，就欣然应召前往。几次深入交谈后，成吉思汗对耶律楚材十分佩服，知道他是个难得大才，就对儿子窝阔台说："耶律楚材是天赐我家，军国庶政皆可委他处置。"从此，耶律楚材就成了蒙古的栋梁之材、智囊人物，为蒙古国的稳定发展殚精竭虑，呕心沥血，做出了重要贡献。

耶律楚材家几代人都居住在有着深厚汉文化基础的燕京，深受汉文化熏陶，形成了读书知礼的家风。耶律楚材从小就受到了儒家思想的熏陶，他主张按照儒家的学说来治理天下。耶律楚材秉承家族传统，自幼刻苦学习汉籍，精通汉文。据《元史》记载，他年纪轻轻就已"博极群书，旁通天文、地理、律历、术数及释老、医卜之说，下笔为文，若宿构者"了。

耶律楚材主政后，建树很多，设立十路征收课税所，是他的一大功劳。建立在游牧经济基础上的蒙古国家对中原地区的农耕经济制度毫无所知，更谈不上管理，也不懂什么税收制度。虽然到处掠夺，但最后都进了私人口袋，而政府却很穷，几乎没有库存。耶律楚材适时提出设立十路征收课税所，任用懂得治理中原之道的儒士为官的主张。窝阔台同意了耶律楚材的建议，每路都任命正、副课税使，皆由儒士担任。这是蒙古征服华北后，首次在蒙古人和地方土豪外选拔官员，被称为：凡是主、副官员全用士人，达到了天下之选。课税所在为蒙古国扩大财政收入方面表现得极为出色。

在实行课税所制度的第二年，即1231年，窝阔台到云中，十路都上进粮食、书籍及金帛，陈放于宫廷中。一年就得银50万两、帛8万匹、粟40余万石，初次使蒙古统治者尝到了不用兵戈而获得巨大财富的甜头。窝阔台喜出望外，惊异地问耶律楚材："南国有爱卿一样的人吗？"

改变了蒙古军队的屠城政策，则是耶律楚材的一大贡献。蒙古军队侵略亚欧各国和征服国内各民族的时候，曾有这样的规定：凡是进攻敌人的城镇，只要对方进行抵抗，一旦攻克，不问老幼、贫富、逆顺，除工匠外，大部分杀死，少数妇女和儿童成为奴隶。

蒙古军队进攻汴京城时遇到顽强抵抗，准备照例屠城。耶律楚材劝阻说："凡是很巧的工匠，拥有财富的大户，都集中在汴京城里，这些人一概不能杀。国家兴兵打仗，就是为了得到土地和人民，得地无民，又有何用！"窝阔台觉得有道理，就采纳了耶律楚材的建议。下令，除完颜氏一族外，余皆赦免，汴京147万生灵始得保全性命。金朝覆亡后，秦（今甘肃天水）、巩（今甘肃陇西）等20余州军民因害怕屠城，皆抗命不降，又是耶律楚材进谏，窝阔台下诏不杀，于是秦、陇等处皆稽首归附。其后蒙古军攻取淮、汉诸城，也照此办理，遂成定例。

1229年，窝阔台正式继承帝位，耶律楚材尽心竭力辅佐窝阔台确定基本国策，出台一批批解决当务之急的法令，加速了蒙古族的封建化进程，被誉为"社稷之臣"。随着法制的健全和实施，国家日益兴旺起来，人民的生活也安顿了。窝阔台汗三年（1231），耶律楚材任中书令（宰相）。此后，他积极恢复文治，逐步实施"以儒治国"的方案，他定制度、议礼乐、立宗庙、建官室、创学校、设科举、拔隐逸、访遗老、举贤良、求方正、劝农桑、抑游惰、省刑罚、薄赋敛、尚名节、斥纵横、去冗员、黜酷吏、崇孝悌、赈困穷，他所建立的制度措施为元朝奠定了立国之基，对元朝的各项发展及治国走向产生了深远影响，也奠定了元朝封建制的基础蓝图，促进了元朝民族文化的融合与发展。耶律楚材还主张尊孔重教，修复孔庙，整理儒家经典，并深研老庄之学，形成了独特的文学思想，其文学成就在元朝的文人中有重大影响。

乃马真后三年（1244），耶律楚材去世，享年55岁。消息传出，举国悲哀，许多百姓都痛哭失声，如同失去自己的亲人。汉族士大夫更是悲痛至极。同时代人曹之谦在《中书耶律公挽词》中写道："忽报台星坼，仍传薤露新。斯民感无极，洒泪叫苍旻。"

耶律楚材的一生堪称传奇，充满智慧、道德和人性光辉，他在政治、军事、文化等多个领域的杰出贡献，使他成为蒙古帝国治理中原的先驱。他的治国理念为元朝的发展提供了有力支撑，成为元朝的奠基之臣，同时也推动了中原文化与草原文化的融合，其千秋功业足以让后人敬仰，为智者谋国树立了光辉典范。

一蓑烟雨任平生

苏轼（1037—1101），字子瞻，又字和仲，号铁冠道人、东坡居士，世称"苏东坡""苏仙""坡仙"。眉州眉山（今四川眉山）人，北宋文学家、书法家、画家、历史治水名人。苏轼一生沉浮，大起大落，矢志不移，自强不息，成为文化伟人。

宋神宗元丰五年（1082）春，苏轼来到黄州三年了。一日，苏轼与朋友春日出游，风雨忽至，因没带雨具，朋友深感狼狈，叫苦不迭，苏轼却毫不在乎，泰然处之，神态自若，缓步而行，并诗兴大发，信口吟诵："莫听穿林打叶声，何妨吟啸且徐行。竹杖芒鞋轻胜马，谁怕？一蓑烟雨任平生……"表现了诗人虽处逆境屡遭挫折而不畏惧不颓丧的倔强性格和旷达胸怀。不久，远在千里之外的苏辙看到苏轼的《定风波》，玩味再三，欣慰地说："阿哥终于从磨难中走出来了。"

"乌台诗案"是苏轼的一大磨难。元丰二年（1079），御史台官员李定、何正臣、舒亶等人接连上章弹劾苏轼，奏苏轼徙知湖州到任后谢恩的上表中，用语暗藏讥刺朝政、反对新法之意，随后又牵连出大量苏轼诗文为证。其实，苏轼只是反对王安石新法的某些极端措施，认为有些做法过猛、过快、不切实际，同时他也肯定了新法中的一些积极因素，并主张从国家和百姓利益出发，审慎对待新法，事实也证明他是对的，反映了他的非凡政治智慧。但苏轼还是为此下狱 103 日，险遭杀身之祸，最后被贬谪为黄州团练副使。

受此重挫，苏轼并没被击倒，而是在困境中求生存，于磨难里谋升华。被贬谪黄州后，他带领家人开垦城东的一块坡地，种田帮补生计，得名"东坡"。这一段时光，是苏轼人生中最暗淡的时刻，然而，旷达豁达的苏轼却因祸得福，另开天地。公务之余，他以诗文自娱，忘我地读书写作，不仅大大冲淡了人生失意的落寞，而且写出了著名的"一词两赋"，在文、诗、词三方面都达到了极高造诣，堪称宋代文学最高成就的代表，一举奠定了他文学大师的历史地位。

然而，磨难还没有结束，绍圣元年（1094），苏轼被贬为宁远军节度副使，惠州（今广东惠州）安置。那时，惠州经济还很落后，供应匮乏，可是苏轼在这里却过得优哉游哉，乐不思蜀，并在诗里把惠州生活写得花团锦簇，美如仙境。这里不仅可以"日啖荔枝三百颗，不辞长作岭南人"；而且每天无忧无虑，"报道先生春睡美，道人轻打五更钟"。这些诗文很快传到京城主政的宰相章惇那里，章惇恶狠狠又无奈地说："苏子瞻尚尔快活！"于是，一纸贬书，东坡再次被贬海南岛儋州。

当时的海南岛，是未开化地区，比惠州还要贫穷落后。苏轼给朋友的信里写道："此间食无肉，病无药，居无室，出无友，冬无炭，夏无寒泉……"可就这样，他还是过得风生水起，丰富多彩，在桄榔林中建"桄榔庵"，带百姓打"东坡井"，与各路文人雅集唱和，苦中作乐，硬是把偏远的贬谪地变成一块乐土，"何妨吟啸且徐行"，"此心安处是吾乡"。

苏轼的一生，命运多舛，几经沉浮。他 22 岁丧母，30 岁丧妻，31 岁丧父，42 岁差点死去，45 岁起不停被贬谪，49 岁丧子，直到 60 岁还被贬。可是无论什么磨难都没有压垮他，他愈挫愈勇，坚韧不拔，"莫听穿林打叶声"，这辈子过得绚烂多彩，坦然走过多灾多难而又辉煌丰富的人生之旅。

苏轼的磨难都与他"多言"有关，如果遇到看不惯的事就装聋作哑，他很可能早就当上宰相了。宋仁宗曾对皇后说，他为子孙找到了两个可以做宰相的人，指的就是苏轼与其弟苏辙。苏轼不仅多才多艺，还善于做事，倘若他只想个人私利，大可以在王安石变法这件事上超然事外，谁也不得罪。可是，心系天下的苏轼还是"不合时宜"地说话了，而且还很激烈，于是他屡遭磨难。

还有诗文，苏轼一出道便以诗文著称，宋神宗就特别喜爱苏轼的文章，阅读时甚至连用膳都会忘记，屡屡称赞他为"天下奇才"。苏轼自己也很得意，自谓写文章就像行云流水，本无一定之规，该行则行，该停则停。不过，苏轼获罪被贬，也与诗文有关。他是成也诗文，败也诗文。后世评价他："器识之闳伟，议论之卓荦，文章之雄隽，政事之精明，四者皆能以特立之志为之主……至于祸患之来，节义足以固其有守，皆志与气所为也。"①遭逢祸患时，苏轼之节义足以坚守他的品德，这都是"志"和"气"的作用啊。

磨难对有些人来说，就是过不去的坎儿；对苏轼来说，则成了他的宝贵财富。宋哲宗即位后，苏轼曾一度东山再起，被重新启用为杭州知州。有了贬谪经历的苏轼，深知底层民众疾苦，就用忘我的工作来消解磨难带来的苦痛。他主持修复六井，实地考

① 《"二十四史"（简体字本）·宋史·苏轼传》，中华书局2000年版，第8651页。

察，挖沟换砖，修补罅漏，使六口大井重新焕发生机，解决了杭州人吃水不干净的问题。

瘟疫突袭而来，迅速蔓延，苏轼又多方筹措资金，拿出自己的多年积蓄黄金 50 两，遍请外地名医，购买大量草药，办起多家病坊，救治病人。并组织杭州药店做了很多汤药，派人带着医生分街坊上门给百姓治病，救活了很多人。

为根治水患，他带领杭州居民疏浚出大量西湖淤泥，又下令将这些淤泥筑成长堤，南北长 30 里，贯通西湖南北两岸，堤旁种植芙蓉、杨柳，既方便了人们往来，又成了西湖的一大美景，这就是赫赫有名的"苏堤"。后来，乾隆皇帝游西湖后，也不禁赞曰："通守钱塘记大苏，取之无尽适逢吾。长堤万古传名姓，肯让夷光擅此湖。"

更为难得的是，他在被贬谪海南儋州后，还是处处为民众着想，为民众谋利。他看到海南教育落后，文盲很多，就主动和一些有识之士联合起来，办学办班，扫盲启蒙，开启民智，且自编教材，亲自讲授，并很快就见到成效。苏轼到海南前，这里的科举记录几乎是零，是苏轼培养了第一位举人姜唐佐，第一位进士符确，人称"破天荒"。据《海南岛古代简史》记载，宋之前海南的科举惨淡至极，而从宋代到清代，海南共有举人787 人、进士 95 人。《琼台纪事录》记载："宋苏文忠公之谪儋耳，讲学明道，教化日兴，琼州人文之盛，实自公启之。"可见，苏轼对海南当地的文化教育的影响与贡献是巨大的，他临终前写诗称"问汝平生功业，黄州惠州儋州"，也是大有道理的。

"百年须笑三万六千场，一日一笑，此生快哉！"苏轼一生写诗3000多首，有344首带"笑"字，虽然他一生祸多福少，但都没有挡住他的笑声，他是一个超常的乐观主义者，似乎没有什么灾难能堵住他的笑口常开，只要他在的地方，一定是谈笑风生，其乐无穷。乐观的生活态度是他战胜磨难的利器，诚如林语堂在《苏东坡传》里所描述的那样："苏东坡是一个不可救药的乐天派，一个伟大的人道主义者，一个百姓的朋友，一个大文豪、大书法家"，他身上"更具有多面性天才的丰富感、变化感和幽默感，智能优异，心灵却像天真的小孩"。

豁达情怀，也是他淡化磨难、养气疗伤的秘诀。面对宦海几度沉浮，人生多灾多难，他在道家和佛家的思想中寻得解脱与慰藉。谪居期间，他潜心研究老庄的"静虚"与"清净"理念，以此来排除苦闷，解脱自己，始终保持着随缘自适的胸襟和豁达的生活态度，从而让自己在这矛盾而又挣扎的人生中顽强地过活。

苏轼一生，淡泊名利，清静无为，看轻身外之物，真正做到了超凡脱俗。超然物外的处世哲学，也是他抵御磨难的坚固盾牌。交朋结友，让他心有慰藉，感到温暖。他结交的朋友遍布三教九流，只要脾气相对，情投意合，他都以诚相交，以礼相待。寄情山水，使他心旷神怡，助他养气疗伤。苏轼好游历，每有郁闷烦心之事，他便呼朋唤友，或登高远眺，或江河泛舟，以化解忧愁，忘怀不快。祖国的名山大川，很多地方他都留下了足迹。就这样，生性超然的苏轼，不喜不悲，"也无风雨也无晴"，"一蓑烟雨任平生"。

纵观苏轼一生，跌宕起伏，崎岖坎坷，屡遭打击，但这一切都没有压倒他，他以过人的智慧，与小人周旋；以顽强的意志，与命运抗争；以豁达的襟怀，与不幸较劲；以坚韧的性格，与挫败角力。另一方面，他以诗文自娱，以乐观疗伤，以游历悦情，以交友暖心，修炼成宠辱不惊、超然物外的人生境界，最后终于成就了中华民族历史上伟大的文化巨人。

延伸阅读

我言秋日胜春朝

刘禹锡（772—842），唐代诗人，有"诗豪"之称。793年进士及第，曾任监察御史。刘禹锡为人正直，性格刚毅。他参加了永贞革新，反对宦官和藩镇割据势力。失败后，先被贬为朗州（今湖南常德）司马，后调连州、夔州、和州刺史。身处荒蛮之地，他依然保持积极心态，性格爽朗倔强，坚持自己的理想和高尚的情操，初心不改，创作了大量反映时事和民间疾苦的诗作，风格雄浑爽朗，留下《陋室铭》《竹枝词》《杨柳枝词》《乌衣巷》《秋词》等名篇，让我们领悟到一种傲视忧患、坚定不移的气概和迎接苦难、超越苦难的情怀。

刘禹锡经历了23年坎坷生活，被打压越厉害，脊梁越挺直，环境越黑暗，内心的光焰越明亮，给诗人的称号、给民族的人文风骨添加了强度。他那高洁的风骨和正直不阿的人格魅力，他那弃旧图新和面向未来的乐观精神，令人感叹，让人敬仰。

"艰难方显勇毅，磨砺始得玉成。"刘禹锡留给我们的精神财富，不仅是美丽的诗篇，还有他逆境人生的铮铮风骨。刘禹锡无论是流落楚水，还是迁徙巴山，从不屈服于艰难困苦的环境，他经历的劫难太多，对社会、对人生的思索颇深，悟出许多真知灼见，有一种傲视忧患、超越苦难的气概，有一种愈挫愈勇、催人向上的力量，并融入诗歌创作之中，闪耀着哲理的光辉。

刘禹锡和柳宗元一样，是倾向唯物主义的思想家、进步的政治家，风格雄浑爽朗，经常被后人相提并论，互相比读。刘禹锡《何卜赋》云："人肖五行，动止有则。四时转续，变于所极……极必反焉，其犹合符。"事物的发展总是要遵循一定的规律，五行运转，四时轮回皆有自然的准则，物极则必反。在边远的贬所经历了千辛万苦，刘禹锡的意志品质并未消磨，精神乐观，胸怀旷达，到最后显示出自己是光亮的黄金，而不是无用的废沙。

刘禹锡的《秋词二首》(其一) 另辟蹊径，用对比的手法，以积极向上的态度，热情赞美秋天："自古逢秋悲寂寥，我言秋日胜春朝。晴空一鹤排云上，便引诗情到碧霄。"刘禹锡说秋天比那万物萌生、欣欣向荣的春天胜过一筹，似乎忘记了"千里莺啼绿映红"的春天，让天下人耳目一新，精神振奋，眼前一亮，成为励志前行的高歌、奋发有为的乐章，至今依然感染并激励着我们披荆斩棘，奔向远方。

徐霞客志在四方

徐霞客（1587—1641），名弘祖，字振之，号霞客。南直隶江阴（今江苏江阴）人，明代地理学家、旅行家、探险家、文学家。他不畏艰险，矢志不渝，一生投身他钟爱的探险游历事业，在地质学等方面取得了超越前人的成就，成为世界上对地质地貌进行科学考察的先驱。

明崇祯十三年（1640）正月，53岁的徐霞客到云南游历，因多年长途跋涉，他患有严重的脚疾，到云南时已"两足俱废"，心力交瘁，丽江太守很是体恤，用车船送徐霞客回到老家江阴。江阴的官员来探望时不解地问道："你这是何苦来哉？"徐霞客回答道："张骞凿空，未睹昆仑；唐玄奘、元耶律楚材，衔人主之命，乃得西游。吾以老布衣，孤筇双屦，穷河沙，上昆仑，历西域，题名绝国，与三人而为四，死不恨矣。"①

徐霞客出生在南直隶江阴一个富庶的诗书之家。他的父亲徐有勉一生不愿为官，喜欢到处游览欣赏山水景观，也影响了幼小的徐霞客。他从小就好学善思，博览群书，尤其钟情于地经图志，对外边的世界很好奇，少年时即立下了"丈夫当朝碧海而暮苍梧"的旅行大志。

徐霞客15岁时，曾应过一回童子试，但没考取。父亲见儿子无意功名，也不勉强，就鼓励他读万卷书行万里路，做个有学问的人。徐霞客读书非常认真刻苦，且记忆力惊人，几乎是过目

---

① 〔清〕钱谦益：《牧斋初学集》（下），上海古籍出版社1985年版，第1595—1596页。

成诵。家里的藏书渐渐不能满足他的需要，他就到处搜集没有见到过的书籍，只要看到好书，即使没带钱，也要当掉身上的衣服去换书。

万历三十二年（1604），徐霞客17岁时，父亲不幸生病去世。此时，他已饱览群书，知古通今，外出游历的念头更强烈了，他很想去探寻名山大川的奥秘，绘天下名山胜水为通志。但"父母在不远游"，因为有年迈的母亲，他不忍成行，踌躇再三。徐母心胸豁达，通情达理，理解儿子的宏伟志向，就积极鼓励徐霞客放心远游。

万历三十五年（1607），20岁的徐霞客终于正式出游。临行前，他头戴母亲为他做的远游冠，肩挑简单的行李，离开了家乡。从此，直到54岁逝世，他绝大部分时间都是在旅行考察中度过的，风餐露宿，栉风沐雨，却乐此不疲，甘之如饴。最终成为著名的地理学家、旅行家、探险家和文学家。

强烈的探索精神，敢于第一个吃螃蟹的态度，一直是徐霞客的价值追求。1637年正月的一天，徐霞客来到湖南茶陵以西的一个小镇。在客店吃饭时向店主打听去麻叶洞的走法。店主说："麻叶洞里面的妖精年年作怪，有两个书生不听劝，进去就再没出来！"徐霞客听店主这么一说，游兴反而大增，立即按照打听的路线直奔麻叶洞而去。到得洞口，四下一看，只见奇峰高耸，怪石嶙峋，他徐徐点燃手中火把，便钻进黑洞，七弯八拐走了许久，只见侧面突然有一丝亮光，徐霞客被眼前的奇景惊得目瞪口呆：但见根根石柱从洞顶垂下，棵棵石笋从地上生出，千姿百态，变化万千，令人目不暇接。徐霞客大喜，暗自庆幸，亏得没听店主的话，否则岂不遗恨终生？

徐霞客的游历并非浪漫之旅，有时也很危险。他51岁第四次出游时，在湘江的船上突然遇到几个蒙面强盗，挥刀乱砍，凶神恶煞，他的一个同伴不幸受伤身亡，他也险些丧命，幸亏及时跳水逃生，但行李、旅费被洗劫一空。经此劫难，他心有余悸，身无分文，有人劝他不如暂且回去，日后再说，并要资助他回乡的路费，但他却坚定地说："我带着一把铁锹来，什么地方不可以埋我的尸骨呀！"徐霞客继续顽强地向前走去。没有粮食了，他就用身上带的绸巾去换几竹筒米；没有旅费了，就用身上穿的夹衣、袜子、裤子去换几个钱……徐霞客在游历考察过程中，曾经三次遭遇强盗，四次绝粮，这些都没能挡住他的脚步。这就是古人那句名言："志之所趋，无远弗届。穷山距海，不能限也。"

几十年里，徐霞客在跋涉一天之后，无论多么疲劳，无论是露宿街头还是住在破庙，他都坚持把自己考察的收获详细记录下来，为后人留下了珍贵的地理考察记录。

徐霞客一生志在四方，足迹遍及今21个省、区、市。他在西南地区之行中，写了《浙游日记》《江右游日记》《楚游日记》等，计有60多万字。死后由他人整理成《徐霞客游记》。徐霞客在地质学等方面取得了超越前人的非凡成就，成为世界上对地质地貌进行科学考察的先驱。

诗人光军盛赞："布衣冠弁出南州，半壁河山独探幽。多少功名千里外，孤筇双屦写春秋。"徐霞客的成功，首先得益于他有远大的志向。他放弃了人人趋之若鹜的科举做官之路，也不去经商盈利，一门心思投入自己钟情的事业。其次是由于其坚韧不拔的毅力和坚持精神。他一游就是几十年，不管遇到什么困难挫折，都不回头，不论别人如何冷嘲热讽，都不动摇，能吃常人不能吃之苦。毛泽东曾评价说，"明朝那个江苏人，写《徐霞客游记》的，那个人没有官气，他跑了那么多路，找出了金沙江是长江的发源"①。

知行合一，此心光明

王阳明（1472—1529），名守仁，字伯安，出生在浙江余姚。由于曾在余姚四明山阳明洞隐居养病，世称"阳明先生"。王阳明出身于书香门第，他有一位和蔼可亲、颇有创见的祖父王伦，还有一位品德高尚、学问精深的父亲王华（中了头名状元，在北京当了翰林学士）。王阳明官至南京兵部尚书，封新建伯，是中国历史上罕见的立德、立功、立言"三不朽"的圣人，是伟大的思想家、政治家、军事家、文学家。

王阳明从小就用心学习、做事，率真敢为，立志"经略四方"，要做圣贤之士。他提倡亲身实践，"事上练""知行合一"，主张处世做事循天理，去私欲，"致良知"，不因得失而动心。他以"正心修身，平治天下"为己任，率性用心，为善去恶，"立德、立功、立言"。王阳明心学，以"心即理""知行合一""致良知"三个命题为核心，是心学的集大成者，他堪称心学的忠实践行者。他善于用兵布阵，是历史上罕见的文武全能的

---

① 龚育之、逄先知、石仲泉：《毛泽东的读书生活》，生活·读书·新知三联书店2009年版，第239页。

大儒，实现了立德、立功、立言"三不朽"的高远的人生理想，堪称典范。

1508 年，王阳明在贵州龙场悟道。1509 年，"先生始论知行合一"①，这是在艰难困苦的生存环境中对生命价值经过实证体悟后提出的，将知与行视为不可分割的整体。"知行合一"是王阳明倡导心学后最先提出的重要命题，是为了解决"知行二分"，同时也是王阳明心学的立言宗旨。

王阳明着眼于当时知而不行、以知代行、表里不一、知行脱节的社会积弊，提出知行只是一个工夫，故有"知行合一并进"之说，偏重于行，旨在救偏补弊。"知行合一"里知和行的"良知"性质即其德性和德行意义，主张真知真行，注重知行的"合一并进"，知行的工夫本就不可截然分开。"知之真切笃实处，即是行；行之明觉精察处，即是知"②。——认知真实确切到自然而然可以付诸行动的地步就是行。实践到灵明觉醒、明察秋毫的地步就是知。

王阳明提出知行合一说是有针对性的。一是针对宋儒以来"知先行后"的主流观点，二是针对当时社会上普遍存在的"知而不行"的思想现象。在王阳明看来，前者是因，后者是果，两者是有必然联系的，故有必要首先打破"知先行后"的现象，才能从根本上扭转人们安于"知而不行"的现象，而知行合一正是

① 〔明〕王守仁撰，吴光、钱明、董平、姚延福编校：《王阳明全集》（下），上海古籍出版社 1992 年版，第 1229 页。
② 〔明〕王守仁撰，吴光、钱明、董平、姚延福编校：《王阳明全集》（上），上海古籍出版社 1992 年版，第 42 页。

对症之良药。用王阳明的话来说，他所针对的病症是"致知格物之谬"。对此病症所下的"良药"——知行合一则能收到"正人心，息邪说"的效果。①

王阳明从"天地万物本吾一体"出发，强调知不离行、行不离知和以行归知。王阳明说："圣学只一个功夫，知行不可分作两事。"我们可以从一些实例中来体察王阳明"知行合一"的本意，知与行是一件事，是一个硬币的两面，而不是两件事。谈到知，已经包含有行，亦即知中有行；说到行，已经包含有知，亦即行中有知。知与行本来是一体，无法具体分开，而且并无主次和先后之分。知与行化约为一种德性修养工夫："是两个字说一个工夫"。②如果我们懂得了这一道理，那就会自然而然付诸行动；如果没有付诸行动，那就是没有真正"知"。

有人向王阳明请教知行合一的问题。王阳明说："今人学问，只因知行分作两件，故有一念发动，虽是不善，然却未曾行，便不去禁止。我今说个知行合一，正要人晓得一念发动处，便即是行了。发动处有不善，就将这不善的念克倒了。须要彻根彻底，不使那一念不善潜伏在胸中。此是我立言宗旨。"③他的目的在于，把人的道德意识和道德行为有机地统一起来，使人人的思想、行为都能自觉地去致良知。

---

① 〔明〕王守仁撰，吴光、钱明、董平、姚延福编校：《王阳明全集》（上），上海古籍出版社 1992 年版，第 282 页。

② 〔明〕王守仁撰，吴光、钱明、董平、姚延福编校：《王阳明全集》（上），上海古籍出版社 1992 年版，第 209 页。

③ 〔明〕王守仁撰，吴光、钱明、董平、姚延福编校：《王阳明全集》（上），上海古籍出版社 1992 年版，第 96 页。

王阳明明确反对"知先行后"的主张，提出核心观点"知者行之始，行者知之成。圣学只一个功夫，知行不可分作两事"①，亦即是"知行合一"的修养方法。当时许多为官者学一套，做一套，知一套，行一套，在这样的背景下，王阳明提出"知行合一"的原则，以排除、抵制知行不合一的社会顽疾。

知行合一具有永恒的价值意义。若只闲讲空谈，则陷入"知而不行只是不知"的痼疾。没有这个"知行合一"的过程，即使我们面壁十年，也仍然只能算作无知。王阳明身体力行"致良知"，以身作则"知行合一"，推进心学发展，彰显思想境界和人格魅力。梁启超认为，朱熹犯了"泛滥无归宿"和"空伪无实着"的毛病。宇宙内事物繁多，个人精力有限，不可能运用科学方法穷究其规律，"即凡天下之物"这种全称名词的外延太宽泛，无法想象"即凡"都能"穷"。②梁启超认为，王阳明时代"假的朱学"盛行，一般"小人儒"都挟着一部《性理大全》作举业的秘本，言行不一，风气大坏。王阳明在贵州龙场悟道三年，提出了"知行合一"，这是《王文成公全书》的最好注脚。

人世治世面对人情事变，修心的根本就是从"知"开始导正，导正知觉，"一念发动处，便即是行"。这一涌动非常重要：如果"知"没有导正，就会使后面的"行"偏离正道。"知行合一"的精髓就是"知行互有你我"，就是"知行一致""真知笃

---

① 〔明〕王守仁撰，吴光、钱明、董平、姚延福编校：《王阳明全集》（上），上海古籍出版社 1992 年版，第 13 页。

② 参见梁启超：《王阳明知行合一之教》，《梁启超全集·第十四集·论著十四》，中国人民大学出版社 2018 年版，第 202 页。

行"，其表现在言行关系上的要求便是言而有实、言而有信、言行俱真。曾国藩强调的"经世致用"正是王阳明所说的"知行合一"。

思想和政治上的"知"出了偏差，"行"的实践就会出现一系列问题。只有做到知行合一，才能遏制当面一套、背后一套的两面人行为，坚定政治立场，保持政治定力，锻造"金刚不坏之身"。我们务必充分认识言行不一、冥行虚知、沉湎经书、浮躁虚夸、急功近利的时弊，重视德育，倡导立志、克己、省察、实践、存善去恶，在党爱党，在党为党，不改初衷，矢志不渝，做到知与行完美统一，将理想信念外化为自觉行动。

延伸阅读

当歌莫放阳春调

王阳明写的《雪望》："风雪楼台夜更寒，晓来霁色满山川。当歌莫放阳春调，几处人家未起烟。"雨雪停止，云散天开，作者登台远望，就所见抒发一番感想。作者说，一夜寒风烈雪过去，晓起登台，面对着普照山川的满天晴色，一时心境豁然，真想对景高歌，但是只要看看附近村落里还有不少人家没动烟火，处于饥寒交迫之中，就觉得不能唱那种曲高和寡的《阳春白雪》，因为它离普通民众太远，与民生疾苦无干。诗人是以心学见称于世的著名哲学家，也是一位军政高官。一番风雪过后，面对山川秀色，他想到的却是饥寒冻馁的贫民，而对那种脱离民生疾苦的所谓"高怀雅韵"不以为然，表现出他的浓烈的社会责任感与平民意识，实为可贵。

身无半亩，心忧天下

左宗棠（1812—1885），政治家、军事家、民族英雄，洋务派代表人物之一，与曾国藩、张之洞、李鸿章并称为"晚清中兴四大名臣"。左宗棠一生爱国不避斧钺，遇事敢于担当，铮铮铁骨，功勋盖世。

左宗棠出身贫寒，父母早亡，家中还负债累累，但他却少有大志，博览群书，聪慧过人。20岁时，他入赘湘潭周家，娶周诒端为妻。入赘在那个年代十分被人瞧不起，左宗棠立志要干成一番大事业，以雪被人耻笑之辱，结婚时就在新房写了一副对联："身无半亩，心忧天下；读破万卷，神交古人。"后来，他走上仕途，如鱼得水，充分施展才华，功勋卓著，建树多多，其中给人们留下深刻记忆的就是带兵收复新疆的铁血壮举，在中国近代史上写下了浓墨重彩的一笔。

同治四年（1865），阿古柏匪徒疯狂入侵新疆，后建立"哲德沙尔汗国"，盘踞新疆大部，杀人放火，气焰嚣张。其后，沙俄入侵伊犁，英国承认阿古柏政权，并与之通商。消息传来，满朝恐慌，议论纷纷，莫衷一是。朝廷召开御前紧急会议，文臣武将们为要不要收复新疆吵成一片，各执一词，互不相让。

以大臣李鸿章为首的海防派竭力反对西征,嗓门很高。吵来吵去,没个结果,最后还是左宗棠力排众议,坚决要求出兵收复新疆,并陈述种种利弊,终于使朝廷下定决心,决定西征。

可是,派谁去呢?文臣武将里没一个肯挂帅出征,都知道此行万里迢迢,艰难异常,凶多吉少,很可能损兵折将,无功而返,那可就成了千古罪人。最后还是左宗棠自告奋勇,自愿挂帅出征。此时,他已是花甲之人,身体不好,本该在家安享天伦之乐,却还要披挂上阵,赴汤蹈火。为表决心,他命士兵抬着一口棺材行军,一为激励士气,主帅已抱必死之心,不获全胜决不收兵;二为预防不测,毕竟左宗棠年高体弱,什么意外都可能发生。就这样,63岁的左宗棠率6万湘军,从西安出发,浩浩荡荡踏上西征之路。

兵马未动粮草先行。左宗棠西征时,不仅军费严重不足,粮饷大量欠账,而且军械破旧残缺,士兵缺乏训练,可谓困难重重,捉襟见肘。但这一切都没有动摇左宗棠西征的决心,他多方筹措,到处借钱,三次为西征军借洋款1375万两银子,另向华商借款846万两银子,才得以为西征部队补充粮草、装备,踏上漫漫征途。

左宗棠高屋建瓴,深思熟虑,提出"先北后南""缓进急战"的战略。经过一年多激战,西征军终于彻底平定叛乱,全歼阿古柏叛军,成功收复新疆。其中艰辛,一言难尽,主帅运筹帷幄,殚精竭虑;将士浴血奋战,牺牲无数。曾国藩对左宗棠钦佩之至,他说:"论兵战,吾不如左宗棠;为国尽忠,亦以季高为冠。国幸有左宗棠也。"历史学者孙占元也评价说:左宗棠的用兵，的确达到了"运用之妙，存乎一心"的境地。

清军的大获全胜，也粉碎了英、俄吞并新疆的阴谋。以清军大胜兵威为后盾，曾纪泽于光绪七年（1881）成功与沙俄议定《伊犁条约》，次年清政府收回伊犁。在新疆重归中国版图之后，左宗棠努力为新疆筹划久安长治之策。在经济上他着力减轻赋税，修筑道路，兴修水利，推广蚕丝；在政治上，他提出"设行省，改郡县"。光绪十年（1884）新疆设省，刘锦棠成为首任甘肃新疆巡抚。这些措施，进一步削弱了地方封建割据势力，实现了新疆与全国经济文化的交流，对保卫祖国边防起到了重要作用。

在写给朝廷的报捷折子里，左宗棠豪情万丈地写道："他族逼处，故土新归"，于是"新疆"这个名字便不胫而走，为国人所认可，并沿袭至今。看着新疆收复后出现的新气象，社会秩序安定，人民安居乐业，经济迅速恢复，左宗棠的一位部下杨昌濬禁不住赋诗赞曰："大将筹边尚未还，湖湘子弟满天山。新栽杨柳三千里，引得春风度玉关。"

收复新疆，无疑是左宗棠人生履历中最耀眼的一页。左宗棠的一生，可谓波澜壮阔，光彩照人，他是中国近代化的先驱者，近代中国国家主权完整的捍卫者，中国优秀传统文化的传承者、发展者。著名史学家缪凤林说："唐太宗以后，对于国家领土贡献最大的人物，当首推左宗棠，实非过誉。"国学大师梁启超评价左宗棠为"五百年来第一伟人"。他当之无愧，实至名归。

如果联想起来，左宗棠收复新疆的使命，其实早在几十年前就已埋下伏笔。道光二十八年（1848），林则徐从新疆戍边归来不久，被任命为云贵总督，赴任途经湖南。长沙好友胡林翼极力向他推荐一位名叫左宗棠的湖南士子，说他是"湘中士类第一"。由于事出匆忙，林则徐未能与左宗棠见面。两年后，林则徐告病还乡，再次途经长沙，终于与左宗棠见面。在林则徐乘坐的船上，两人秉烛夜谈，话题集中在"海防"与"塞防"两大主题上。林则徐对左宗棠一见如故，期许良厚，而左宗棠也将林则徐视为"天人"，崇重逾常。林则徐认定将来"西定边陲"，舍左君莫属，特地将自己在新疆整理的宝贵图文地理资料全部交给左宗棠。

老骥伏枥，志在千里。光绪九年（1883），越南局势恶化，中法大战在即。一向以天下为己任的左宗棠，虽已 71 岁高龄，仍不顾年老体衰，自请赴边督军。他以钦差大臣身份督办闽海军务，挽救战局。左宗棠抵达福州后，积极布防，精心筹划，组成"恪靖援台军"东渡台湾；指挥黑旗军、恪靖定边军等取得镇南关大捷，夺取了谅山；在他提议下，清廷成立总理海军事务衙门，台湾正式设省。1885 年 9 月 5 日，这个一辈子刚强坚毅的爱国名将，在福州病故。弥留之际，他口授遗疏，说："惟此次越事和战，实中国强弱一大关键。臣督师南下，迄未大伸挞伐，张我国威，遗憾平生，不能瞑目！"并提出诸多富强之策和对光绪帝的劝勉。福州百姓悲伤不已，奔走相告，扼腕叹息，皆谓"朝廷失一良将，吾闽失一长城"。

左宗棠去世的消息很快传到北京，满朝震动，人人悲戚。朝廷立即在最快时间里下了懿旨：追赠左宗棠为太子太傅，照大学士例赐恤，予谥文襄，入祀京师昭忠祠、贤良祠，并命于湖南原籍及各立功省份建立专祠，其生平政绩事实宣付国史馆立传。这个待遇与评价开创了清朝的汉人之最，前无古人。左宗棠完全当得起这个待遇，对得起这个评价。

左宗棠西征，还有一个意外收获。他率领的湘兵来到西北大漠，深感气候干燥，了无生气，而又水土不服，便命令军队在大道沿途、宜林地带和近城道旁遍栽杨树、柳树和沙枣树，名曰道柳。其用意在于，一是巩固路基，二是防风固沙，三是限戎马之足，四是利行人遮凉。凡他所到之处，都要动员军民植树造林，并且制定保护树林的措施，严加执行。据他自己记载，光是从陕甘交界的长武县境起到甘肃会宁止，种活的树就达 26.4 万株。自古河西种树最难，可是在他的倡导督促下，泾州以西，竟然形成道柳连绵数千里绿如帷幄的塞外奇观。

斯人已逝，精神长存。长沙市雨花区跳马镇白竹村有左宗棠墓地，古柏郁郁葱葱，墓碑巍然屹立，墓前两根华表刻联语："汉业唐规西陲永固，秦川陇道塞柳长青。"左宗棠一生功业，尽在其中，足以流芳百世，彪炳史册。

第二章

为政以德

德高品优柳下惠

柳下惠（前 720 —前 621），姬姓，展氏，名获，字禽。中国古代思想家、政治家、教育家。柳下惠为人正直，诚实守信，淡泊名利，德高望重，孔子称其为"被遗落的贤人"，孟子尊其为"和圣"。

说到柳下惠，人们就会自然想起坐怀不乱的故事。典故最早出自《荀子·大略》：相传在一个十分寒冷的夜晚，柳下惠夜宿于城门外，遇到一衣衫单薄的无家女子，冻得瑟瑟发抖。柳下惠担心她被冻死，叫她坐在自己怀里，解开外衣把她裹紧，就这样同坐一夜，并没发生任何非礼行为。于是，柳下惠被誉为"坐怀不乱"的正人君子，至今还在流传，可谓家喻户晓。

其实，这只是柳下惠的一段轶事，他还有很多高尚美德和动人事迹，他是一个遵守中国传统道德的千古典范。

柳下惠当时在各诸侯国就有相当大的影响。有一件小事可以证明。《战国策·齐策四》记载，秦国进攻齐国，其间要路过鲁国。秦军下令切实保护柳下惠的墓地，并规定在其墓地五十步以内砍柴的人要被处以死刑。柳下惠在各国的影响由此可见一斑。

　　《论语》记载，柳下惠曾在鲁国做士师，这是一个掌管刑罚狱讼之事的小官。当时鲁国王室衰败，朝政把持在臧文仲等权臣手中。柳下惠生性耿直，不事逢迎，自然容易得罪权贵，竟接连三次受到黜免，很不得志。多年后，孔子在谈到这事时仍十分气愤，说："臧文仲其窃位者与？知柳下惠之贤而不与立也。"柳下惠虽然屡受打击排挤，其道德学问却名满天下，各国都争着以高官厚禄礼聘他，但都被他一一拒绝了。有人问其故，他答道：自己在鲁国之所以屡被黜免，就是因为坚持了做人正直的原则。如果一直坚持下去，到了哪里也难免遭遇被黜免的结果；如果放弃做人正直的原则，在鲁国同样也可以得到高官厚禄。那又何必离开生我养我的故乡呢？

　　有一次，齐国国君向鲁国索要传世之宝岑鼎。鲁庄公舍不得，却又怕得罪齐国，遂打算以一假鼎冒充。但齐国来使说："我不相信你们，只相信以真诚正直闻名天下的柳下惠。如果他说这个鼎是真的，我们才放心。"鲁庄公只好派人去求柳下惠。柳下惠说："信誉是臣下一生的珍宝，如果说假话，做假证，那就是臣下在自毁珍宝。以毁珍宝为代价来保住他的珍宝，这样的事不能干。"鲁庄公无奈，只得把真鼎送往齐国。

　　后来，鲁国国君觉得自己有点实力了，就在臧文仲的鼓动下想出兵攻打齐国。他知道柳下惠为人正直，不会阿谀奉承，好说实话。为了争取舆论上的支持，就派人把柳下惠找来，当着文武大臣的面，他问柳下惠："我要派兵攻打齐国，你意下如何？"他的意思是要柳下惠赞同支持他的主意。柳下惠毫不犹豫地说："大王，我听人说，无缘无故征伐人家国家是一种不仁义的行为，我们鲁国为什么要做这种不仁义的事呢？再说齐国和鲁国山水相连，唇舌相依，虽小有矛盾，但总体来看还是不错的。常言道，远亲不如近邻，我劝大王还是不要有出兵伐齐的念头，那样只会两败俱伤，渔翁得利。"鲁国国君听了，觉得柳下惠讲得非常在理，就打消了攻打齐国的想法。

柳下惠54岁退居柳下（春秋时鲁地，一说在今山东新泰市夏家隅，一说即今河南濮阳县东部的柳屯镇）后，在家乡大办教育，招收生徒，传授文化、礼仪，深受乡人爱戴。因其德高望重、知识渊博，且诲人不倦、教学严谨，名气很大，从学者纷纷慕名而来，越来越多。直到90岁高龄时，他仍在孜孜不倦地教书育人，授业解惑，上门求教者有来自各国的学生。他的弟子数以千计，出了不少优秀人才。他创办的私立教育，比孔子还早100多年，是中国历史上私立教育的开山鼻祖，其学术与教育思想，深深地影响了孔子与孟子。

尤其是孟子，对柳下惠非常推崇，《孟子》一书曾把柳下惠和伯夷、伊尹、孔子并称四位大圣人。的确，柳下惠有很多美德和大智慧：他不因为君主不重用自己而感到羞耻与失落，不因官职卑微而敷衍了事；他身居高位时不忘推举贤能的人，被遗忘在民间时也没有抱怨气馁；他贫穷困顿时不忧愁，受到挫折打击时不屈服；他和任何人相处，都能保持气节操守，不受不良风气影响。正因为如此，柳下惠被孟子誉为"百世之师"，也是当之无愧的。

直道事人，刚正不阿，是柳下惠的做人原则；诚实无欺，实事求是，是柳下惠的思想作风；教书育人，遍植桃李，是柳下惠的价值追求。能自觉践行这几条，就是大智慧、高境界，或许会一时吃亏受排挤，从长远来看，会站得更高，发展更好，也影响更大，就像大智若愚、大巧若拙的柳下惠，这就是颠扑不破的历史逻辑。

庄周正气铸风骨

庄子（约前369—前286），名周，战国时宋国蒙邑（今河南商丘东北）人，他在道家中的地位犹如孟子在儒家中的"亚圣"地位，儒称孔孟，道称老庄。庄子有明确的社会理念，希望扫荡污泥浊水，建立起新的社会环境和秩序，实现他理想中具有最高道德准则的社会。

庄子生活的年代，战乱频仍。他不屑于游说诸侯，也不愿寄人篱下，于是怀着非凡的才能独处一隅，靠编织草鞋维持生活。庄子一生甘于清贫，保持气节，长期过着隐居生活，没有什么辉煌的历史。凶暴的宋康王于公元前329年逐兄篡位之前，庄子做过管理漆园的小吏，不与权贵为伍，宋康王篡位后不久就归隐了。

庄子一生淡泊名利，不谋一官半职，不求功名利禄，不守俗礼陈规，甘于清贫，崇尚俭朴。庄子一开始也是想做官的，可是，在他当漆园吏的小官之后，觉得当官是对个人精神的一种折磨。虽然做官可以带来荣华富贵，但为了寻求人性的自由，他决定不再当官。庄子认为，人生在世，应该过一种高尚的、自由的、理性的生活，如此就必须摆脱功名利禄等身外之物的束缚。

庄子不是没有做官的机会，他曾有一次极好的机遇。楚威王听说庄子很有才干，于是派使臣带着金银去请他出任楚国的宰相。正在水边钓鱼的庄子，连钓竿都没放下，淡淡一笑，视位极人臣的相国之尊为用于祭祀的牛——他对毕恭毕敬的楚国使臣说："千两黄金是很重的聘礼，宰相也是尊贵的职位。但是，你们没有看到用作祭祀天地供品的牛吗？人们养它几年，然后给它披上彩绣的绸缎，抬进太庙，杀了祭祀。到那时候，这头牛即使想做一头自由自在的小猪，也是不可能的了。请你们回去吧，我将终身不做官，只图个精神自由愉快。"庄子断然没去，不愿为官爵所羁绊，却得到了精神上的自由。他要"终身不仕，以快吾志"。

庄子有时与至交惠施争辩学术上的问题，在两人频频辩论的过程中，庄子获得了丰富的庙堂见闻。当惠施去世时，庄子抚今追昔，悲痛万分，感叹再也找不到同自己谈话和辩论的对象了，从而感到"吾无与言之矣"的孤独寂寞。庄子纯洁如玉，不与统治者同流合污，反对追名逐利。庄子以大鹏自比，把那些追名逐利者比喻为斑鸠。

庄子很有学问。庄子之说本于老子之学，但庄子的哲学体系比老子的建构更为宏大，内容更为丰富，形式更为活泼，语言更加生动，其构想之新奇，运思之深邃，用语之精巧，先秦诸子罕有人能与他相媲美。

庄子所谓的"道"，既是自然的本体，也是人的本体，因此，庄子更关注人的自我完善，追求古朴的真善美，超越名利，具有淡泊的心态，珍视自由之可贵，为人们寻求精神家园。他的

"以道观之，物无贵贱"的思想，破除了社会等级的权威性。庄子认为，心灵上迷恋利禄、荣誉等，就丧失了最可贵的本性，即自由。他在 2000 多年以前，以哲人的睿智、文学家的想象，为人类弹奏了一首追求人生绝对自由的浪漫曲。所著《庄子》一书，有 33 篇，亦称《南华经》，是道家的经典之一，想象丰富，构思巧妙，写情状物栩栩如生，理论辩述，妙语连珠，善于用寓言故事说理。

《庄子》流传很广，在思想界、文学界影响很大。思想家从中看到哲理，文学家从中看到优美的文辞表现手法，道家从中看到修身养性、返璞归真。

《庄子·齐物论》中记载，庄子变成一只翩翩起舞的蝴蝶，悠然自得，不知道自己是庄周，醒后才知自己依然是庄周。于是他产生迷惘：究竟是庄周做梦化为蝴蝶，还是蝴蝶做梦化为庄周呢？实在是难以分辨。这里，庄子表述的是物我同化的意境，看到人与物之间的界限消解了，心灵得到充分的自由和快乐，在文学史上常被理解为诗化的人生境界。李商隐在《锦瑟》一诗中写道："庄生晓梦迷蝴蝶，望帝春心托杜鹃。"写得很美，抒发了作者对人生的感受。

庄子一生的主要贡献是他创造了一种完备的哲学体系。他实现了由早年的形而上学、相对主义、唯心主义向晚年的朴素辩证法和朴素唯物主义的转变。庄子哲学奠定了儒道互补的思想格局，从而孕育了中国古代知识分子外儒内道的人格形态。庄子哲学从一个侧面反映了东方人所特有的智慧和文明。他那深邃而隽永的智慧、旷达而任真的品性，对其后各个时代的思想家都曾有所启发。

庄子是我国的寓言哲学大师。他善于用极其生动的寓言，以形象思维的方法，讲述深奥的哲学理论，使抽象的哲学命题形象化、具体化、生动化、趣味化。尽管"处穷闾阨巷，困窘织屦"，但他不为富贵所动，不愿为昏庸无道的统治者效力，视功名利禄如粪土，笑辞千金之聘请，鄙薄卿相之尊位，在贫贱中保持着做人的尊严和内心的快乐。庄子力主发现自我，强调独立人格，浮云富贵，粪土王侯。

庄子在中国文学发展史上以浪漫瑰丽的艺术风格独领风骚。李白曾经称赞庄子的文章："吐峥嵘之高论，开浩荡之奇言。"郭沫若称赞他说："一般的散记文学应该推他为鼻祖。"庄子的浪漫和智慧，非常切合毛泽东的气质和天赋。毛泽东曾把人民军队喻为"扫尽中国的大鹏"，还将庄子的鲲鹏写入诗词，热情讴歌了鲲鹏激越雄伟的形象。

庄子是一位具有特色的思想家，道家学派的代表人物，承上启下的学术薪火传人。毛泽东说："两千多年前，庄子写了一本阐发老子道家的书，叫《庄子》，后来人们就争论《庄子》的意义。"①庄子是中国文学史上浪漫主义的巨擘，他宏阔奇崛的想象和瑰玮恢宏的风格，深深地影响了中国古典文学的发展方向。

① 陈晋：《文人毛泽东》，上海人民出版社1997年版，第696页。

延伸阅读

有原则的人才可做心腹

赵匡胤追随周世宗在澶州时，曹彬是周世宗的一个亲信，负责宫廷所用茶酒。一次，赵匡胤向他要酒喝，曹彬说："这是专供宫里的酒，不能给你喝。"然后他自己掏钱买了酒送给赵匡胤喝。赵匡胤发动"陈桥兵变"登上皇位后，对大臣们说："周世宗的臣子中，不欺骗他的大概只有曹彬一个人吧。"赵匡胤由此把曹彬当成心腹。

（来源：《传奇故事·百家讲坛》2023 年第 2 期）

仁政爱民晏平仲

晏婴（？—前 500），亦称"晏子"，字平仲。夷维（今山东高密市）人，春秋时期齐国著名政治家、思想家、外交家。历仕齐灵公、齐庄公、齐景公三朝，辅政长达 50 余年。他以有政治远见、外交才能和作风朴素闻名诸侯，且聪颖机智，能言善辩。内辅国政，屡谏齐国君主。对外交往他既富有灵活性，又坚持原则性，反应机敏，出使他国不辱使命，成功捍卫了齐国的国格和国威，留下许多历史佳话。

晏婴在辅政治国、制定法律、严格吏治、清明风气等方面有很多重要建树。但老百姓之所以爱戴晏婴，更看重的是他的仁政爱民举措。"民惟邦本"思想是晏婴治国方案的总纲，是晏婴思想体系的核心与理论基础。《晏子春秋》卷四《内篇问下》记载，晏婴说："意莫高于爱民，行莫厚于乐民。""意莫下于刻民，行莫贱于害身也。"

《史记》记载，齐景公"好治宫室，聚狗马，奢侈，厚赋重刑"。他常常因一只鸟、一匹马、一棵树，便重则治人死罪，轻则处人刖刑砍足，造成"拘者满囹，怨者满朝"的局面。晏子心急如焚，早就想劝谏国君，为民请命，减轻刑罚，但他知道齐景公刚愎自用，虚荣心强，直接劝谏他不容易接受，就一直在等合适的进谏机会。

一日，齐景公与晏子聊天，景公想要为晏子更换住宅，说："你的住宅靠近集市，低洼狭小，喧闹扬尘，不适合居住，我给你换个明亮高爽的住处吧。"晏子推辞说："君主的先臣就住在这里，臣不足以继承先臣的业绩，这对臣来说已经有些过分了。况且小人靠近市场，早晚能得到自己所需要的东西，这是小人的利益。哪敢麻烦邻里迁居为我建房！"景公笑着说："您靠近市场，了解物品的贵贱吗？"晏子说："既然以它为利，岂敢不知道呢？"景公说："什么东西卖得贵，什么东西卖得贱？"当时齐景公刑名繁多苛严，被砍足的人很多，所以市场上有专门出售为受过刖刑的人制作的鞋的店铺，晏子知道进谏的机会来了，就装作若无其事地回答说："据我观察，为受过刖刑的人制作的鞋卖得贵，普通人穿的鞋卖得便宜。市场上卖这种鞋的生意十分兴隆，卖普通鞋的生意很是萧条，这是被砍足的人多而带来的怪现象。"景公听完陷入沉思，脸上不由生出愧色，悲悯凄怆之情油然而生。因此下令，减省酷刑。

还有一次，养马人把齐景公的爱马给喂死了。齐景公非常伤心，一气之下竟要以极刑肢解那个养马人。晏子没有直接劝阻，而是表示支持景公的决定，说：“马夫养死了大王的爱马，今日不杀，该当何时！”景公觉得晏婴这次终于站在他这边说话了，可不料晏子转过脸问景公：“古时的圣君尧、舜肢解人，是从人躯体的什么部位开始的呢？”这一问，齐景公情知不妙，知道晏婴是在责怪自己滥杀无辜，赶忙说：“尧、舜是圣君，可从不肢解人。今天我这个君主也不能开这个先例。”

于是，下令不肢解马夫了。

但他仍余怒未消，说：“死罪免了，活罪难逃，把他给我扔进监狱关起来！”晏子接过话茬说：“让我列举一下他的罪行，让他知罪，然后再把他送进监狱不迟！”他假装义正词严地当面斥责养马人说：“你有三大罪状：其一，把马养死了；其二，养死了普通马还不要紧，你居然把君主最喜爱的马养死了。”说到这里，齐景公心中还挺得意。可晏子话锋一转，说出了第三条罪状：“你触怒国君，致使国君因为一匹马要杀死你，让天下人知道我们的国君爱马胜于爱人，都看不起我们齐国，这是死罪中的死罪，罪不可赦！”这时齐景公如梦方醒，脸色一阵红一阵白，赶紧对晏子说道：“你把他放了吧，不要损伤我仁爱的名声了！”

隆冬，连下三天雪还不放晴。景公披着用狐狸腋下白毛做的皮衣，坐在正堂前的台阶上。晏子进宫谒见。景公说：“奇怪啊！下了三天雪，可是天却不冷。”晏子说：“天气不冷吗？”景公笑了。晏子说：“我听说古代贤德的国君自己吃饱却知道别人的饥饿，自己穿暖却知道别人的寒冷，自己安逸却知道别人的劳苦。现在的君王却不知道别人了。"景公知道晏子的意思了，说："说得好！我听从您的教诲了。"他便命人发放冬衣、粮食给饥饿寒冷的人，还下令："在路上见到的，不必问他们是哪里的；在里巷见到的，不必问他们是哪家的；全国统计数字，不必记他们的姓名。士人已任职的发给两个月的粮食，病困的人发给两年的粮食。"孔子听到这件事后，赞赏说："晏子能阐明他的愿望，景公能实行他认识到的德政。"

晏子的"仁政爱民"，也表现在他的严于自律上。因为晏子日夜操劳，功劳很大，齐景公为表示感谢之情，提出要翻新晏子的住宅，被他拒绝了。等到晏子出使晋国，景公便自作主张重盖了他的住宅。他回国时，翻新已经完成，修得很漂亮。晏子再三拜谢以后，就要求恢复旧宅，起初景公不允许，晏子托陈桓子去请求，才准许了。晏子拆毁了占地面积大了许多的新宅，并把因自己翻新老宅而被赶走的邻居请回来，向他们一一道歉，自己出钱重新修建邻居的房屋。晏子不与民争利，不搞特权，被朝野传为美谈。

他还一再劝谏齐景公说，如今赋税很重，百姓苦不堪言，怨声载道，这可不是国家福音啊！齐景公想明白了这个道理，终于下令："使有司宽政、毁关、去禁、薄敛。"大大减轻了百姓负担。在他的主持下，政府出台了一些关心鳏寡孤独、老弱病残者的德政，救济那些没有劳动能力的人，广受民众欢迎。每遇到自然灾害，他就拿出自家粮食救济灾民，同时力谏景公救灾，开仓放粮。

因此，晏子在百姓中享有崇高威望，有一件小事可以说明。

《史记》记载，齐庄公六年（前548）5月，齐庄公为权臣崔杼所杀，晏子听说后，不顾个人安危，毅然带着随从前往齐都吊唁庄公。晏子独自闯入崔家，脱掉帽子，捶胸顿足，不顾一切地扑在齐庄公的尸体上，号啕大哭了一场，然后起身离去。崔杼的左右都很生气，欲杀掉晏子，崔杼阻止说："他可是百姓所仰望的人，杀了他，我会失去民心，放了他，我能得到民心。"

后世史官也对晏子赞不绝口，高度评价，诗人骚客更是热情歌颂，不吝笔墨，既把他视为智慧的象征，也把他看成"仁政爱民"的好官的代表。尤以宋代诗人邵雍在《齐郑吟》里说得最为精辟："子产何尝辞郑小，晏婴殊不愿齐衰。二贤生若得其地，才业当为王者师。"

延伸阅读

范仲淹《江上渔者》

范仲淹（989—1052），北宋政治家、军事家、文学家。26岁考取进士，在今安徽、江苏一带任县令等地方官，后官至参知政事（副宰相）。为官清廉，敢于直谏，心忧天下。京城流传着"朝廷无忧有范君，京师无事有希文"之盛誉。其诗内容厚重，技巧娴熟，颇多寄托怀抱之作，清淡而流畅，长于议论。他留下了久经传诵的名篇，文如《岳阳楼记》，词如《渔家傲·秋思》，诗如《江上渔者》。

> ### 江上渔者
>
> 江上往来人，但爱鲈鱼美。
>
> 君看一叶舟，出没风波里。
>
> 诗人情动而辞发，创作出言近而旨远、言浅而意深的《江上渔者》。诗人把关怀民生和"先忧后乐"的情怀，形象地展现在"君看一叶舟，出没风波里"的画面上，"温润和雅，蔼然仁人之言"，既有诗人对渔人疾苦的同情，又有对其闯荡风波、勇敢无畏的赞美，深含对"但爱鲈鱼美"的岸上人的规劝，揭示了不合理的社会现象。

孔子的道德观

2500多年前，有一位人生坎坷多难、无权无位而又不屈不挠的人，被人们赞为"圣人"，他，就是孔子。孔子（前551—前479），名丘，字仲尼，春秋时期鲁国人。壮心不已修竹简，埋首却成大圣贤。

孔子曾位列卿相，但转瞬即逝。他通过勤奋学习改变命运，创立儒家理论体系，集古代思想文化之大成。他提出"有教无类"的原则，创办私学，打破了贵族对教育的垄断，扩大了教育对象的范围。他主张"因材施教""诲人不倦""温故而知新""学而优则仕"，在中国影响深远，潜移默化地影响着每一个中国人。孔子是我国古代著名思想家、教育家、政治家，是中国传统文化的奠基人和开山鼻祖。

孔子生逢乱世，不甘沉沦，以济世化民为己任，用毕生的艰辛努力，主张"爱人""仁政"，力劝统治者改邪归正，强调美德与道德价值，以恢复社会的安宁和和谐。

孔子的道德观，包括许多从政之德的经典论述，是中国传统文化的精华。《论语》是孔子弟子及其再传弟子关于孔子言行的记录，共有 20 篇，每篇分若干则，约 15000 余字。《论语》为语录体散文，看似碎片化的记录，却能够带给读者整体性的精神感受，言简意赅，思想丰富，其中一些精彩语言，后发展为格言、成语。此书的思想内容、思维方式、价值取向和行为准则，融入了中华民族的血液，丰富了官德文化。

作为中华文化的代表人物，孔子极力提倡仁、义、礼、智、信。孔子的德性思想以"仁"为中心，《论语》全书一以贯之。孔子将"仁"视为人的最高道德境界，把"仁"看得比生命还重要。《论语》中先后共有孔子的 5 名学生 7 次问仁。孔子对"仁"的表述在《论语》中有 100 多处。如主张"仁者爱人""亲亲而仁民""己所不欲，勿施于人""巧言令色，鲜矣仁"。

"仁"是君子所追求的价值观和人生观的综合体现，是"至德"，即君子最高的道德境界。樊迟问仁，子曰："居处恭，执事敬，与人忠。"子张问仁于孔子，孔子曰："能行五者于天下，为仁矣。""请问之。"曰："恭、宽、信、敏、惠。恭则不侮，宽则得众，信则人任焉，敏则有功，惠则足以使人。"子张向孔子请教什么是仁。孔子说："能够处处实行这五种品德的，就是仁人了。"子张说："请问是哪五种品德？"孔子说："恭敬、宽厚、诚信、勤敏、慈惠。恭敬就不会遭受侮辱；宽厚就会得到众人的拥护；诚信能得到别人的任用；勤敏可以提高工作效率，用以建功；慈惠可以让别人听从你。"所有这些德性，有一个根本出发点，就是"爱人"。

热爱所有人，对人宽容厚道，尊敬他人，人与人之间要相爱，这是"仁"的核心内容，是作为德性的"仁"之具体体现。孔子一生都在为实现"仁"的理想而不懈奋斗。

"仁"还包括孝悌、爱己、忠恕。在处理各种人际关系上，强调对父母的孝，对兄弟的友，对朋友的信，对上司及一切与己交往之人的忠，对民众的宽、惠，个人独处时的恭，执事时的敬。他提倡"与人忠"，反对"为人谋而不忠"。

一个崇高世界的出现，首先是造就一批崇高的人，这正是儒家学说生命精神之所在。《论语》中言及"君子"者多达107次，不失为孔子人格理想的一道光环。孔子德侔天地，是万世师表，这是为孔子一生的经历所证明了的。

有一次，颜回跟孔子到北方农山去游玩，同子路、子贡辩论着各人的志愿。颜回说："我愿意遇见一个贤明的君王，帮他管理一切政事，教化做父亲的教训子女要有义方，做母亲的要慈爱，做哥哥的要友爱，做弟弟的要恭谨，做儿子的要孝顺，并用礼乐去化导人民……"孔子听了他的一番话，很佩服地说："颜回的道德是何等的美满啊！"

子贡问孔子为什么君子以玉为贵、以珉为贱，孔子说："虽有珉之雕雕，不若玉之章章。"——美石虽然光彩焕发，但不如玉透明洁净，其寓意是外表美不如内里纯洁。孔子是个典型的性情中人，时常坦诚地流露真情而不加掩饰，喜怒哀乐皆形于色，用现在的话说，他"不装"，没有那么多令人厌烦的"城府"，使人感到亲切和质朴，平凡而伟大。

孔子进一步提出"为政以德"的治国主张。他在《论语·为政》中说："为政以德，譬如北辰，居其所而众星共之。"——以道德来统率国政，就像北斗星端坐在一定方位上，而众星都围绕它运行。以德治国，它的根本含义，是要突出道德在治国上的主导作用。孔子认为道德礼义方可治本，而政令刑法仅仅可以治标，亦即"道之以政，齐之以刑，民免而无耻；道之以德，齐之以礼，有耻且格"。孔子主张以德治为主，法制为辅，高明的为政者治国应当拥有这"两手"。

孔子希望为政者以仁义之心待民。主张推行以"爱民""安民"为主旨的德政，从而构成了"以德治国"的基本内质。他认为"礼"是仁的外在表现，是个重要规范，是沟通道德与政治的桥梁，是德政得以融入治国实践的重要保证，因而必须制定以礼为总称的典章制度和行为规范，引导人们懂礼、守法，社会方可维持稳定。

拜读《论语》，瞻仰孔府，深切感受到司马迁深情的评述："《诗》有之：'高山仰止，景行行止。'虽不能至，然心向往之。余读孔氏书，想见其为人……"

孔子名列世界十大思想家第一名，在世界一百位文化名人中列第七位，是世界四大哲人之一。孔子学说在朝鲜半岛、日本、越南等国也有深远影响，形成了东亚儒家文化圈，有一批热衷研究孔子的东方思想家。

为人仁义、厚道，处世遵循道义，谦恭有礼，很讲信用，别人就会从内心喜欢你，对你有一种崇敬之意。德高的人，出言忠诚守信，充满仁义之举而面无夸耀之色，通情达理而语言谦和，信守原则，自强不息。无论是为政者还是老百姓，都应把仁、义、礼、智、信等美德扎根于心里，付之于言行。

延伸阅读

世南一去无知音

唐太宗作了一首宫体诗，令虞世南也和一首。虞世南却说："您的诗很工整，但是诗风不正。我害怕此诗一旦传出去，天下人都跟着你学，以致耽溺其中，因此我不敢应命。"唐太宗说："我不过是试试你罢了。"言罢不再提此事。虞世南去世后，唐太宗又写了一首叙述古代兴亡的诗。诗成，他叹息道："当年钟子期死了，伯牙便不再弹琴。现在虞世南死了，我这首诗又给谁看呢？"随即命人拿着诗稿到虞世南的墓前焚烧了。

（来源：《传奇故事·百家讲坛》2022 年第 12 期）

郭子仪的君臣之道

郭子仪（697—781），华州郑县（今陕西渭南华州区）人，武举出身，历仕唐玄宗、唐肃宗、唐代宗、唐德宗四朝，在平定安史之乱、智退吐蕃回纥的战斗中有勇有谋，屡建奇功。国家有难时，他挺身而出，只考虑是否有利于国家的治理而从不计较个人的安危；他不贪恋官位，主动避让贤路；处处维护帝王的权威，不言帝王的短处，史称"权倾天下而朝不忌，功盖一代而主不疑"。

郭子仪心胸开阔，为人大度，以大局为重，不计前嫌。他看问题有新视角，能做出与众不同的解释，并由此淡化危机。李光弼与郭子仪曾同朝为将，但两人的关系并不是很好。安史之乱爆发后，朝廷任命郭子仪为朔方节度使，成为李光弼的顶头上司。唐玄宗想寻求一位良将，来管理河北、河东之事，征求郭子仪的意见。郭子仪秉公荐才，认为李光弼能担此任，于是就推荐了他。李光弼临行前，专门拜会郭子仪，说："我战死也就罢了，只求你放过我的妻子儿女。"郭子仪激动地说："眼下国难当头，我看将军你是个人才，才推举了你，我要和你一起出征，私人恩怨我早就不记在心上了。"李光弼听了大受感动，两人尽释前嫌，一同出征。

郭子仪的隐忍大度，主要表现在他同唐代宗宠信的宦官鱼朝恩的关系上。鱼朝恩为监军（观军容宣慰使），与郭子仪具有直接的制衡关系，他妒忌郭子仪的平叛之功，多次进谗言，以致郭子仪被解除兵权。但郭子仪能忍常人所不能忍，总是以德报怨，防止合作共事关系破裂。

郭子仪被赞为"大雅君子"，在与同僚及部下相处时，讲究宽厚之道。《旧唐书》卷一百二十一《仆固怀恩传》载："郭子仪为帅，以宽厚容众。"在封建时代，祖坟神圣不可侵犯，挖人家的祖坟不可容忍。当郭子仪在前线泾阳为国浴血奋战时，却有人在后方挖了郭家的祖坟。郭子仪知道是宦官鱼朝恩干的。郭子仪从泾阳前线回朝，满朝文武都以为他将与鱼朝恩大动干戈。皇上先提起此事，他才在满朝文武面前边哭边说："臣一直在外面带兵打仗，却不能禁止手下的士兵挖别人的祖坟，这是臣的过错招致上天的责罚，跟别人的加害无关。"他没有难为唐代宗，没有追究鱼朝恩，反而引咎自责，体现了郭子仪顾全大局、息事宁人、释解嫌疑的智慧。作为一代武将，能如此深谙容忍之道，用自己的行动证明了"大肚能容，容天下难容之事"，实则不易。

郭子仪讨厌奸臣，却又不能无视这类人的存在。为此，他让自己变成一潭清水，有深度，无波澜。他与奸臣鱼朝恩、程元振、元载、卢杞等辈虚与应付、妥与周旋，力求缩小对立面，能忍让处主动避让，不形成直接冲突，不激化矛盾，以达成自己御敌寇、安社稷的最大目标。

只有对待自己的行为有真挚的情感，这种行为才会持久。郭子仪的过人之处是总能用自己的真实情感表现出对朝廷的忠心。忠诚不仅是官员们的庄严的政治承诺、最崇高的道义追求，而且是最大的生存智慧。郭子仪处理与皇帝关系的策略，概而言之，就是以义来体现忠，就是史臣说的"晏然效忠，有死无二"，不让皇帝对自己存有任何的不放心。

唐代宗一即位，就听信宦官程元振的谗言，罢免了郭子仪兵马副元帅的职务，让他给肃宗监修陵墓。直到吐蕃寇乱京师，唐代宗出亡陕州避敌，才不得已又令郭子仪统兵御敌。等到京师收复，唐代宗说："朕用卿不早，故及于此。"并赐给铁券（免死牌），图形于凌烟阁，表示信任不疑。

　　郭子仪凭借自己的高尚品德，赢得了满朝文武的尊重，就连安史之乱中的叛将也尊重他。有一员叛将叫田承嗣，带兵占据了魏州，在当地飞扬跋扈。郭子仪派使者去劝诚，田承嗣听说是郭子仪派来的人，十分恭敬，并跪倒在地，向郭子仪所在的方向遥拜，对使者说："我已经很久不向别人下跪了，但是郭公值得我下跪。"

　　郭子仪办七十大寿时，全家人齐聚一堂，都来贺寿，唯独六儿媳升平公主没有来。六儿子郭暖在气头上斥责妻子："你以为你是公主，你爹是皇上，就可以不来拜寿！老实告诉你，我爹不稀罕当皇上。"升平公主立刻回宫禀告。唐代宗李豫听了没生气，安慰女儿说："你丈夫说的是实话，假使你公公真的想当皇上，天下岂是咱们李家的天下？"唐代宗劝解了女儿，让她赶快回家。

　　郭子仪听说儿子得罪了公主，十分生气，连忙把儿子捆绑送进皇宫，请求皇上治罪。唐代宗笑着对郭子仪说："不痴不聋，不作家翁。小夫妻闺房琐事，床头打架床尾和，对孩子们闺房里说的气话，怎能当真呢？过去了的事情就算了吧！"

　　郭子仪是四朝柱石，也是一名卫国功臣。他胸怀坦荡，做事光明磊落，从不徇私舞弊，达到了事业和人生的最佳境界。781年，郭子仪病重去世，时年 85 岁。德宗皇帝下诏停朝五日，以示哀悼。安葬之日，德宗率朝臣到安福门送别，朝廷上下为失去一位中兴名将而痛惜。

贵在公烛无私光

南宋诗人周紫芝在《竹坡诗话》中记载：北宋李氏有一人为官廉洁，自律甚严，一直把公私分明作为教育子女的家规，自己处处以身示范。一天晚上，他正在烛光下办理公务，有人送来一封家书。他当即灭掉公家蜡烛，点燃自家蜡烛。

因为在他看来，公与私之间不能越雷池半步，小事也不能马虎。类似记载，早就有过，"公烛之下，不展家书"，这是古人公私分明最生动的写照。唐代诗人孟郊就在《上达奚舍人》一诗中赞曰："大贤秉高鉴，公烛无私光。"

"公烛无私光"，即公私分明，一旦公私不分，就会化公为私，以私侵公，最后势必会滑向贪官污吏的深渊。所以，古往今来那些志士仁人都很警惕这个问题，从一点一滴做起，丝毫不肯放松。北宋文学家欧阳修不仅诗文出色，也是一位清廉官员。他的侄子欧阳通理也很早步入仕途，欧阳修常教育他要公私分明、克己奉公。一次，欧阳通理从自己任职的地方回京，为表达对叔父的敬仰和感激，买了一些当地出产的朱砂送给欧阳修，谁知受到欧阳修严厉批评："汝于官下宜守廉，何得买官下物！"在欧阳修看来，即便朱砂是自己花钱买的，也属于"官下物"，难免落得公私不分之嫌，所以，拒绝接受。

"公烛无私光"，不仅自己问心无愧，光明磊落，也能规范世风，主持公道。据《后汉书》记载，汉顺帝时，苏章任冀州刺史。有一年，苏章到清河巡查，百姓反映，清河太守抢占民田、贪赃枉法，而此人就是他以前的同窗好友。苏章感到非常痛心。

他思前想后，做了两件事。一是请清河太守吃饭，两个人推杯换盏，谈了当年一同求学的时光，叙起了往日的情谊，并互相问候家人，气氛非常温馨。然后，苏章凛然表示，今天请你喝酒，是尽私人情谊，明天升堂审案，必然会公事公办。二是秉公执法。第二天就升堂审案，他丝毫不徇私情，将证据一一展现，按照国法降罪，惩治了罪有应得的太守。

"公烛无私光"，也是做人的起码规矩，做官的基本底线，要坚持做到，须硬下心肠，板起面孔。《南史·徐勉传》记载：徐勉曾任尚书右仆射、中书令，为梁武帝掌书记，参与朝章仪制中枢机要，权力很大。徐勉常在家里见客人，谈天说地，欢声笑语，但从不谈公事。有一次在谈话中，来客虞暠自以为与徐勉关系很好，就以谋官事相求。徐勉立刻收敛笑容，正色道："今夕止可谈风月，不宜及公事。"使虞暠讨了个没趣，悻悻而去。也留下了"止谈风月"的典故。

北宋名臣司马光做丞相期间，常有人登门拜访，其中谋官、求职、诉讼、套近乎者不少。司马光就写了条幅挂于客厅，大意是：欢迎光临我的私宅做客，吃饭喝酒均可，但升官、调动、诉讼之类，则免开金口，有事应进状纸，由众官在公署会议施行，公事公办。

朱熹曾说："官无大小，凡事只是一个公。若公时，做得来也精彩。便若小官，人也望风畏服。"这也就是"公生明，廉生威"的道理。平心而论，公私分明是值得褒扬的高风亮节，要大张旗鼓地宣传嘉奖；但也可以说理应如此，天经地义，没什么好宣扬的。如果做不到这一点，就不要做官，因为一旦手里有了权就会掌握很多公家资源，若没有规矩，没有底线，就很容易公私不分，假公济私，久而久之，就成了化公为私的贪官污吏，腐败分子的堕落往往就是从公私不分开始的。

正因为如此，那些头脑清醒的有识之士才格外警惕，才一丝不苟，"小题大做"，不惜从"公烛无私光"的小事做起。这是一个动人的廉政故事，一根形象的历史标杆，照出廉者的灿烂光辉，也照出贪者的龌龊无耻。

延伸阅读

陆贽的廉德

陆贽（754—805），唐德宗时期的宰相、政治家、文学家，堪称后世楷模。五代时政治家刘昫将陆贽与汉代名臣贾谊相比。陆贽为官清廉正直，出淤泥而不染，从不接受下属的贿赂，受到习近平总书记的点赞。

早年间，陆贽卸任郑县县尉后曾回乡探母，途经寿州，听闻刺史张镒名望很高，就前往拜谒。交谈三日后，张镒发现他有经世之才，愿与其结为忘年之交。辞行时，张镒亲自送别，拿出百万铜钱对陆贽说道："这是给太夫人每日的膳食费用。"陆贽见状，自知盛情难却，但只收下一点新茶。

793年，陆贽担任科举主考官。一些大臣的亲戚也参加了科举考试，纷纷来到陆贽府上，以重金行贿，想靠这种方式获取功名，被陆贽严词拒绝。唐德宗认为他

"清慎太过"，暗地里派人给他送了一道"密旨"："对别人的馈赠一概拒绝，办事恐怕不太方便。重礼可以不收，但像马鞭、鞋靴之类的薄礼，收了也无妨。"陆贽回复说："为官受贿，大者，忘忧国之诚；小者，速焚身之祸。""贿道一开，展转滋甚。鞭靴不已，必及衣裘；衣裘不已，必及币帛；币帛不已，必及车舆；车舆不已，必及金璧。"——一旦开了受贿这个口子，必定胃口越来越大。收了鞭子、靴子，就会开始收华服裘衣；收了华服裘衣，就会开始收钱；收了钱，就会开始收车马座驾；收了车马座驾，就会开始收金玉珠宝，其归宿乃是"速焚身之祸"。

长孙皇后的智慧

长孙皇后（601—636），河南洛阳人，一说陕西西安人，出身世代高官显宦之家。先祖为后魏献文帝第三兄，姓拓跋氏，后改姓长孙氏。父亲长孙晟，是隋朝右骁卫将军。

李世民文武双全，18岁时就驰骋疆场。作为王妃的长孙氏从小知书达礼，13岁时嫁李世民，在戎马倥偬的岁月里，她跟着李世民各处奔波，悉心照料他的生活，使李世民在战事奔波中得到贴心暖肺的抚慰。

长孙皇后是中国历史上一位充满智慧的杰出女性，优雅大气与妩媚活泼并存。作为唐太宗的贤内助，她参与了唐初一系列重要事件，并扮演了非同寻常的角色。在玄武门之变中，长孙皇后与李世民互相配合，彼此砥砺，在特殊环境下积极奔走，多方斡旋，为李世民最终赢得政变的胜利发挥了特殊而难以替代的重要作用。在实现贞观之治的过程中，长孙皇后表现出了卓越的识见和非凡的智慧。

长孙皇后深知作为"国母"，其行为举止对皇上的影响很大，因此处处约束自己。她以历史上的善恶之事自鉴，并搜集古代妇人事迹，撰《女则》10篇，用来砥砺自己，不骄矜自傲，不干预国家政事，保持着贤良恭俭的美德。

"仁足以长福而消祸，礼足以守成而防败"。长孙皇后对于年老赋闲的太上皇李渊，十分恭敬而细致地侍奉，每日早晚必去请安，像一个普通的儿媳那样力尽孝道。对后宫的妃嫔，也非常宽容和顺，常规劝李世民要公平地对待每一位妃嫔。

唐太宗跟一个宫女生了孩子，宫女因难产而死，她就把这个孩子一直养在身边，视如己出；别的妃子生了病，她就把自己的药品拿去给人家用。整个后宫呈现一派温馨祥和的大家庭气氛。

长孙皇后有政治远见，不搞裙带关系。皇后的哥哥长孙无忌与太宗在少年时期就交往密切，又是辅佐太宗赢取天下的第一功臣。长孙皇后听说太宗想让长孙无忌担任宰相，认为不可，说："妾已位极至尊，实在不愿意兄弟子侄都享受高官。汉代吕后、霍后两家外戚专权，结果祸国殃民，应为前车之鉴啊！"太宗开始不听，以长孙无忌为尚书右仆射，位列宰执。长孙皇后便背地里动员长孙无忌固辞不受。太宗不得已，只好免除长孙无忌的相职，改授开府仪同三司。此后长孙无忌经常受到皇后的教诲，成为一代忠良。

长孙皇后时常以古事设喻劝谏李世民，更留下"朝服劝谏"、以迂回策略保护大臣的美名。632年春的一天，李世民退朝后，怒气冲冲地回到后宫，口里不住地骂道："会须杀却此田舍翁！"皇后问他生谁的气，太宗答："魏徵每廷辱我。"皇后听罢，默默退下，不一会儿，只见她换上皇后的朝服，跪地向太宗行参拜大礼。太宗问这是何故。皇后道："妾闻主明臣直，今魏徵直，由陛下之明故也，妾敢不贺！"太宗听罢，一阵脸红，继而转怒为喜，对皇后的深明大义甚为佩服，从此对魏徵也更加信任和器重。

贞观之治，演绎了历史上一段难能可贵的君臣和谐、上下一体的佳话。那个时代的标志是：君明臣贤，正气占据上风。对此，这个宜人、宜家、宜国的长孙皇后有着自己重要而独特的贡献。长孙皇后在春风得意时，没有忘乎所以，没有骄奢狂妄，不把各种好处占全，不把所有功名占满，不把事情做过头，懂得进退，使自己不致遭受损害，而且留得美名在人间。

由于长孙皇后的高尚品德和深明大义，唐太宗对她十分器重，下朝以后，常常和她谈论一些军国大事和赏罚情节。长孙皇后很有见地，但不愿以自己的特殊身份干预朝政。太宗坚持要听听她的意见，她才说了自己的两点看法，一是"居安思危"，二是"任贤纳谏"。

"心随朗月高，志与秋霜洁。"636年6月，36岁的长孙皇后病重。她去世前，留下遗言："我的家族并没有什么大的功勋和德行，只是有缘与陛下结为姻亲，才身价百倍。为永远保持长孙家族的名誉和声望，我请求陛下今后不要让我的任何亲属担任朝廷要职，这是我对陛下最大的期望！"

因为对皇后过于思念，唐太宗亲自抚养了长孙皇后的幼女晋阳公主和幼子李治。可能是李治也觉察到父皇对母后的深深思念，他在贞观二十二年（648）建起一座大慈恩寺，来纪念母亲。

长孙皇后是历史上一位著名的贤德皇后。她位及至尊，母仪天下；品性端庄，宽宏大量；清廉无私，深明大义。她贤淑的品性和无私的行为，赢得了唐太宗及宫廷内外很多人的敬仰，为后世树立了贤妻良后之典范，后来，高宗追尊她为"文德顺圣皇后"。

延伸阅读

循正而行，自与吉会

《资治通鉴》中记载了这样一则故事：唐太宗李世民贞观五年，即631年，太子李承乾到了行冠礼（类似于现在的成人礼）的年龄，礼部提议选择这一年的吉月二月为太子举行冠礼。唐太宗说："东作方兴，宜改用十月。"意思是每年的二月是春耕农忙之时，若此时举行太子冠礼，举国庆祝，势必影响到全国的春耕生产，应该改在农闲的十月再举行。少傅萧瑀认为不妥，劝说道："据阴阳不若二月。"唐太宗说："吉凶在人。若动依阴阳，不顾礼义，吉可得乎！循正而行，自与吉会。农时最急，不可失也。"意思是吉凶完全在于人如何去做，如果动辄查看阴阳，而不顾礼义，吉时难道就是这样可以通过计算得到的吗？做事遵循正道正理，自然可以与吉时相遇。在当下，农时是最最紧要的，不容耽误错失。

唐太宗对太子李承乾可谓至爱，从小精心培养，寄予厚望。太子乃国家储君，行冠礼很重要，是国家的政治大事，但是民以食为天，守农时、保春耕也很重要，是关乎经济民生的大事。唐太宗坚持"循正而行"——前者为后者让路。最终，太子冠礼没能在所谓的"吉月"举行，却能因"正"而"吉"——无论延后到何时举行，都是自成吉祥，自与吉会。这是中国传统文化所蕴含的博大精深的至理要道，愚昧世俗的迷信与之不可同日而语。

古人尚知"循正而行，自与吉会"，现在有些人追求吉利，却不知老祖宗讲的吉利里还有个更重要的"正"是不能忽视的。守"正"是致"吉"的前提。何谓"正"呢？天地间的自然规律可谓"正"，人世间的公平正义可谓"正"。遵循着天地间的自然规律和人世间的公平正义去做事，就叫"循正而行，自与吉会"；反之，违背天地间的自然规律与人世间的公平正义，就是失正的，必有其殃。在中国传统文化里，"循正而行"是道德的，失正则是不道德的。

（来源：《青年文摘》2022年第9期）

非俭无以养廉

964 年冬，宋太祖赵匡胤派兵攻伐后蜀。965 年春，蜀主孟昶投降。大军班师回朝，献上了缴获的战利品。其中一件稀奇之物是孟昶的夜壶。这件寻常用品竟然用七彩宝石镶嵌，可谓历代罕见。宋太祖叹息说："连溺器都要用宝石镶嵌，那么该用什么储盛粮食呢？国君奢侈糜烂到如此地步，哪能不亡国！"然后，当着孟昶的面将那溺器摔了个粉碎，并对两旁的臣子们说："人人应记取这个教训，要力戒奢侈糜烂行为。"

宋太祖认为，统治阶级追逐奢华，民众就会随之仿效，整个社会就会被不良风气笼罩。所以他反对姐姐穿翠鸟羽毛装饰的华丽衣服，他自己坚持乘坐旧銮舆，力戒奢侈，以勤俭示天下，从而奠定了大宋基业。

元世祖忽必烈为了不忘成吉思汗创业的艰难，到草原上挖来一盆青草，放在皇宫御座前。他告诉群臣，这是节俭草，后世子孙应懂得勤俭的道理。

崇尚俭朴，不奢侈，才能永葆廉洁，日子就好过些。崇尚奢侈，丢掉节俭，难以养成清廉的德行。节俭是大德而并非小节，是一种战胜非理性欲望的超然，是抛却名缰利锁的品格，是"清水出芙蓉，天然去雕饰"的纯美。廉之根在俭，持俭可以守廉、助廉、兴廉。诸葛亮在《诫子书》中讲得很精辟："静以修身，俭以养德。"明代宋濂说得好："非俭无以养廉，非廉无以养德。"意为只有俭朴才能保持廉洁，只有廉洁的人才能具有高尚的道德。

"居官之所恃者，在廉。其所以能廉者，在俭。"白居易在杭州为官三年，生活节俭，甘于清苦，不收贿赂。离任返乡时，他在天竺山取来两片石头作为纪念。于是，他在马上吟咏道："三年为刺史，饮冰复食檗。唯向天竺山，取得两片石。此抵有千金，无乃伤清白。"

唐玄宗时，姚崇才干突出，当宰相多年，生活十分俭朴，平时粗茶淡饭，家人荆钗布裙，不以为苦。他为官几十年，在京城连一栋房子都没有，一直居住在偏僻地方，上朝处理政务后来不及回家，就暂时借住在寺庙里。时人称他有"冰壶之德"。

海瑞平素生活简朴，含辛茹苦。他有一双破旧鞋子，经过多次修补，仍穿在脚上。上京听调时，仍身着单薄破烂的衣服。同僚劝说，他才置了一件新官衣。平时他常穿布袍，吃糙米饭，亲自种菜砍柴，除薪俸外没有任何其他收入。有一次海瑞买了二斤肉为他母亲祝寿，总督胡宗宪听说后，把海瑞家也吃肉当成新鲜事而转告他人。

曾国藩生长于一个勤俭孝友的家庭，他治家的方法是两个字：勤、俭。《曾文正公家训》中有言："居家之道，惟崇俭可以长久，处乱世尤以戒奢侈为要义。"

鲁迅对青年，对革命，向来是十分大方、慷慨的，可他的一条裤子穿了几十年。有人劝他换条新棉裤。鲁迅说："岂但我不穿棉裤而已，你看我的棉被，也是多少年没有换的老棉花，我不愿意换。你再看我的铺板，我从来不愿意换藤绷或棕绷，我也从来不愿意换厚褥子。生活太安逸了，工作就被生活所累了。"

以俭养德、以俭戒奢、以俭戒贪、以俭为荣，是抵制享乐主义、拜金主义和奢靡之风的有力武器。"俭，德之共也；侈，恶之大也。"奢侈无度、纵情享乐，乃是人格的倒退，意志的消弭，精神的畸变，领导干部一旦如此，就会疏于政事，甚至最终会导致国家的衰亡。勤俭的美德犹如甘霖，能让贫穷的土地盛开富有的花，能让富有的土地结下智慧的果。为政者应回归勤俭，带头崇俭戒奢，把勤俭作为一种美德、一种追求、一种习惯，让勤俭伴随一生。

第三章
选贤任能

周公吐握揽群贤

周公，姓姬，名旦，是周文王姬昌第四子，周武王姬发之弟。因封地在周（今陕西岐山北），称为周公。周公敬爱父母，为人诚实忠厚，多才多艺，深得文王的喜爱。他一生经历了文王、武王、成王三代，是我国历史上一位有名的政治家。西汉思想家贾谊对周公的评价可谓高矣："文王有大德而功未就，武王有大功而治未成，周公集大德大功大治于一身。"

在一个又一个历史转折关头，周公都充分展示了他政治家和谋略家的杰出才能。而他对国家的一大贡献就是协助周武王灭掉了殷朝。周公被任命为辅翼大臣，与姜太公一道，协助武王，带着 300 辆战车、45000 名甲士，会师孟津，渡过黄河。武王在牧野（今河南淇县西南）誓师："殷亡我兴，在此一举。上天将会帮助我们，各位不要有二心。"牧野战场上兵士如云，军旗如林，武王的军队奋勇杀敌，一直激战到天明；纣王的军队倒戈，商朝灭亡，就像结束了黑夜，迎来了黎明。

周公协助周武王率军打胜牧野之战，一是由于运用"伐谋""伐交"策略，争取人心，翦敌羽翼，麻痹对手，建立反商统一战线；二是乘商师主力远征东夷未还，商王朝内部分崩离析之时，选择决战的时机，使敌人陷于劣势和被动；三是在作战指挥上，奇正并用，巧妙而猛烈地打击敌军，使之彻底崩溃。

西周初年，周朝虽然灭亡了殷商王朝，但天下尚未安宁。武王日理万机，常常夜不能寐，事无巨细都要找周公商量，采取一系列安民、为民措施。

武王患重病时，为了祝愿武王身体康复，周公独自斋戒沐浴，向上天祈祷，请求准许他替代武王去死，以求天下安宁。周武王拥有打江山的豪气，却没有坐江山的福气，仅仅3年后，就因病英年早逝。周公悲痛欲绝，想起武王临终时对他说的话："我的儿子姬诵年岁太小，怎能管理这样大的一个国家呢？你最有才干，我就把姬诵，把国家，全都托付给你吧！"事已至此，他也只好挑起重担了。

周公首先举行了隆重的葬礼，把武王安葬，然后又举行庄重的仪式，把年幼的姬诵扶为天子——周成王。周公襟怀坦荡，不避嫌疑，背着小成王临朝，代理国事，主持政务。为了周王朝的长治久安，周公和大臣们多次商议，制定出嫡长子继承制和余子分封制，对各级的服饰以及祭祀、会盟、饮宴、婚娶等也都作了具体规定，亦即"周礼"，还制定了3000多条刑律。

"明堂摄政朝群后，四海流言孺子疑。"周公身处当时激烈而复杂的政治斗争、军事斗争的旋涡中心。周公辅佐年少的成王，这么尽心办事，反倒引起一些王公贵族的怀疑，说周公独揽朝政，为的是将来撇开小成王，自己做天子。

周公离开了王都，表面上是为了平息谗言，实际上是去查询这些谗言的风源。他终于查清，制造谗言的，竟是自己的亲兄弟管叔、蔡叔。他们怨恨周公摄政，在外面造谣，说周公有篡位之心，策动武庚（商纣王的儿子）叛乱，背叛周室。周公既伤心又气愤。

周公为了保卫周朝的天下，便以成王的名义出师东征。经过3年艰苦的战争，周公终于平定了叛乱。武庚在战斗中被杀死，管叔兵败自杀，蔡叔做了俘虏，被放逐到荒凉的地方去。周公东征，挽救了刚刚建立的周朝政权，彻底消除了商人残余势力的复辟企图，使周朝从此走上了巩固发展的道路。

"仍闻吐握延儒素，犹恐民疵未尽知。"周公作为周武王之弟、周成王之叔，代行周朝大权，可以说是十分显贵的人物。为了安定社稷，开拓边疆，周公礼贤下士，千方百计搜罗人才，尊重人才。

据《史记》记载，周公曾告诫儿子："论身世、权力和地位，我是够高贵的了。为了接纳天下来访之贤士，我曾多次顾不上洗头，手里握着湿漉漉的头发出来迎接贤人；即使我在吃饭时，也赶紧放下手中的筷子，吐出嘴里的饭，恭恭敬敬地接待来宾。你到封国以后，千万不要以为自己官高势大而瞧不起人，要从心眼里重视贤人，广招贤俊。"品德高尚而能谦和恭敬者必定会兴旺发达；属地广大而克勤克俭者，必定使天下安宁；官高位显而待人谦逊者，必定会更加受人尊敬；兵多将广而不轻敌者，必能战无不胜；聪明睿智却自以为愚钝者，必能不断进步；学识渊博而又自以为浅薄、能虚心学习者，必定能见识日广。

周公摄政7年，成王年长，于是周公"理所当然"地把政权交还给成王，站在臣子的位置上，谨慎恭敬地辅佐成王。成王执政后，对周公不满的人又造谣言，说他有野心，想篡位。周公无法辩解，逃亡到了楚国。

一天，成王命人打开藏着秘密文件的柜子，发现一册文书，记载着周公曾向神灵祝告："成王年幼没有主张，如果有冒犯神灵的过错，神灵就把灾难降到旦的头上，饶恕成王吧。"原来成王小时候，患过很重的病，周公写下这份祝词，希望自己能代替成王去死。他祈祷完之后，就把那祝告册藏于秘府之中。成王发现后，感动得泪流满面，觉得自己错怪了周公，连忙派人迎回了周公。

周公推行了一套国家官僚制度，称为《周礼》，也叫《周官》。《周礼》规定：天官冢宰为百官之长，即宰相，辅佐周天子；地官司徒掌土地户籍；春官宗伯专管王族事务；夏官司马掌军事；秋官司寇掌刑法；冬官司空掌公共工程，是为六官。六官以下还有各级卿大夫、士充任，父死子继。大小官吏都有一块土地作俸禄，这就是世卿世禄制度。周公主张"明德慎罚"，注重收揽人才，体察民间疾苦，深受后人尊崇。

周公在丰京患病，临终时说："一定要把我埋葬在成周，以表明我不敢离开成王。"并嘱咐成王"克勤克俭，亲贤远佞"。周公死后，成王也谦让，把周公葬于毕邑，伴随文王，来表示成王不敢以周公为臣。

周公品德高尚，公而忘私，"明德慎罚"，身体力行，树立了宰辅贤臣的榜样。他是中国伟大的先哲，其功德不亚于孔子，可与日月同辉。司马迁用重墨描述他，近于虔诚地景仰他。

周武王病重期间，曾想把君位传给周公，实行"兄弟相厉"，但周公没有接受。

周公是一个谨守诺言、言行一致、慎守礼仪的政治家，他始终无怨无悔，尽忠尽职，表现出一个有远见卓识的政治家的非凡气度。

"治国安邦平天下，自有周公孔圣人。"周公把天下治理得政治修明，出现了"成康之治"，将中国奴隶制社会经济推向鼎盛。周公死后数百年，孔子连做梦都怀念周公："久矣，吾不复梦见周公！"周公写了《多士》阐述商的历史，以告诫成王不要纵欲放荡；又作《毋逸》，提出创业艰难败业易，要他从历史兴败中汲取教训。

周公的一生可以说是为周朝鞠躬尽瘁，难怪后世会将他奉为周王朝的奠基人。他维护等级制度的基本思想，对此后中国政治有着巨大的影响。周公是西周建立的第一功臣，辅佐成王，开创了成康盛世，使周王朝国力臻于极致，并为西周的巩固、发展奠定了基础。在征伐、抚民、制礼等方面，不仅有所创新，而且做出了划时代的贡献。周公是3000多年前的一位伟大人物，他的故事流传至今。与他相关的典故，如"周公解梦""周公吐哺""惩前毖后"等，都是出自周公的智慧。从古至今，许多学者都盛赞周公，视之为历代贤相的楷模，誉之为仁义的化身，他是封建统治阶级心目中的理想人物。

文王招贤图霸业

周文王，姓姬，名昌，又称"西伯"，商末周族的领袖，也是周王朝的奠基人，受到后人的普遍推崇。《封神榜》中叱咤风云、改朝换代的周武王，就是周文王的儿子。文王少年有志，谨遵先人的教诲，礼贤下士，温和恭谨，敬老慈少，体恤民情。他在独处时，也不忘反省自谦，检点自己的德行是否有所疏漏，不敢稍稍懈怠。

文王觉得自己身边虽不乏有才干的文臣武将，但还缺少一个能指挥全局的人才，辅佐他兴周灭商。他在睡梦中不止一次梦见一位能文会武的大贤向他微笑、招手。

有一次，文王要出去打猎，他先卜了一卦，看是否能打到猎物。卦象上说："所获的不是龙也不是鹿，不是虎也不是熊，而是帮助圣上称霸为王的宰辅。"于是，文王兴高采烈地出去打猎。

在渭水溪畔，忽见渔夫，划着小船，唱道："龙兴云起虎生风，伊尹傅说有奇功；创业非独公侯子，自古贤达辱而荣。"文王听了这首歌，心中寻思，这渔夫必是个贤人隐士，便下车施礼打听。那渔夫说："前面三五里处，有个老者常到河边垂钓，还不时作歌，自吟自唱，小民便学会了一些。"

文王又走了一段路，见一位鹤发童颜、目光炯炯的垂钓老者坐在一块大石头上，故意提高嗓门喊道："快上钩呀，愿上钩的快上来呀！"只见鱼钩是直的，没有诱饵，并悬于水上三尺，文王便走上前，恭恭敬敬地问道："先生这般钓法，能钓得到鱼吗？"

这位老者见来者态度谦和，慢慢答道："纣王自认为聪明过人，却让散宜生的奇钩钩住，放跑了有取而代之之心的西伯昌。"

老者接着说："我钓鱼之所以获得成功，全赖于诱饵之香。这治国和钓鱼一个样，那俸禄就是香气扑鼻的钓饵。饵香则鱼不顾危险而上，俸禄丰厚则士不畏死而至。治国，无重禄（高待遇、高职位）无以得大贤，无大贤何以得治国？国之不治，何以得天下之民心呢？"

文王和他聊了一会儿，知道他是一位学识渊博、胸怀大志的人，满心欢喜地说："老先生的真知灼见，字字珠玑。我就是西伯昌。当今天下离乱，请您助我兴周灭商，拯救黎民百姓吧！"

这位老者就是姜尚，名望，字子牙。姜子牙终日以钓鱼为生，其实是在观察世态的变化，等待和寻找大展宏图的机会。他听说西岐周文王贤明，便迁移到渭水南岸的磻溪隐居起来，等待时机，等待能识他这匹千里马的伯乐到来。等待孕育着成功，他终于等来了这一天！

姜子牙入朝后，被文王拜为军师，时年72岁。后又被擢升为丞相，确实是个帅才，不负众望，厚积薄发。姜子牙被后人称为"中国谋略家的开山鼻祖"。

文王在姜子牙的辅助下，推行仁政，理顺民心。文王采纳了姜子牙的治国要领："国君以举贤为常，官以任贤为常，士以敬贤为常"，以贤为本，重视发掘、使用人才，以期富国强兵。

有一次，文王派人挖沟开池，发现一具尸骨，主事的官吏认为这具尸骨是无主的。文王说："拥有一国的人是一国之主。我就是他的主人啊！"于是，命令手下的人用衣棺加以厚葬。这件事一经传开，民众都说："文王真贤明啊，恩泽施及枯骨，何况活着的人呢！"由此，文王深受人民的拥护和爱戴。

孟子曾赞扬文王："吾闻西伯善养老者。"相传他设"三老五更"制度，意味要像三辰（日、月、星）、五星（金、木、水、火、土）那样明亮，照耀天下老人。可以说，开了后世退休养老制度的先河。唐代周昙《文王》诗云："二老五侯何所诈，不归商受尽归周。"

文王为兴周灭商，采取了"裕民富国"的政策，努力发展生产；在外交策略上结好睦邻，争取诸侯国，对敌对诸侯国发动了一系列征讨战争，灭掉了周边的许多小国，势力逐渐强大起来。当时商纣王正全力征伐东方各族，无暇西顾，周文王便趁机扩大自己的地盘，不仅控制了陕、甘一带，而且向商朝的统治中心河南步步进逼，成为足以与商王朝抗衡的奴隶制强国。可是，正当文王踌躇满志、大展雄图的时候，却来不及实现他的灭商大业了。周文王称王第7年（一说第9年），即迁都的第二年，不幸病逝。临终时，他给儿子姬发留下遗嘱：要看准时机，毅然完成灭商大业！

文王以德治天下的丰功伟绩，受到了后人的推崇。后世儒者将他列入圣人行列，成为帝王政治风范的典型。文王姬昌是周王朝的奠基者，是上古的一个重要历史人物。他韬光养晦，发展自己，留下了足以让武王统一天下的力量。他深知"无平不陂，无往不复""物极必反，否极泰来"的道理。

毛泽东在文章、谈话中多有提及，且常以圣贤称之。1962年1月，在扩大的中央工作会议上的讲话中，毛泽东引用了司马迁《史记》中"文王拘而演《周易》"一例。他借此谈了对此事的看法，说："所谓文王演周易，孔子作春秋，究竟有无其事，近人已有怀疑，我们可以不去理它，让专门家去解决吧，但是司马迁是相信有其事的。文王拘，仲尼厄，则确有其事。司马迁讲的这些事情，除左丘失明一例以外，都是指当时上级领导者对他们作了错误处理的。""象古代人拘文王，厄孔子，放逐屈原，去掉孙膑的膝盖骨那样。我不是提倡这样做，而是反对这样做的。我是说，人类社会的各个历史阶段，总是有这样处理错误的事实。"①

慧眼识用百里奚

秦国在春秋前期是个弱小国家。秦穆公作为春秋五霸之一，能把当时的边陲弱国，治理成一方之霸，自有其过人之处。首先就在于其胸襟宽广可纳众贤。他善于用人，用 5 张公羊皮从楚人手中赎回百里奚，换来了秦国的迅速崛起，称霸四方。

百里奚，姓百里，名奚，春秋虞国（今山西平陆北）人，家里很穷，30 多岁才娶上媳妇，生了个儿子。妻子杜氏是个深明大义的女子，她知道自己的丈夫读过很多书，很有才学，于是鼓励他出游列国求取官职。

① 《毛泽东著作选读》（下册），人民出版社 1986 年版，第 817 页。

百里奚是个有本领的人，一路游历，久不得志，四处奔波后，做了虞国的大夫，却不被虞国国君重用。后来虞国国君不听百里奚劝谏，使虞国被晋国所灭。百里奚成为俘虏进而沦为奴仆，跌入了人生的最低谷。

公元前 655 年，晋献公把大女儿伯姬许配给秦穆公，让百里奚作为公主的陪嫁，跟着送亲的队伍赶往秦国。秦穆公见名单中有其名，却没这个人，便追问原因。护送人员禀告："百里奚是虞国的大夫，走到半路逃跑了。"

百里奚逃到楚国的边境，被楚国人当作奸细捉住了。楚人问他能干什么，他说会养牛。于是，就让他养牛，结果他养的牛又肥又壮。楚成王听说了，觉得饲牛与养马之道相通，便让百里奚为自己养马。

秦穆公听说百里奚是个贤才，便想用重金赎回。谋臣公孙支就说："主公用重金礼聘他，不等于告诉楚王，百里奚是难得的人才吗？楚王还能放他走吗？不如先以罪名逮捕，再用很轻的代价将他赎回。"

于是，穆公派使者去见楚成王，说："我们有个奴隶叫百里奚，逃亡到了贵国，请让我们把他赎回，好将他绳之以法。"说着献上 5 张上等羊皮。楚成王就下令把百里奚装上囚车，让秦国使者带回去。

百里奚来到了秦国，秦穆公亲自为他打开囚锁，便问他多大年纪，百里奚说："才 70 岁。"这一个"才"字，足见其不老之雄心壮志。穆公则一叹："可惜年岁大了些！"百里奚接口说："如果大王让我上山打猎，当然是老了；若是用我谋划国事，那我还比姜太公年轻10岁呢！"看百里奚自比姜太公，秦穆公便打消了顾虑，向百里奚请教，一连谈了三天，言无不合。秦穆公慧眼识人，有选才之德、谋才之脑、用才之胆、护才之魂，重用百里奚为相国。

百里奚在用人方面有其独到之处，他善于举荐有才德的贤士。他对穆公说："我的朋友蹇叔识时势、知人事，是个智能超人的良才。国君若能重用他，必建盖世功业啊！"百里奚首先想到的不是个人的名利，而是才能优于自己的蹇叔，无私地向秦穆公推荐蹇叔。

秦穆公随即派使者前往宋国，迎蹇叔来，封为上大夫，共议国事。秦穆公求贤若渴，还接纳了西戎的由余、晋国的丕豹和公孙支。这五个人才，都并非生在秦国，但穆公重用他们，方得以兼并20个国家，成为春秋五霸之一。秦穆公胸襟宽广可纳众贤，不问人才出身背景，礼贤下士，尊贤尚能，终不相疑，人才亦莫不凝心聚力而报之。

《史记·商君列传》中说百里奚"发教封内，而巴人致贡；施德诸侯，而八戎来服。由余闻之，款关请见"，"不操干戈，功名藏于府库，德行施于后世"。他爱惜民力，鼓励民众开边垦荒，学习东方先进的科技文化，安抚、教化、缉和境内各族民众，不轻易对外用兵。在百里奚等人的治理下，秦国府库充盈，百姓安乐，国力增强。以致境外的巴、戎等少数民族为秦国威势所慑服，纷纷前来归顺亲附。

秦穆公向百里奚请教国事，百里奚说："臣亡国之臣，何足问？"他虚怀若谷，身段放得很低。百里奚为秦相，不贪功，不贪财，轻装简从，不讲排场不搞特殊化。"劳不坐乘，暑不张盖，行于国中，不从车乘"。这种平易朴素的品行，赢得了当时和后世人们的尊重。

虞国国君不懂得百里奚的价值，有谋而不用。晋国将百里奚打入奴婢之群。倘若不是秦穆公有眼力，重用人才，百里奚或许老死也只是牧马人。《史记》中有孔子的评论："秦，国虽小，其志大；处虽辟，行中正。"孟子曾用"虞不用百里奚而亡，秦穆公用之而霸"的故事来论证"不用贤则亡"之铁则。后来史学家有"百里奚致霸"之说。

推荐贤能，乃圣贤的教诲；任用贤士，是历代的准则。唐代周昙的《春秋战国门·百里奚》云："裁量何异刀将尺，只系用之能不能。"以裁量衣服的好与坏，比喻国家兴亡的关键在于能不能用人。自己聪明不算聪明，能辨别人才之高下，并能用一流人才才算真聪明，才是一切才能中最大的才能。做到爱贤重才，"星星堆里捧月亮"，就要知人善任。若不能识人，势必不能用人。知人就是考察选准人才，善任乃是正确地使用人。知人是善任的前提和基础，善任是知人的延伸和深化。

冯梦龙有一首诗揭示了周朝兴亡的教训，对于后世很有借鉴意义："卜世虽然八百年，半由人事半由天。绵延过历缘忠厚，陵替随波为倒颠。六国媚秦甘北面，二周失祀恨东迁。总观千古兴亡局，尽在朝中用佞贤。"

事实一再证明，有了一流人才辅佐，才能龙乘彩云，虎生金风，得心应手，如愿以偿，而不至于孤掌难鸣，事业平平。恰如《吕氏春秋》所言："得贤人，国无不安，名无不荣；失贤人，国无不危，名无不辱。"

齐宣王好士纳谏

齐宣王（？—前301），妫姓，田氏，名辟疆，战国时代田齐第五位国君。齐宣王在位时期，尊重人才，从谏如流，礼贤下士，集思广益，使齐国得到快速发展，国势继续上升，军力强大，"富韩威魏，以南伐楚，西攻秦"，与秦、楚等并为大国。

《战国策·齐策四》记载了隐士颜斶与齐宣王的一次会话。两人一见面，便话不投机，发生冲突。齐宣王傲慢地说："你过来！"颜斶也不客气地说："你过来！"齐宣王立时面露不悦。侍从们也大声训斥："你怎么能对齐王这样无礼？"颜斶却不慌不忙解释道："如果我过去，说明我羡慕他的权势，就是'趋势'，如果大王过来，则是'趋士'，也叫礼贤下士。'趋势'是世间恶习，'趋士'乃天下美谈，两相比较，不如使王为'趋士'。"颜斶还以尧舜禅让、成王任用周公的故事，说明历代明主都懂得礼贤下士。一席话说得齐宣王茅塞顿开，恭恭敬敬地走下王座趋近颜斶，表示要做颜斶的学生，向他学习治国理政的本事。

齐宣王好士纳谏，还有一则生动的故事。据刘向《列女传》记载，钟离春是齐国著名丑女，40岁还未嫁出去，但却是个有智慧有眼光的奇女子。她看到当时执政的齐宣王政治腐败，纲纪不振，全国上下人心惶惶，怨声载道，就冒着杀头的危险，来见齐宣王。齐宣王只见丑女举目、张口、挥手，然后拍着膝盖高喊："危险啊！危险啊！"齐宣王迷惑不已，钟离春说道："我这举目，是替大王观察风云的变化；张口，是惩罚大王那双不听劝谏的耳朵；挥手，是替大王赶走阿谀之徒；拍腿，是要拆除大王这专供游乐的雪宫。民女不才，但我也听说'君有诤臣，不亡其国；父有诤子，不亡其家'。而今大王沉湎酒色，不纳诤言，这是我张口为大王接受规劝的意思；敌人就要大兵压境了，你还被一群吹牛拍马之徒包围着，因此我挥手将他们驱逐掉；大王耗费大量的物力、人力建造如此豪华的宫殿，弄得国库空虚，民不聊生，今后怎能迎战秦兵呢？"

钟离春这一番话，使齐宣王如梦初醒，大为感动地说："如果你不及时来这里提醒我，我哪会知道自己的过错啊！"齐宣王把钟离春看成是自己的一面镜子，为了表明自己痛改前非的决心，他让钟离春做了王后，在其帮助下勤政改革，励精图治，停止修筑渐台，罢除女乐，精选兵马，充实府库，招揽直谏者，齐国很快强盛起来，成为列国之佼佼者。

齐宣王还频频问政于大臣、学者、贤士，进行了许多有益的探讨。《韩非子·外储说左下》中有齐宣王与匡倩讨论君臣、等级、贵贱、上下关系的记载。《韩非子·外储说右上》则载齐宣王问唐易子射猎之事，借此探讨国君如何治国。《孟子》中有大量关于他问政的记载。《说苑·善说》记载齐宣王在社山游猎时听从闾丘先生的劝谏。《新序》记载他听从年仅十八的闾丘邛的劝谏。总之，齐宣王有"好士"美德，并善于听谏、纳谏。正因为如此，他执政期间做了不少利国利民的事，历史评价很高，说他是个有担当也有智慧的人。

齐宣王未继位时就与大臣田婴不和，他一上台，田婴为避祸离开了朝廷，辩士剂貌辨入朝劝说齐宣王，使其对田婴释怀，之后田婴返回临淄，齐宣王亲自郊迎，拜他为相国。同时，齐宣王还遣使迎回了在威王时代因遭相国邹忌构陷而出奔楚国的大将田忌。有了这一文一武的辅佐，齐宣王的事业日益兴旺。

齐宣王听孟子、荀况指点，大办文化教育。他不惜耗费巨资招揽天下各派文人、学士来到齐国，闻声而来的有邹衍、淳于髡、田骈、接子、慎到、环渊、驺奭等 76 人。齐宣王将他们尽皆拜为列大夫，并在临淄稷门附近赐给宽大的府宅，让他们自由议论。学者最盛时达上千人，孟轲长住稷下，荀况则是稷下学宫中资格最老的一位导师，曾三为祭酒，充任学宫最高领导。儿说、告子、宋钘、尹文、彭蒙、季真等人也来到齐国，使稷下学宫的发展进入鼎盛时期。稷下学宫集中各家各派的学人著书立说，开展学术研究，推动"百家争鸣"局面的繁荣。

齐宣王尊重人才，从谏如流，接受贤士建议，轻徭薄赋，减轻人民负担，让百姓休养生息，关心农业建设，发生天灾时及时赈济灾民，使齐国的人口增长较快，经济也得到迅速发展，国势继续上升，军力也日渐强大，多次战争取得胜利，逐渐成为当时的强国之一。这也印证了一句老话：得人才者得天下。

延伸阅读

宋神宗的处下

宋神宗赵顼在位时，鼎力支持王安石变法，却遭到包括老宰相韩琦在内的众多大臣的坚决反对。有一天，在论及变法时，见宋神宗不听劝告，韩琦说："先皇是我助其登基的，陛下是他的儿子，你执政有方，造福国家和臣民，会给我长脸，反之，老臣也会被人唾骂，自然脸上无光。"韩琦的话可谓肺腑之言，但面对的是一国之君，未免有些盛气凌人。可是宋神宗一听，赶紧从龙椅上站起来，毕恭毕敬地回答说："老宰相说得对，我一定听从教诲，以不负众望。"并当即命令史官记录下来，也好让他时时自警。

（来源：《领导文萃》2024 年第 3 期）

燕昭王聚才兴国

燕昭王（？—前 279），姬姓，燕氏，名职，燕国蓟城（今北京西南）人，战国时燕国第 39 任国君。即位后，燕昭王思贤若渴、招纳贤士，使燕国进入鼎盛时期。

司马迁在《史记》说："昭王为（郭）隗改筑宫而师事之。"孔融在《论盛孝章书》中记载："昭王筑台以尊郭隗。"李贺在《雁门太守行》中写道："报君黄金台上意，提携玉龙为君死。"这些到底记载了一个什么典故呢？

战国时期，齐国趁燕国发生内乱之机大举进攻燕国，燕国被打得大败，损兵折将，死伤无数。燕昭王即位后，深以为耻，决心重整旗鼓，向齐国报仇雪恨。当时，国内一派凄凉景象：田地荒芜，房屋倒塌，百姓在废墟上啼饥号寒。昭王奋发图强，决心复兴燕国。他深知治理国家，最要紧的是延揽众多人才，有了人才方能百废俱兴。但如何觅求贤才，昭王苦苦寻思，食不甘味，寝不安席。为此，燕昭王亲自向极有才干和声誉的名士郭隗请教："现在燕国处境十分危险，我想找些有才干的人来帮我一起把国家治理好，以洗雪燕国遭受的奇耻大辱。你有什么好办法吗？"

郭隗就给他讲了一则故事。从前有个国君，想得到千里马，就张贴了许多布告，说愿出一千两黄金买一匹千里马。过了三年，仍没买到千里马。这时，有位侍臣请求让他带上一千两黄金外出买马，他在外奔走了三个月，好不容易找到一点线索，可那匹千里马已经死了。侍臣就拿出五百两黄金，买下了马骨带回朝中。国君训斥他说："我要的是活的千里马，不是一堆死马的骨头，你真没用，白白浪费了五百两黄金！"侍臣回答："这几年您没有买到千里马，并不是因为世上没有千里马，而是人们不相信您肯出重金。如今我用五百两黄金给您买了堆千里马的骨头，这事一定会传开。到时候，别人一定会把活马给您牵来的。"果然不出侍臣所料，不到一年时间，就有好几个人给国君牵来了千里马。

郭隗讲完"千金买骨"的故事后，诚恳地对昭王说："得人才者得天下，大王如果真的想广招天下贤才的话，可以从我开始，我就好比那堆马骨，人才就好比千里马，大家看到连我这样的人也被重用，那些比我强十倍、百倍的人才便更不在话下。他们肯定会自己前来的。"

燕昭王认为郭隗讲得很有道理，就破格提拔他当高官，给他修建豪华府宅，公开拜他为师。又盖了一座高台，里面堆着黄金，作为招待人才的费用和礼物，人称"黄金台"。这么一来，燕昭王真心纳贤的消息传遍了天下，大批贤良之士纷至沓来，如魏国名将乐毅、齐国辩士邹衍、赵国谋士剧辛，还有苏代、屈庸等人才，都千里迢迢赶来燕国投奔。燕昭王一一接纳，量才录用。

燕昭王迎接阴阳五行家时，谦恭至极，他亲自用衣袖裹着扫把，退着身子边走边扫，在前面清洁道路。入座时昭王主动坐在弟子座上，敬请邹衍以师长身份给自己授业。昭王特意为邹衍修建了一座碣石宫，供其居住讲学。后人因此便用"拥彗先驱"和"碣石宫"这两个词语来比喻用优厚待遇尊礼贤才。

在聚集于燕都辅助振兴燕国的众多士人之中，最杰出的人物要数乐毅，最后立功最大的也是乐毅。乐毅是名将乐羊之后，才学出众，深通兵法，曾被荐为赵国官吏。但为了躲避赵国内乱，乐毅便到了魏国做官。他听说燕昭王礼贤下士的消息，遂生向往之心。正巧一次乐毅为魏出使燕国，昭王十分恭敬地以礼相待，多次表示出真挚的倾慕之情，乐毅颇受感动，决意留在燕国，昭王随即任其为亚卿，委以国政和兵权。

正是依靠这些贤才的共同努力，经过 28 年苦心经营，燕国终于富强起来。后来，燕国联合秦、楚等国一起攻打齐国，势如破竹，摧枯拉朽，连下 70 余城，一直打到齐都临淄，将齐国打得毫无还手之力，几乎占领了齐国全境，收复了全部失地，报了当年之仇。而联军的统帅就是引进的魏国名将乐毅。

大胜之后，燕昭王亲自到济水边劳军，论功行赏，封乐毅为昌国君。一天，太子受大夫骑劫挑唆，向昭王进谗言，说乐毅费了三年工夫还打不下齐国的莒城和即墨两个地方，是乐毅阴谋以恩德感化两地的齐国百姓，等齐民真归顺了，乐毅便可当上齐王。昭王始终认为乐毅忠心耿耿，一听此话便气得跳了起来，指着太子的鼻子骂他是个忘恩负义的畜生，说："先王的仇是谁给咱们报的？乐毅的功劳简直没法说，咱们把他当作恩人还不够尊敬，你们还要说他的坏话！就是他真做了齐王，也是应该的。"并且立即派使者拿节杖去见乐毅，要立他为齐王。乐毅十分感动，对天起誓，情愿死也不接受封王的命令。此后，乐毅更加尽心尽力地为燕国效劳。

事实证明，尊重与不尊重人才，依靠与不依靠人才，结局截然不同。昭王尊重人才，依靠人才，吸引了天下各路人才，迎来了燕国的黄金时代。而当燕昭王死去，燕惠王继位，不再尊重人才，大将乐毅受其猜忌，被迫逃往赵国，其他人才也大量流失，燕军最终被齐军打败。黄金台辉煌不再，燕国也就走向了衰败，重新沦为二流国家。

燕昭王修建黄金台说明，人才可贵，有了人才就能扭转乾坤，翻江倒海；人才难得，不拿出诚心诚意，人才决不会为你所用；人才易失，猜忌怀疑，小肚鸡肠，都会使人才离你而去，就像乐毅辞别燕惠王，使其一败涂地。可以毫不夸张地说，认识人才，善待人才，用好人才，是事业成功的关键，也是智慧中的智慧。

用好三杰得天下

刘邦（前 256 或前 247 —前 195），字季，沛县丰邑中阳里（今属江苏丰县）人，杰出的政治家、战略家，汉朝开国皇帝。刘邦善于用人，豁达大度，对国家统一有突出贡献。毛泽东评价他是"封建皇帝里边最厉害的一个"①。

《史记》说："秦失其鹿，天下共逐之，于是高材疾足者先得焉。"楚汉相争，斗得天昏地暗，日月无光，最后为什么刘邦成了高材疾足者，项羽却自尽于乌江？众人议论纷纷，见仁见智，刘邦自己心里明白，论武功、论韬略、论名望、论出身，自己都不如项羽，但就一条比项羽强：知人善任，尊重人才，自己虽不行但会用人才。

在坐了江山后论功行赏的朝堂大会上，刘邦听了各位文臣武将的发言后，精辟总结说："夫运筹帷幄之中，决胜千里之外，吾不如子房；填国家，抚百姓，给馈饷，不绝粮道，吾不如萧何；连百万之众，战必胜，攻必取，吾不如韩信。三者皆人杰，吾能用之，此吾所以取天下者也。"对刘邦这番话，大家都很服气，没有任何异议。

得人才者得天下。因为刘邦善于用人，人才都纷纷来投靠他，他也量才录用，使他们各得其所，形成合力，最后成就一统大业，换来两汉的四百多年江山。

刘邦的会用人，既从大事着眼，又从小事入手。譬如，他用

---

① 徐中远：《毛泽东晚年读书纪实》，中央文献出版社 2012 年版，第 275 页。

韩信，就有里有面，有名有实，才换来了韩信的忠心报效，屡立战功。萧何月下追回了韩信，又再三向刘邦推荐，说他有大将之才，要想夺天下就必须重用他。刘邦是个明白人，知道人才的重要性，就很痛快地要封韩信为大将，并在萧何的建议下，突击筑起高高的拜将坛，选择吉日良辰，斋戒沐浴，召集众将到场。按照礼节，司仪官簇拥着韩信登上拜将坛，在拜将坛中央落座，汉王刘邦在一旁相陪。然后，恭恭敬敬地把大将的信符授予韩信，令众将一起拜谒韩信，并要求众将无条件地服从韩信指挥。既给足了韩信面子，又树立了韩信的权威。

还有一次，韩信辛辛苦苦带兵打下齐地，就派人来请示，试探着想要个代齐王的封号。刘邦本来不想答应，但基于当时的形势，倒答应得很痛快，当即大手一挥，你把那个"代"字去掉，要干就干个正式的，你就是齐王。收到封赏命令后，把个韩信感动得涕泪横流，更加死心塌地地为刘邦攻城略地，南征北战，立下不世之功。

刘邦用萧何也很成功。首先，他熟悉萧何的长处，萧何打仗不行，但善于理财；萧何不擅长出谋划策，但善于管理事务工作；萧何不善于当领袖，但能团结人。刘邦就用其所长，楚汉战争时，让萧何镇守关中，使关中成为汉军巩固后方的大本营，不断支援前线的刘邦作战，输送粮草，提供兵源，对刘邦战胜项羽，建立汉朝起了至关重要的作用，可谓功不可没。拿下咸阳后，萧何别的都没要，而是率先接收了所有的律令、图书，掌握了全国的山川险要、郡县户口，对后来制定政策和取得楚汉战争胜利起到了重要作用。所以，汉朝的第一任相国就是萧何。

刘邦不仅用好用活了萧何、韩信、张良三杰，对其他人才的使用也很有讲究，很得要领。他知道尺有所短，寸有所长的道理，就进行科学分工，把手下的人才按其所长放在合适的位置。比如，让勇猛无比的樊哙去冲锋陷阵，让巧舌如簧的郦食其、陆贾去当说客，让熟悉礼仪的叔孙通制定朝仪，各路人才都能长袖善舞，各得其所。刘邦做到了知人善任，用人所长，让人才真正发挥自己的作用。

刘邦用人，不讲学历，不看门第，不问出身，不论亲疏，只看你有无本事，是不是人才，愿不愿真心干事。张良是韩国破落贵族，陈平是游手好闲的士人，萧何是县里跑前跑后的小吏，樊哙是集市上杀狗的屠夫，灌婴是走街串巷的布贩，娄敬是赶车为生的车夫，彭越是打家劫舍的强盗，周勃是红白喜事的吹鼓手，韩信是项羽帐前侍卫，但都有一技之长，都有过人之处，刘邦就把他们组合起来，各就其位，让他们放手去干，结果他们都在各自岗位上大放异彩，成了西汉的开国功臣。

豁达大度，是刘邦的一个显著优点。《史记》中记载刘邦是："仁而爱人，喜施，意豁如也。常有大度，不事家人生产作业。"他知道人非圣贤，孰能无过，人才也会犯错误，也有这样那样的过失，因而对于有过失的人才，宽容待之，不计前嫌，允许戴罪立功，绝不一棍子打死。他手下有个大将雍齿，打仗勇敢，锐不可当，但脾气很坏，爱发牢骚，曾背叛过他，还一而再、再而三地侮辱他，但刘邦大人有大量，不和雍齿计较，还是论功行赏，根据他的战功封他为什方侯。于是，大家都在议论，连雍齿这样和刘邦不对劲的人都能封侯，有功就赏，我们也一定会被公平对待，不会吃亏。这样，将士们的凝聚力更强，刘邦的威望也更高了。

刘邦深知张良、韩信等人是国家的栋梁之材，因此他对待他们十分尊重，给予他们足够的信任，用人不疑，疑人不用。张良为刘邦出谋划策，刘邦从不疑虑他的策略，时常让张良担任大军的军师。正因为这份信任，张良能够充分发挥自己的才能，为刘邦立下丰功伟绩。韩信带了远超过刘邦所带部队的兵力，而且远在千里之外，无人监管，他要真想自立了，刘邦是一点办法也没有，不少大臣都提醒刘邦这一点，但刘邦却能始终信任韩信，对他是有求必应，推诚以待，也换来了韩信的忠心耿耿。

一个统帅或君王，要善于用人，千方百计把人才都吸引到自己的身边，尽一切努力来满足人才的需要，想方设法把人才的潜能都挖掘出来，创造条件为人才发挥作用提供舞台，就能打开局面，建功立业，实现辉煌人生。从这个意义上来说，刘邦确实是有大智慧者。

毛泽东在谈到刘邦的成功原因时说："汉高祖刘邦比西楚霸王项羽强，他得天下一因决策对头，二因用人得当。"[1]可谓一语中的，入木三分。

曹操焚书见智慧

1954 年夏天，毛泽东在北戴河对身边工作人员说："曹操是

---

[1] 徐中远：《毛泽东晚年读书纪实》，中央文献出版社 2012 年版，第 276 页。

了不起的政治家、军事家，也是个了不起的诗人。"①曹操的了不起，其中之一就表现在他善于识人用人上。

《三国志·魏书·武帝纪》载，建安五年冬，即曹操、袁绍官渡相拒的第二年冬天，"绍众大溃，绍及谭弃军走，渡河。追之不及，尽收其辎重图书珍宝……（曹操）得许下及军中人书，皆焚之"。大破袁绍后，曹操在战利品中发现了部下不少与袁绍"暗通之书"，有向袁绍示好的，有表忠心的，有为袁绍出谋划策的，有为自己留后路的。谋士建议"逐一点对姓名，收而杀之"，以除后患，曹操却很宽容地说："当绍之强，孤亦不能自保，况他人乎？"于是，下命令"尽将书焚之，遂不再问"。那些写过信的部下，原来忧心忡忡，准备着接受惩罚，现在都放了心，羞愧之余，从此都死心塌地地为曹操驱使。曹操认为："吾恩遇之，虽有异心，亦可变矣。"曹操豁达大度，以自己的宽大胸怀、宰相度量，促使有异心的部下主动转化，在君臣间建立起良好的信任机制。

相反，假如曹操把这一大堆书信放在身边，说不定哪天来了兴致，就可能去研究一下到底这些信都是谁写的、写的又都是什么，到底是谁的"脑袋上有反骨"，从而大开杀戒；同样，只要这些书信在曹操手里，就会有一大批将士心里忐忑不安，整天惶惶不可终日。而曹操把它"付之一炬"，这一把火烧去了曹操的"猜忌"，卸掉了将士们心中的"包袱"，为帅者可以心无旁骛地指挥千军万马驰骋疆场，为将者则可以死心塌地为其赴汤

---

① 汪建新：《东临碣石有遗篇——毛泽东与曹操》，《党史文苑》2022年第2期。

蹈火，前仆后继。文学批评家毛宗岗评论说："曹操焚书以靖众疑，是忍之于人心未定之时。一则有度量，一则有权谋。"① 还是很有道理的。

古往今来，识人、用人都是一门大学问，决定着人心向背、事业成败。曹操就是个善于识人、用人的高手，他的很多做法都充满智慧与胆识，颇有独到之处，值得借鉴学习。

郭嘉原在袁绍手下当谋士，可相处一段时间后，他发现袁绍优柔寡断，断定其难成大业，就毅然出走。后来，郭嘉和曹操一见彼此倾心，曹操暗自感叹"使孤成大业者，必此人也"，郭嘉也默默心想"真吾主也"。郭嘉成了曹操的谋士后，先是筹划灭了劲敌吕布，又出谋划策，用十面埋伏之计打败最重要的敌人袁绍；继而计议继续西击乌桓，顺利地平定北方。郭嘉虽奇谋过人，但不拘小节，也因此被同事奏本至曹操处，而曹操始终重视郭嘉，没有丝毫动摇。郭嘉死后，曹操大哭道："奉孝死，乃天丧吾也！"可见，曹操有多么不想失去郭嘉。

官渡之战时，"建安七子"之一、大学者陈琳当时在袁绍门下效力，为他掌管文字，曾奉命作《为袁绍檄豫州》，痛斥曹操，骂得非常难听，连曹操的祖宗三代都一起骂了，而且还有不少添油加醋的虚假信息，其中最恶毒的句子是"其得操首者，封五千户侯，赏钱五千万"。袁绍败后，陈琳被俘虏，大臣们都要求杀掉他，为曹操出一口恶气。曹操却很大度地说，他写檄文骂我也是各为其主，不写不行，没有必杀之罪。不仅没与他计较，

---

① 《毛批三国演义》上卷，天津古籍出版社 2006 年版，第 219 页。

还重视其文学才能，让其在自己门下服务，担任司空军师祭酒，管记室，继续从事文字工作。曹营的军国书檄多为陈琳所作，无不精彩纷呈。曹操深爱其才，对于陈琳的作品，十分欣赏，常诵读再三，不会增减一字。

曹操是爱才如命的人，也是深谙用人之道的人。一向兼收并蓄，招降纳叛，量才录用，不拘一格，很好地做到了人力资源的整合、优化，队伍日渐强大。其身边的文臣武将来源广泛，途径各异，有自己培养的，有主动来投奔的，有兵败投降的，有不打不成交的，他一视同仁，不戴有色眼镜，善于利用不同背景和经历的人才，如张郃、张辽、高览、庞德、徐晃、文聘等降将，都得到他的重用，成了他的爱将。即使是"身在曹营心在汉"的关羽，他也是极力争取，"上马金，下马银"。形成了曹营"猛将如云，谋士如雨"的壮观局面。

即使是曾杀了曹操长子曹昂的大将张绣，曹操也从大局出发，仍给予重用。一次，张绣偷袭曹操，曹操被流矢射中右臂，战马受伤，长子曹昂、侄子曹安民战死，典韦为救曹操力战而死，史称"淯水之难"。但张绣归降曹操后，曹操不计前嫌，仍拜他为扬武将军，让其统领大军，张绣也不负曹操信任，战官渡、平河北，冲锋陷阵，屡立战功。

曹操作为统帅，还有个过人之处，就是从来不和部下争风头、争面子、抢功劳，他把所有的功劳都归于部下。再有，他的奖励绝不走过场，一定让立功的部下实实在在地得到好处，或爵位官职，或美田豪宅，或金玉珠宝。正是这种实在的作风使得大家觉得跟着曹操确实是跟对了。当然，曹操罚起来也毫不客气，他治军很严，多次下达和颁布各种命令，要求严明军纪，有违反者必定重罚。而且，他还能够做到以身作则。有一次，行军时，曹操的马因为受到惊吓而闯入了麦田，导致麦田受损，违反军纪。曹操就拿起了剑，割断了自己的头发，以严肃军纪，留下一个"割发代首"的历史典故。

"滚滚长江东逝水，浪花淘尽英雄。"魏、蜀、吴三国相争，打得不可开交，争地盘，争钱粮，争正统，争天下，说到底其实就是人才之争，谁的人才多、质量高、本事大，谁就能左右逢源，稳操胜券。三国都有自己的爱才举措，都有自己的用才之道，刘备重用了诸葛亮与五虎上将，得以在夹缝中生存，建立了蜀国；孙权文用张昭、鲁肃，武用周瑜、陆逊，稳稳占据江东几十年；相比较而言，还是曹操最重视人才，最会用人才，因而人才济济，文武兼备，他的阵营取得最后的胜利，一统天下，也是大势所趋，理所当然。

量才录用，不拘一格；用人不疑，疑人不用；赏罚分明，令行禁止；容人之过，不计前嫌，是曹操用人的基本经验，也是一种以人为本的管理理念。

"千古伯乐"欧阳修

欧阳修（1007—1072），吉州永丰（今江西省永丰县）人，字永叔，号醉翁，北宋政治家、文学家、史学家，以文章享有一代盛名，是北宋诗文革新运动的领袖，名列"唐宋八大家"和"千古文章四大家"中。苏轼称他是"事业三朝之望，文章百世之师"。他识才爱才，奖掖后进，有不少经典故事。

宋仁宗嘉祐二年（1057），礼部举行了一次全国性的考试来选拔人才。欧阳修任主考官，当时 20 岁出头的苏轼以一篇《刑赏忠厚之至论》，博得欧阳修的青睐，本欲列为第一，又怕是自己的门生曾巩之作，为了避嫌，将其列为第二。后来，按当时的礼节，所录取的学生拜见恩师时，欧阳修才知道是苏轼的大作。号称读遍天下书的欧阳修，对文中引用的一个典故不知出处，就不耻下问于苏轼，苏轼不好意思地说是自己杜撰的。欧阳修大为赞赏，说道："读苏轼写的文章，激动得汗水都流出来了，感到十分兴奋，我们老一辈的人，应该为后生们让路。"

从此以后，苏轼的每篇诗文，欧阳修都要安排专门时间认真浏览，并向朋友热情推荐，使苏轼声名鹊起，一时风头无二。他曾对自己的儿子说，再过 30 年，苏轼的名气就要超过自己。果然如欧阳修所言，以后苏轼成了北宋文坛的新盟主，后世无人超越。苏轼大放异彩，欧阳修功不可没，也成为一段文坛佳话，让人一直津津乐道。

发现和栽培曾巩，是欧阳修又一件爱才美谈。默默无闻的曾巩曾给欧阳修写了一封信——《上欧阳学士第一书》，希望欧阳修能够了解到自己的志向，并拜入欧阳修门下。欧阳修发现，这位两次落榜的曾巩，是一位不可多得的人才，不过是因为擅长策论而轻于盛行一时的科举时文罢了。欧阳修很快回复曾巩，并写了《送曾巩秀才序》，称其为"其大者固已魁垒，其于小者亦可以中尺度"，为曾巩的屡试不第叫屈，从此将曾巩收入门下，悉心栽培。即便曾巩是个高龄落榜生，欧阳修也对他做出了极高的评价："过吾门者百千人，独于得生为喜。"曾巩后来也果然没有辜负欧阳修的赏识，成了著名史学家、政治家、散文家，名列唐宋八大家之中。

欧阳修的识才爱才，集中体现在他主持的嘉祐二年的科举考试上。担任主考官的欧阳修，以他的学识、眼光和胸怀为基础，慧眼识珠，这一届选拔的进士中，居然出了8个文学大家，9个朝廷宰相，还有思想家、军事家，可谓群星灿烂，光耀古今，极一时之盛，因而被称为"千古龙虎榜"，也称"天下第一榜"。

其中有理学大师程颢，文学巨匠苏轼、苏辙兄弟，唐宋八大家之一的曾巩及其兄弟曾布，大学者张载，屡立战功被称为"献奇计，奏奇捷，受奇赏"的军事家王韶，政治家章惇、林希，等等，这些人都是人中龙凤，都是泰山北斗式的人物，其中24人被收入《宋史》单独列传。

欧阳修还关心并提携、栽培了王安石。欧阳修比王安石大14岁，出道也比他早，刚认识王安石时，王安石还籍籍无名。但欧阳修很赏识他，曾题诗赠他，写道："翰林风月三千首，吏部文章二百年。"极力称赞。但王安石认为欧阳修不是知己，所以在酬谢诗中说："他日若能窥孟子，终身何敢望韩公。"表现了傲慢和冷漠的态度。即便如此，欧阳修也没有介意，仍到处为他说项。欧阳修官至参政知事，当朝廷要他推荐"可为相者"时，他推荐的三人中就有王安石。欧阳修积极培养后人，绝不因私人成见而埋没人才、损害国家利益的思想品质，一直为人称颂。欧阳修逝世后，当时担任宰相的王安石为悼念欧阳修，写下了著名的《祭欧阳文忠公文》，充分展现了王安石哀痛缅怀的情感。

包拯包青天，也曾受到过欧阳修的提携。包拯长期在外地任职，历任天长知县、端州知州、河北都转运使、庐州知州等职。到了至和二年（1055），包拯出事了，他因保荐官员失误，被降职为兵部员外郎、池州知州。在得知包拯被贬后，欧阳修向宋仁宗上书，极力推荐包拯，他称赞包拯"清节美行，著自贫贱；谠言正论，闻于朝廷。自列侍从，良多补益"，他还建议"亟加进擢，置之左右"。有一年河水泛滥，欧阳修向朝廷推荐治水能才，一共推荐了4位：包拯、张瑰、吕公著和王安石。包拯也是借此机会才离开池州，改知江宁府，后来调任开封府，才得以创造以后一系列的传奇。

尤其令人惊奇称道的是，唐宋八大家中宋代的6人，除欧阳修自己，另外5人均出自他的门下，而且都是以布衣之身被他相中、提携而名扬天下。毋庸置疑，且不论他自己的文学成就与造诣，单就发现人才、培养人才而言，他也对北宋文学的发展做出了巨大的贡献。

不仅如此，韩琦、文彦博、司马光这些有真才实学的政界人物，也都得到过他的激赏与推荐。欧阳修被誉为"千古伯乐"，他是实至名归，完全当得起这一赞誉。

延伸阅读

谁高谁低，得看身边人

某天，左宗棠问手下的幕僚："我比起骆文忠公（骆秉章谥号文忠），如何？"幕僚们纷纷拍马逢迎："您功高盖世，骆大人不过是泛泛之辈……"接着，左宗棠回到书房，问了一个老仆同样的问题。不料，老仆直言："你不如骆大人！"左宗棠问其缘由，老仆镇定地答道："文忠公的幕僚之中有侯爷您这样的忠诚敢言之人，而您的幕府之中不过是些拍马逢迎之辈。从这点上看，您就不如骆大人……"左宗棠听后惭愧万分。

第四章

国事为先

少年倜傥廊庙才

　　贾谊（前200—前168），河南洛阳人，政治家、文学家、史学家。贾谊小时候，学习很刻苦，明慧有才华，善文辞著称于郡中。贾谊入朝时21岁，被文帝刘恒召为博士，专门研究学问，同时也是皇帝的顾问，负责传授经学，接受皇帝的咨询，参与国家大政方针的制定。不到一年，贾谊便被破格提拔为太中大夫（高级顾问官）。

　　贾谊深刻思考了人生、社会、历史和宇宙的许多大问题，在探索中升华了自己的思想，提出了许多杰出的哲学观点和政治观点。其《过秦论》和《吊屈原赋》等作品，表明他是一位思想深邃的历史学家和文采超群的文学家。《过秦论》实际上是论秦过，很有见地。

　　贾谊思维谨严，见识卓然，精辟服人。他认同秦政残暴是其速亡的重要原因，认知深入了一层，为汉文帝提供政治改革借鉴，开千古史论之先河。贾谊指出，这种暴政的深层和最终缘由是秦统治者的政策转换问题。他认为，夺取政权需要暴力和智谋，夺取天下后，建立政权和维系政权，就不能单纯依靠暴力，而是要运用调节的方式，兹所谓"安危者贵顺权"。秦统治者不懂得儒家仁义之政的奥妙，偌大的帝国在滥刑酷杀和滥用民力的肆意捶挞之下，急速瓦解。"仁义"是治国的政治理念，秦始皇"仁义不施"，亲自肇始了政治过失。"安民"是统一中国后必有的基本国策，秦二世反其道而行之，置人民于水深火热之中，加深了秦王朝的政治危机。"失本"即失掉民心，国家根基自毁，必然灭亡。子婴面对愈演愈烈的暴政，无能为力，民心丧尽。

毛泽东在多次讲话中提及贾谊，评价贾谊"是秦汉历史专家""英俊天才"。"他写了 10 篇作品，留下来的是两篇文学作品（两篇赋），两篇政治作品——《治安策》和《过秦论》。"[①]毛泽东在《七绝·贾谊》中，热情赞赏贾谊的非凡才华，称他是国家的栋梁之材，认为他提出的一系列治国策略和改革主张，表现出他卓越的政治远见和才能。

《治安策》和《过秦论》博采异说，精彩纷呈，很有特色，是西汉一代最好的政论。他汲取和融汇了《庄子》语言的浪漫色调、《孟子》语言的豪放气概、《战国策》语言的纵横捭阖气势，形成了独具特色而又接地气的政论文体语言。西汉文学家刘向认为贾谊善于分析历史，懂得政治，有治国治乱的策略，可以比肩于伊尹、管仲。苏轼对于贾谊的政治才能和辞赋成就也十分推崇。据苏辙《亡兄子瞻端明墓志铭》记载，苏轼少年时，即"好贾谊、陆贽书，论古今治乱，不为空言"。25 岁时，专撰《贾谊论》论其"才、识"。

---

① 邸延生：《毛泽东评述诸子百家》，人民出版社 2013 年版，第 159 页。

贾谊颇有锐气，力主改革前朝旧法，提出削弱诸侯领地和权力，鼓励农耕、积贮粮食以防意外等，是一位居安思危、见微知著和富有远见的改革家。他还强调了作为统治思想主干内容的民本思想的重要性。"闻之于政也，民无不为本也。"①

贾谊写过一篇《吊屈原赋》，自比屈原，但他没有深思的是，汉文帝只是在复杂的政治环境下，出于对社会稳定和政治大局的考虑，采取了一种较为保守的政策，并不是真的不欣赏他。贾谊如果能学会隐忍，活得长寿，说不定还能给汉文帝多出谋划策呢。

苏东坡在《贾谊论》中痛惜贾谊"志大而量小，才有余而识不足"，没有学会容忍。毛泽东在《咏贾谊》中说他"少年倜傥廊庙才，壮志未酬事堪哀"，赞誉他年少多才，惋惜他为梁怀王堕马而死。鲁迅评价贾谊："惟谊尤有文采，而沉实则稍逊……"有志于做事业的人，须得识虑深远，再聪明也不要总是锋芒毕露，即使非常清楚明白也不宜过于表现，宁可用谦虚来收敛自己，也不要招到嫉恨和阻挠，危及自身，导致失败。

延伸阅读

文学背后是天下情怀

东晋名相谢安经常召集族中子弟谈天论地，内容多与文学有关。有一次，谢安问子侄们《诗经》中哪一句最好。侄子谢玄认为是"昔我往矣，杨柳依依。今我来思，

---

① 吴云、李春台校注：《贾谊集校注（增订版）》，天津古籍出版社2010年版，第268页。

雨雪霏霏"。这并不是谢安心中的理想答案。在谢安看来，"讦谟定命，远犹辰告"意境深远，才是从政者追求的"雅"。短短的一番对谈，看似讨论古书，实则是在教育子弟不应以个人情感为先，而应以天下大计为怀。

（来源：《传奇故事·百家讲坛》2023 年第 8 期）

萧何的取胜之道

萧何（？—前 193），沛县丰邑中阳里（今江苏丰县）人，汉初政治家，汉朝开国名相。萧何从小读书学习刻苦，钻研诸子百家著作，学习治国平天下的各种本事。萧何在秦朝时，于沛县任功曹，充当县令的助手，通晓法律，办案公正，有方略，能办事，很有政绩，待人诚恳，显露出治国安邦的才华。

萧何与刘邦是患难之交、贫贱之交。刘邦任泗水亭长时，萧何已是沛县主吏掾，有水平、很能干，在当地的名声很响。萧何看得起刘邦，把他当朋友看待。这时，刘邦常常巴结萧何。萧何为人忠厚，在刘邦穷困潦倒时，多次帮助他。

刘邦起兵造反，想到萧何，让他当县丞，这是萧何当副手的开始。他是刘邦沛县起义的主要谋划者，在关内管理国政，颁布政令，抚百姓，重耕兴农，筹集粮饷，征发兵丁，同生死、共患难，帮刘邦打天下。

"萧何月下追韩信"的感人故事，人们耳熟能详、广为赞誉。萧何一身系着天下安危，为刘邦建立西汉立了头功。"沛中吏作关中吏，月下人追胯下人。"在楚汉战争序幕即将拉开时，一心辅助刘邦打天下的萧何，深知身份卑微而内心高贵的韩信能做大事，于是向刘邦力荐韩信。刘邦不以为然，"如呼小儿耳"。

这一晚，萧何得知韩信"身背宝剑，跨上战马"，出了东门，便顾不得山高水深，路途遥远，策马相追，忍饥挨饿，用真诚感动了韩信。韩信看萧何真心想推荐他，便跟着萧何回来了。

当萧何月下追韩信的时候，有些人以为萧何也跑了，便向刘邦报告。刘邦大吃一惊，坐卧不安。两天后，萧何来见刘邦，刘邦又气又喜。萧何再三推荐，陈说利害，刘邦终于答应起用韩信为大将（三军统帅）。韩信用"明修栈道，暗度陈仓"的计谋，轻取关中；后来指挥许多大战，都取得了胜利。

萧何把很多将相团结在刘邦的周围。在多次战役中，当刘邦处在最危急的时刻，多亏萧何前来支援，才使刘邦化险为夷。特别是夺取秦都咸阳后，众将都在争抢金银财宝，只有萧何保护了秦朝的文书档案、律令图书等，所以刘邦才能对全国的军事要塞、地形地貌、人口多少、经济现状了如指掌。刘邦打下江山，萧何在评功中获得了第一名。

可以说，如果没有萧何，大汉王朝能否建立可能还是个未知数。萧何虽然是"一人之下，万人之上"，但仍忠心耿耿，没有野心，大智若愚，从不居功自傲，从不向刘邦伸手要这要那。在刘邦看来，这个副手既能干工作，又是靠得住的。

萧何能够有始有终地当刘邦的得力助手，其间也有一些波折，但他风光十几年，笑傲王侯，终老天年，不能不说他是一个当助手的高手。封建专制社会的皇权和相权，历来是一对矛盾。刘邦深知自己在治理国家方面的弱点，于是将帝国的政事托付给丞相萧何。萧何权力很大，刘邦最担心的莫过于下属的实力太大、深得人心，威胁到帝王的地位。萧何并不因有实权、有能力、有政绩就安全，其安全与否不系于自己有罪或无罪，而系于君主的喜或怒。尽管刘邦恩赐他上朝时可穿鞋带剑，不必遵循常礼，可是萧何仍然谨言慎行，处处遵守礼仪，处理大事小情把握分寸很得体，没有因为细节问题为自己惹是生非。这是萧何的明智之处。萧何能够平安地当刘邦的得力助手，最重要的不是他能干，而是性格温顺，凡事听命于刘邦，有好事全让给刘邦，能够委曲求全。

萧何怕得罪吕后，接受吕后（背后是刘邦）的旨意，出面邀请韩信进宫。长乐宫的钟室陈列宫廷乐器。韩信还以为到钟室里来是为了听宫廷乐师演奏乐曲以庆祝平叛胜利，谁知一进钟室就被吕后害死。在萧何向吕后承诺由他带回韩信的时候，他同时也就做出了对无辜的密友背信弃义的选择。萧何深感愧疚，觉得是自己害了韩信。这正是"成也萧何，败也萧何"。

事后，刘邦派人将萧何由丞相晋为相国，加封五千户食邑，为萧何的卫队追加 500 名士卒。关系越是密切，往往越容易出矛盾。萧何知道刘邦对自己不大放心了，就谦让不受，还将家财拿出来支援前线作战，刘邦果然十分高兴。

萧何不惜大兴土木，积极组织建造华丽壮观的未央宫，说是为了显示天子的威严，为的是让刘邦喜欢，这也是萧何自保的手段。萧何的自保可称得上是经典。

按常理说，刘邦对他的亲密战友应当是一往情深、信任有加的。然而，帝制政权专制的本质是独裁。独裁政治，总是不断地弱化着帝王与其官员们之间的信任度。萧何深得刘邦的倚重，却不能消除刘邦对他的猜忌，真是"君臣从古固多疑"，君怕臣子威望高。

功高汉室、位冠群臣的萧何，在关键时刻能顾全大局，功高不压主，位显不傲君。萧何在刘邦面前也有过"历险记"。公元前195年，萧何提议将皇家花园荒芜部分给百姓耕种，这本来利国利民，刘邦却神经兮兮，认为这是向百姓讨好，怀疑他收取商民财贿，将萧何下入监狱。后来，刘邦在王卫尉的谏议下，将萧何无罪释放。

萧何深知刘邦对他信任之际蕴含着猜疑，豁达之怀掩藏着狭隘，深知月满则亏、水满则溢的哲理，以退为进，以弃为取，采纳了门客的"自污"之计。他低价强买了许多民田、民宅，逼得百姓背井离乡，并利用手中的权势，鱼肉百姓，以激起民愤，污秽自己的形象和名声，把自己塑造成一个胸无大志、横行霸道而又贪婪的人，以消除刘邦的多疑嫉贤。没多久，就有人将萧何的所作所为密报刘邦。刘邦并不查问。萧何果断地把自己的全部家产捐出来当作军费，这样一来，刘邦自然十分高兴。

萧何在晚年处处留心注意，就连给子孙后代谋占田地产业，他都挑选荒僻贫瘠之地，以免遭豪室所夺，累及子孙。正是："古代官场少友情，萧何勤廉重自贞。可叹伴君若伴虎，竟然自污谋善终。"萧何的一生，"找准了位置"，大部分时间给刘邦做助手，没有大起大落，但过得十分辛苦。他大智若愚、忍辱负重、任劳任怨、安抚天下。当时民间歌谣说："萧何为相，政和法明。曹参继任，坚守不变。与民休息，民得安宁。"

刘邦、萧何、曹参是同乡，都是老相识。曹参跟刘邦起兵以来，戎马倥偬，出生入死，立下赫赫战功。刘邦去世后，萧何辅佐太子刘盈登上帝位。萧何临终前，不计前嫌，又向汉惠帝举荐了平时对自己有成见的曹参接替相位，彰显了他一心为国、宽宏大度的一代名相的风度，名声流传于后世，可以与周朝的闳夭、散宜生等大功臣媲美了。司马迁在《史记·萧相国世家》中称赞萧何："位冠群臣，声施后世。"曹参继任丞相后，完全按照萧何确立的大政方针及法律办事，与民休息，四海升平，使得百姓安居乐业，天下俱称颂其美善，史称"萧规曹随"。

汉武帝的智略

汉武帝（前156—前87），名刘彻，汉朝第七位皇帝。其父亲是汉景帝刘启，祖父是汉文帝刘恒，曾祖父是汉高祖刘邦。汉武帝7岁当太子，16岁登基，70岁去世，在位54年，占西汉王朝1/4的时间。汉武帝是一位开拓型的君主，是中国历史上最具阳刚之气的铁腕帝王，开创了中国封建社会第一个鼎盛时期。

汉武帝胸襟开阔，终生喜爱贤才，知人善任，不计门第、出身、职业，破格提拔，量材使用，大有高祖遗风，给名帅良将、谋臣用臣、谏臣诤臣以建功立业之机。卫青，原为一介奴仆，为汉武帝的姐姐驾车。汉武帝慧眼识人才，看中了他的潜能、武艺、志向、胆识和忠心，让他追随身边，最终造就一代名将，带领汉军多次取得对匈奴作战的巨大胜利并最终消灭匈奴主力。霍去病从小随侍汉武帝，18岁时就随军出征，成为将军时才20岁。汉武帝非常欣赏其积极进取、不守常规、勇猛果敢、不惧艰险的品格，虽然他年龄不大，但具备大将之才，就果断启用，不受祖制制约。东方朔，西汉辞赋家，喜欢幽默嘲讽，武帝让他担任常侍、太中大夫等职，不像后来的有些皇帝，让亲信宦官或宠臣处理一切军机大事。这样，就避免了权臣擅权的现象。

汉武帝时代，人才辈出，涌现出主父偃、董仲舒、公孙弘、司马迁、苏武、卫青、霍去病、霍光、桑弘羊、张骞、司马相如、汲黯、东方朔等辅佐之臣和开拓将领，使汉武帝时代成为我国封建时期一个辉煌的时代。清代王昙《汉武帝茂陵》诗云："求言帝度容方朔，问道儒官用仲舒。""容得马迁留谤史，能成苏武做忠臣。"

汉武帝赏罚分明，不徇偏私，因功受封的人不计其数。主父偃一年内曾升过4次官。汉军给匈奴右贤王以重创，卫青因战功被封为大将军，位居群臣之首。霍去病北击匈奴获胜，增封冠军侯，食邑五千户。由于武帝赏罚分明，治军严谨，汉军军容整肃，在茫茫大漠中与匈奴作战，上下同心，屡次建功。

《资治通鉴》记载，武帝执法严格，不徇私情，不管是宠臣还是皇亲，只要触犯刑律，他都交付有司论其刑罚。武帝的女儿夷安公主嫁给了隆虑公主的儿子昭平君。隆虑公主知道儿子是闯祸精，病危时请求以千金免除儿子死罪，汉武帝答应了她的请求。后来昭平君居然醉杀了教导公主的女官。武帝身边的人都为昭平君求情。武帝说："法令是先帝创立的，如果因妹妹的缘故破坏先帝之法，将来九泉之下我有何面目见高祖皇帝呢？也无法向天下人交代啊！"于是，依法处死昭平君。

汉武帝颁布"推恩令"，把诸侯国的权力收归中央。汉武帝最大的建树和功绩是巩固和发展了秦始皇建立的封建中央集权制度，彻底打败了屡屡侵犯汉境的匈奴人，把中华民族悠久的物质文明和精神文明推向一个新的高峰。

"罢黜百家，独尊儒术"，是适应时代需要的明智之举。他推崇的儒术，吸收了法家、道家、阴阳家等各种学派的一些思想，与孔孟代表的先秦儒家思想有所不同，对历史产生了深远影响。

历史正剧《汉武大帝》这样评价："他建立了一个国家前所未有的尊严，他给了一个族群挺立千秋的自信，他的国号成了一个伟大民族永远的名字。"

汉武帝穷兵黩武30余年，虽然在扩大汉朝疆域方面颇有成效，但对国家的损耗甚大，几乎将汉王朝推向崩溃的边缘。

"禹、汤罪己，其兴也勃焉；桀、纣罪人，其亡也忽焉。"汉朝为什么没有像秦朝那样迅速败亡，反而又得以兴盛，延续了许久呢?《资治通鉴》中提出了好几条原因，其中就有"受忠直之言"和"晚而改过"两条。司马光评价汉武帝："受忠直之言，恶人欺蔽，好贤不倦，诛赏严明，晚而改过，顾托得人，此其所以有亡秦之失而免亡秦之祸乎！"

汉武帝晚年向人民忏悔自己的过错："朕即位以来，所为狂悖，使天下愁苦，不可追悔。自今事有伤害百姓，糜费天下者，悉罢之！"意思是说，我自即位以来，做了许多不合理的事情，使天下的百姓愁苦，已经不可追悔了。从现在开始，凡有伤害到百姓利益的事，凡有浪费天下财物的事，一律罢除。

汉武帝是中国封建时代第一个颁布"罪己之诏"的皇帝，不惜以一国之君的尊贵身份，向全国人民承认自己的错误，表示悔过自新，及时调整政策，实行轻徭薄赋，对于西汉中晚期发展，做出了积极贡献。这也正是汉武帝的过人之处。

魏徵的"千秋金鉴"

魏徵（580—643），字玄成，巨鹿郡下曲阳县（今河北省晋州市）人，也有说是魏郡馆陶（今河北省馆陶县）人，唐初卓越的政治家。他出身于书香世家，父亲魏长贤博学多才，曾出仕北齐，做过地方官。《旧唐书·魏徵传》开篇说他："好读书，多所通涉，见天下渐乱，尤属意纵横之说。"

魏徵曾出家当道士，辗转奔波之后，38岁参加李密的瓦岗军，负责文书卷宗。他在军中没有发言权，但还是主动进谏：筑深沟高垒，以待敌军粮尽撤兵，而后追击敌兵以获全胜。可惜未被采纳。决定速战的李密惨遭失败，瓦岗军随之覆灭。魏徵随李密残部投奔李渊，频呈高论，却得不到重用。太子李建成闻其颇有才华，任用为东宫僚属，仍属大材小用。魏徵不气馁，仍以高见进谏。

李世民先发制人，发动了血染萧墙的玄武门之变后，执掌权柄。李世民知道魏徵既是李建成的心腹，又非等闲人物，就立刻传召他，质问说："你为什么挑拨我们兄弟的关系？"魏徵泰然自若，据理回答："人各为其主。如果已故太子早些听从我的进言，肯定不会落到今天这个下场。我忠于太子，没有什么错！"

李世民毕竟不是胸襟狭窄之人，早就看重魏徵的胆识和才能，见魏徵果然威武不屈，便收敛了怒容，赦免了他，并以礼相待，封他为谏官，并经常引入内廷，询问政事得失。

面对唐太宗的盛气凌人，背负"原罪"的魏徵只好拿出自己曾下过功夫的"纵横之说"来应对：似狂傲，却是唯一活路，标榜自己有先见之明，又巧妙地道出了李建成不听良言、自己怀才不遇的基本事实，衬托李世民胜利的必然，因而瞬间赢得主动。

后来，太宗又提升他，官至宰相。魏徵敢于直言进谏，敢于因势利导改革政治，成为大唐王朝的主要决策人物之一，促成了唐朝鼎盛时期的贞观之治。

李建成、李元吉被杀不久，李世民宣布大赦：玄武门之变之前，与已故的太子和齐王有关系的人，一律无罪，一概不究。但是，那些人还心怀惶惑。李世民采纳了魏徵的建议，派魏徵去河北一带安抚。

半路上，恰巧遇到州县官员押送李建成和李元吉的两个旧部下来京城，魏徵很为难。副手建议魏徵写奏章送往朝廷，魏徵认为那样时间太久，就对副手说："如果不赦免这两个人，我们讲得再好，有谁相信？我不能为了避免嫌疑就不替国家考虑！"说完，命令把这两个人释放了，并写了证明材料让军官拿回去交差。这件事一传开，那些惶惑的人立即安下心来。魏徵回到京城，李世民夸耀他做事能以国家为重。

由于长期战争，兵源减少，唐太宗把征兵年龄由 18 岁到 21 岁改为不满 18 岁的个头高大的男子可以征用。诏书却被魏徵扣住不发。唐太宗催了几次，魏徵还是扣住不发。唐太宗派人把魏徵叫来，训斥道："那些个头高大的男子，自己说不到 18 岁，其实可能是故意隐瞒年龄，逃避征兵。我已发布诏书，你为什么扣住？"

魏徵镇静地说："臣听说竭泽而渔，就无鱼可捕了。陛下将身强力壮、不到 18 岁的男子征来当兵，以后还从哪里征兵呢？国家租税杂役，又由谁来负担呢？陛下征兵时怀疑百姓作假，这能算讲信用吗？""陛下即位时下诏，一律免除以前拖欠国家的税赋，可是官吏们照样催缴；如今已交了租赋的，又被征去当兵，这不是失信于民吗？"

唐太宗听了哑口无言，承认自己错了，撤销了这道诏书。从此，唐太宗更加信任魏徵了，提升他担任太子太师的官职。

有一次，唐太宗问魏徵："历史上的国君，为什么有的明智，有的昏庸？"魏徵答道："君之所以明者，兼听也；君之所以暗者，偏信也。秦二世居住深宫，不见大臣，唯独偏信宦官赵高，直到天下大乱，自己还被蒙在鼓里。隋炀帝偏信专说顺话的虞世基，天下郡县多已失守，自己也不得而知，结果隋朝灭亡。"魏徵还列举了尧、舜等贤君和梁武帝等昏君的事例。他说："治理天下的君王，如果能够采纳来自下面的意见，那下情就会上达，君王就不会受蒙蔽。"唐太宗深表赞同。

在任用人才方面，魏徵也颇有真知灼见。他对唐太宗说："在天下未定之时，用人标准是看他有无才能，不去考虑其品德操行如何；天下平定以后，在选择人才上，非德才兼备不可。"在魏徵的影响下，唐太宗"内举不避亲，外举不避仇"。有一次，他还主动对魏徵说："选择任用官吏，不能轻率马虎。用了一个君子，君子就会纷纷而来；用了一个小人，小人就会钻营投奔而来。"

魏徵经常劝谏唐太宗：处在安乐的环境中，要时刻想到危险的日子，要自始至终地保持兢兢业业的治国态度；要吸取宝贵的经验，不忘有益的教训，多想己过，多行仁善，少留恶迹。

明君兼听，昏君偏信。由于天下太平，连年丰收，贞观六年（632），一些朝臣怂恿和奏请唐太宗前往泰山举行封禅大典，祭祀天地，以显耀自己的文治武功。唯独魏徵认为不可，上书说："皇上功劳尽管很大，但百姓受益不多；国家百废待兴，百姓还不富裕；况且东封泰山需要耗费大量人力物力，劳民伤财啊！"太宗想到隋朝灭亡的历史教训，就接受了魏徵的建议，停止封禅。

尤其在个人享乐方面，魏徵多次犯颜直谏。有一次，唐太宗想去秦岭山中打猎取乐，车马都准备妥当了，却一直没有出发。魏徵外出回来，问及此事。唐太宗笑着答道："起初确有这个想法，可后来一想，怕你又要直言进谏，所以，就打消了念头。"

有一天，李世民批奏折累了，就将新得到的一只鹞鹰放在手臂上玩赏，很是得意。不料，魏徵从门外大步走来。李世民知道作为一个皇帝玩鸟不是什么正事，怕受魏徵责怪，赶忙将鹞鹰藏在怀中。魏徵故意奏事很久，又谈及古代帝王贪图逸乐之事，暗示帝王不可玩物丧志。太宗自知理亏，没有打断。好不容易等到魏徵离去，鹞鹰已闷死在怀中。

一次，李世民因魏徵提意见，很生气。贤惠的长孙皇后得知后说："我跟陛下结发为夫妻，情深义重，说话也往往看您的气色，不敢冒犯威严。魏徵是个臣子，敢犯颜直谏，真是了不起啊！能听逆耳之言，国家就安宁；堵塞了言路，国家就会出乱子。陛下如能多听听魏徵这样的人的意见，那真是国家之幸啊！"长孙皇后是一位贤淑温良的女子，常劝太宗多纳忠谏，少听谗言，近贤臣，远小人。这也是魏徵之幸、国家之幸。

贞观中期以后，唐朝经济繁荣，政治也很安定。魏徵看到唐太宗逐渐怠惰，懒于政事，追求奢靡，便奏上《十渐不克终疏》，列举了唐太宗执政以来为政态度的 10 个变化，希望他警惕，保持贞观初年踔厉奋发的作风。唐太宗把这个奏章写在屏风上，早晚阅读，引为戒鉴。他对魏徵说："我愿意改正过错。否则，还有什么脸面和你相见呢？"

唐太宗有时尽管恼恨魏徵不留情面，却很赏识他的忠诚。后来，太宗不但不记恨魏徵，反而夸奖魏徵："人家都说魏徵举止粗鲁，我看这正是他的可爱之处！"魏徵年老病重，太宗送医送药，使者相望于道路，来往不绝，并和太子一起去他家探望，把衡山公主许配给他的儿子魏叔玉。

贞观十七年（643），魏徵病危。唐太宗亲自去魏府探视。但见赫赫宰相府，竟是平常的一片宅第，连接待宾客的厅室也没有。太宗感慨万端，问魏徵有什么要求。魏徵说，什么要求也没有，只担心国家的兴亡。

魏徵病逝时，废朝五日，唐太宗叹惜曰："以铜为鉴，可正衣冠；以古为鉴，可知兴替；以人为鉴，可明得失。朕尝保此三鉴，内防己过。今魏徵逝，一鉴亡矣。"说罢哭泣不止。太宗望着魏徵画像思绪万千，遂曰："劲筱逢霜摧美质，台星失位夭良臣。唯当掩泣云台上，空对余形无复人。"

魏徵死后，人们发现了他的一份没有写完的遗稿，深刻阐述了如何用人的真知灼见：毫不猜忌地任用贤能的人，国家就会兴盛；任用坏人，国家就衰败，要毫不迟疑地除掉邪恶的人……

贞观之治在历史的苍穹中熠熠闪光。唐太宗认为，贞观之治之形成，魏徵起了重要作用。魏徵被后世政治家、历史学家赞誉为"千秋金鉴"。他一生留有《魏郑公文集》与《魏郑公诗集》，《全唐诗》录有其诗一卷。在魏徵的身上，融传统的美好人性——智、仁、勇为一体。魏徵历事诸主，心中有个准则：上安君国，下报黎民。魏徵敢于直抒胸臆，以自己的本色来展现人生价值。如果用"忠"字来概括他的前朝经历，他是"大忠"，而不是"小忠"。

狄仁杰：唐室砥柱

狄仁杰（630—700），字怀英，唐太原（今山西省太原市小店区）人。唐代政治家，唐高宗、武则天时期的贤相，刚直不阿且足智多谋。

狄仁杰身居高位时，不忘社稷安危，敢于在朝堂上直言规谏。他任大理丞期间，掌管刑法，一年内处理积压案件 1.7 万件，无一人冤诉。如此大的工作量，处理得又快又好，还百姓一个公道，还民间一个太平。

656 年，26 岁的狄仁杰通过明经科考试及第，出任汴州判佐。出仕不久即遭挫折，被胥吏诬告而罢官。狄仁杰于仪凤元年（676），擢升为大理丞，掌管国家刑法之权。就在这一年，左威卫大将军权善才、左监门中郎将范怀义误砍了太宗昭陵院内的柏树，按照律法，罪当除名，唐高宗却命令将他们处死。受理此案的狄仁杰据理上奏，称罪不当死，入情入理地启发高宗尊重法律："今陛下因为误伐昭陵一株柏树而杀掉两位将军，将令国法失信于天下，从此，人们将何所适从？此臣不敢奉旨杀善才，陷陛下于不道。"唐高宗闻言顿觉有理，听从狄仁杰的苦心劝谏，只将二人除名，流放岭南。

过了几天，高宗破格提拔狄仁杰为侍御史，负责审讯案件，弹劾百官。"五丁扶造化，一柱正乾坤。"出任侍御史后，狄仁杰更是以匡正持法为己任，对一些巧媚逢迎、恃宠专权的权要进行弹劾。

时任尚书省左司郎中的王本立仗着唐高宗恩宠而恣意妄为，朝野上下都惧其三分。狄仁杰却毫不留情地揭露其为非作歹的罪行，请求交付法司审理。唐高宗却下旨特赦，免他无罪。狄仁杰以身护法，他说："国家虽乏英才，岂少本立之辈？陛下何惜罪人，以亏王法？必欲曲赦本立，请弃臣于无人之境，为忠贞将来之诫！"王本立最终被定罪，朝廷肃然。

狄仁杰为人正直，疾恶如仇，为民做主，为国担当。武则天听说狄仁杰办事公平、执法严明，知其人可用，信赖有加，提拔他为宰相。武则天对他说："你在汝南颇有政绩，可是有人在我面前谗毁你，你想知道是谁吗？"狄仁杰回答："陛下认为臣的所作所为是错误的，请陛下指出，臣加以改正。如果陛下认为臣无过，臣之幸也。至于谁在背后说臣不是，臣并不想知道。"武则天听罢，赞叹他有长者风范，因而更加赏识他。

武则天有时刚愎自用，听不进他人劝谏，朝廷官员多缄其口，狄仁杰却敢于犯颜直谏，不避君威。武则天也基本上对他言听计从。狄仁杰成就一番事业，反映出武则天慧眼识珠、知人善用。

武则天为了独断朝权，将儿子中宗（即李显）废黜为庐陵王，及至改唐为周以后，又欲立娘家侄儿武三思为太子。其他宰相不敢有异议，只有狄仁杰坚决反对，认为一旦外寇犯境，让梁王武三思去招募士卒，纵使一个月也招不到千人，而改为以庐陵王名义，则不出几天就可以得五万人，这是因为天下的人心仍然忠于唐室。他说："今欲继统，非庐陵王莫可。"不久，狄仁杰又与王方庆劝谏武后，指出太子是"天下本"，"本一摇，天下危矣"。又进一步说："陛下掩神器而取之，十有余年，又欲以三思为后。且姑侄与母子孰亲？陛下立庐陵王，则千秋万岁后常享宗庙；三思立，庙不祔姑。"武后感悟之后，最终听取了他的建议。

狄仁杰忠心耿耿，深谋远虑，多次向武则天推荐张柬之，后来张柬之终于被任为宰相。狄仁杰利用武则天对他的信任，举荐了大批人才，如桓彦范、敬晖、姚元之等。狄仁杰作为一位杰出的政治家，在武则天时代，为唐室稳定与兴盛倾注了毕生的心血。武则天对狄仁杰十分尊重，称呼他为"国老"，而不叫他的名字。狄仁杰见她时，她叫他不要下拜。武则天对狄仁杰的信赖和礼遇，使狄仁杰充分发挥才干，成为骨鲠忠正之臣。他断案如神，为民造福，功勋卓著，从而名垂青史。

荆公改革旨富国

王安石（1021—1086），字介甫，号半山，封荆国公，抚州临川（今江西省抚州市）人，宋朝著名的政治家和杰出的文学家。他少年时期即喜好读书，文思敏捷，诗书一经过目便终身不忘。他作文章落笔如飞，许多人都说他的文章精彩绝妙。他22岁考中进士，在地方上做官近20年，做了不少对农民有利的事。他具有推进改革的高超领导智慧，是一位智商、情商、财商俱高的改革家。

北宋庆历七年（1047），江南地区阴雨绵绵，受灾面积达127个县。鄞县（今宁波）的县令颁布硬性规定：米价每石3000文。这位县令就是王安石。

到了第二年三月，江南市面上几乎已经无米可卖，许多人因饥饿而死。宁波境内却米粮充足，人民生活安定。原来，各地的商人听说宁波米价高，便纷纷把米贩到宁波。宁波百姓一时间将多年的积蓄消耗殆尽，却没有出现饥民，因为对于无力买粮的人家，王安石就发给银两救助。后来，宁波的米粮渐渐供大于求。商人们已经把米运来，只好就地降价销售，米价一落千丈。同江南其他地方比，宁波如同世外桃源。

王安石具有创新思维，处理政务果断，不为他人所左右，锐意改革，主张改变风俗，确立法度。熙宁二年（1069）二月，48岁的王安石被任命为参知政事，自此正式参与政事，成为变法改革的主持人。一日，群臣退朝，宋神宗留王安石坐下，说："唐太宗得到魏徵，刘备得到诸葛亮，才有所作为。这两个人确实不是世上常能出现的杰出人物啊！"王安石说："陛下果真想成为尧、舜，那么必然会有皋、夔、后稷、契出来；您果真想成为商高宗，那么必然会有傅说。"神宗说："哪一朝没有小人，尽管是尧、舜的时代，也不是没有'四凶'。"王安石说："只有辨别'四凶'，把他们诛杀了，才能成为尧、舜。"

　　王安石出任参知政事后，新建了一个财政改革机构，提出了农田水利法、青苗法、免役法、方田均税法、保甲法、将兵法、保马法等一系列改革措施，旨在改变当时"积贫积弱"的局势，冀图达到富国强兵之目的。熙宁变法的历程，是王安石卓有成效的奋斗历程。

　　王安石写的《登飞来峰》体现了他推行改革的政治抱负："飞来峰上千寻塔，闻说鸡鸣见日升。不畏浮云遮望眼，只缘身在最高层。"他要登上最高层，透过浮云去迎接那一轮初升的朝阳。

　　从 1069 年到 1085 年，新法实行了 16 年。在这 16 年当中，以王安石为首的变法派和以司马光为核心人物的保守派展开了针锋相对的斗争。保守派说王安石"背儒崇法"。王安石一方面对儒学经典做出新的解释，说明变法有据；一方面公然申明承袭商鞅。保守派攻击王安石不守"祖宗法度"，以致"人心不宁"。王安石说，祖宗的立法，不适应时代需要的，理应改变，仁宗在位40 多年，数次修敕（法律）。保守派将有的地方发生地震、山崩或灾荒，也说成是王安石变法不当造成的，所以老天爷发怒了。王安石反驳说："自然灾害不是人的行为造成的。尧和汤都是古代圣王，水灾和旱灾都在所不免。应当更修人事，以应付天灾。"有人把王安石的这番议论概括为三句话："自然界的变化不必畏惧，祖宗的戒规不一定要遵循，人们的议论不足以忧虑。"

　　王安石以非凡的气魄变法，前后 16 年。新法包括富民、强兵、育才三方面内容，在一定程度上减轻了农民负担，抑制了兼并势力，扩大了政府税收来源，初步扭转了"积贫积弱"的状态。他说："世之奇伟、瑰怪，非常之观，常在于险远，而人之所罕至焉，故非有志者不能至也。"

王安石变法触犯了大官僚大地主的利益，遭到保守派的激烈反对。曾支持王安石的宋神宗，在守旧派的压力面前逐渐动摇了，加之新政本身的先天不足，王安石性格上的固执（拗宰相）、品性涵养的狷狭少容，推行新法欲速不达之弊，致使王安石两次被迫辞职，改革最终失败。

王安石在没有被重用之前，就已有才名。《宋史》说他"属文动笔如飞"，又"议论高奇，能以辨博济其说"。梁启超在评价王安石时说："其德量汪然若千顷之陂，其气节岳然若万仞之壁……"

王安石的故事令人振聋发聩。又有谁能像王安石那样孝忠朝廷，以前所未有的魄力，义无反顾、力排众议推行变革呢？这位叱咤风云的人物，在创新中提出的"天变不足畏，人言不足恤，祖宗之法不足守"的"三不足"之说，响彻历史的回音壁。王安石的创新精神及成就，超越了时空，彰显于未来，巍然耸立于永恒之中！

两朝元老宰相文彦博曾向朝廷举荐王安石，说他淡泊名利，请求提拔，被王安石婉言谢绝。他的夫人给他买来一个女子做妾，他却将女子送还，让他们夫妇团圆。王安石日常生活极其俭朴，不喜好华丽的服装和丰盛的饮食，穿衣不修边幅，饮食不过分讲究。宋代黄庭坚赞美王安石的人格："视富贵如浮云，不溺于财利酒色。"陆九渊赞美王安石的情操："洁白之操，寒于冰霜。"

王安石是儒家中的变革派，宰相中的读书人。列宁在《修改工人政党的土地纲领》一文中，赞誉王安石是"中国 11 世纪时的改革家"①。王安石那种只要正义在手便勇往直前的无私无畏精神，在中华民族前进的道路上，依然熠熠闪光。

忧国忧民范仲淹

范仲淹（989—1052），字希文，苏州吴县（今江苏苏州）人。北宋政治家、军事家和文学家。史书记载范仲淹的相貌：眉浓伏彩，目秀冠形。

范仲淹的"先天下之忧而忧，后天下之乐而乐"，既是他立身处世的座右铭，也是他为人处事的道德标杆。范仲淹忧国忧民忧天下，忧出了境界，忧出了高度，忧出了情怀。

范仲淹曾因不畏权势，伸张正义而三被贬谪。天圣六年（1028），范仲淹任秘阁校理，一忧朝政混乱，太后把持，便上书力谏刘太后撤帘罢政，还权仁宗。因得罪太后，被贬至河中府任通判。宋仁宗破坏规矩，喜新厌旧，想废掉贤惠正直的郭皇后。范仲淹引经据典，据理力争，坚决反对仁宗废后。又获罪宋仁宗，被贬到睦州。朝中腐败，宰相吕夷简大开后门，滥用私人，范仲淹连上四章，论斥吕夷简狡诈擅权，营私舞弊，结果范仲淹再次被贬为饶州知州。范仲淹三次被贬、三次还京，三落三起，每落一次，他的声望就高一次，人称其"三光"，即从"极光"到"愈光"再到"尤光"。②

范仲淹生性耿直，看到朝政过失就理直气壮地批评，特别是

---

① 《列宁全集》第十二卷，人民出版社2017年版，第226页。
② 参见丁传靖辑：《宋人轶事汇编》（上），中华书局1981年版，第335页。

论斥吕夷简的祸国殃民行为，被吕夷简蛊惑皇帝贬为饶州知州。结果，范仲淹妻子李氏病死在饶州，他自己也得了重病，差一点就死在岭南。在附近做县令的老朋友梅尧臣知道后，就好心写了一首《啄木》诗和一首《灵乌赋》给他，劝范仲淹学报喜之鸟，少说话，少管闲事，自己逍遥就行，不要像乌鸦那样报凶讯而"招唾骂於邑间"，从此拴紧舌头，不要多嘴。范仲淹立即回写了同题《灵乌赋》给梅尧臣，斩钉截铁地表示，"宁鸣而死，不默而生"，显示了他的铮铮铁骨，凛然大义，为国为民不怕赴汤蹈火的气节操守。

范仲淹做官多年，在多地任职，不论在哪里主政，都急民众所急，忧民众所忧。范仲淹任泰州西溪盐仓监时，组织重修捍海堰。全长约二百里，使得当时人民的生活、耕种和产盐均有了保障，当地人民将所修之堤命名为"范公堤"。

明道二年（1033），天下大旱，加上蝗灾蔓延，江淮和京东一带灾情尤其严重，民不聊生。范仲淹心急如焚，奏请朝廷派人视察灾情，并亲往灾区安抚灾民。仁宗忙于他事，不予理会。范仲淹便上朝当面质问仁宗："请陛下设身处地想一想，如果宫中停食半日，陛下该当如何？"仁宗这才幡然醒悟，重视起来，派范仲淹前去安抚灾民。范仲淹应诏赈灾，一面开仓济民，调集外地粮食赈灾；一面大规模兴建土木工程，招募百姓服役，由官府负责每日饮食，避免了灾民流徙的情况。赈灾回来复命时，他还将灾民充饥的野草带回朝廷，以警示六宫贵戚戒除骄奢之风。

庆历三年（1043）八月，范仲淹针对北宋内忧、外患的现状，上《答手诏条陈十事》，提出十项改革纲领，主张澄清吏治、改革科举、整修武备、减免徭役、发展农业生产等，内容涉及政治、经济、军事、教育、科举等各个方面和领域。新政实施的短短几个月间，政治局面已焕然一新：官僚机构开始精简；科举中，突出了实用议论文的考核，有特殊才干的人员，得到破格提拔；全国也普遍办起了学校。他领导的庆历革新运动，虽只推行一年，以失败告终，却开北宋改革风气之先，成为王安石熙宁变法的前奏。

在实行庆历新政的过程中，朝廷选派一批正直清廉的官吏巡察全国，检视地方官吏的为政情况，范仲淹也在其中。他在巡察的过程中，根据每个官员的政绩、才能和品德，对不称职者一律降黜，不徇私情；对精明能干、政绩卓著者加以迁赏。

有一天，范仲淹接到了各地按察使的报告，翻开各路官员的花名册，看到缺德少才、害民败政的转运使，便秉笔直挥，把名字勾掉了，重新安排德才兼备的有为之士。同僚富弼平时对范仲淹十分尊敬，见他毫不留情地罢免不称职官吏，不免有点担心，从旁劝止说："您一笔勾掉很容易，但是这一笔之下可要使他一家人痛哭啊！"范仲淹回答说："一家哭何如一路哭耶！"①（路，为宋代大行政区名；一路哭，指一个地区的人民受害。）范仲淹疾恶如仇，毫不手软，正是为天下苍生着想啊。

范仲淹还是个军事干才，能一刀一枪到前线去护卫国家。宋夏战争爆发后，康定元年（1040），范仲淹奉调西北前线，担任边防主帅。范仲淹提出积极防御的守边方略：军队制度上，取

---

① 〔宋〕朱熹撰：《朱子全书》第十二册，上海古籍出版社、安徽教育出版社2002年版，第216页。

缔按官职带兵旧制，改为根据敌情选择战将的应变战术；建立营田制，解决军需问题，使军队面貌一新，应变能力和作战能力大大提高。

对沿边少数民族，范仲淹诚心团结，慷慨优惠，严立赏罚公约，使其安心归宋。同时，范仲淹精选将帅、大力提拔军队将领，使西北军中涌现出狄青、种世衡、郭逵等名将，又训练出一批强悍敢战的士兵，直到北宋末年，这支军队仍是宋朝的一支劲旅。范仲淹使西北军事防务形势发生了根本性的变化，边境局势大为改观。庆历四年（1044），北宋与西夏最终缔署合约，西北边疆得以重现和平。

范仲淹文武兼备、智谋过人，忧国忧民，社稷为重，无论在朝主政、出师戍边，均系国之安危于一身。无论是任地方官，还是任京官，都心系人民，与人民同甘共苦，以自己光辉的一生践行了他倡导的"先天下之忧而忧，后天下之乐而乐"思想和仁人志士节操，成为立德、立功、立言"三不朽"之佼佼者。

黄钟毁弃，瓦釜雷鸣

岳飞（1103—1142），字鹏举，宋代相州汤阴（今河南省汤阴县）人，贫苦农民出身。据说有一天，从天空飞来一只大鹏鸟，发出悦耳的鸣叫，在岳家屋顶飞过。恰在这时，屋里传出一声嘹亮的婴儿啼哭声。岳飞的父亲就给他取名"飞"，字"鹏举"，希望他将来鹏程万里，建功立业，光宗耀祖！

岳飞少年时，虽家中贫穷，仍刻苦学习，尤其喜好兵法。岳飞武艺超群，"学射于周同，尽其术，能左右射"。当敌军入侵后，岳飞看到国土沦陷，不禁怒发冲冠。他立志要收复中原故土，雪洗靖康亡国之耻。

宋徽宗宣和四年（1122），岳飞应募从军，抗击金国侵略者。临行前，岳母在岳飞的背上刺下"精忠报国"四个字。岳母说："你一生的志向就在这四个字里面了。"

"战阵堂堂唯岳将，旌旗猎猎驻朱仙。"绍兴十年（1140），岳飞率军北上。1140年7月8日，岳飞跟金兀术在郾城展开决战。兀术指挥15000骑"拐子马"，以排山倒海之势冲杀过来。骑在马上的士兵身上都披有厚厚的铠甲，号称"常胜军"。岳飞仔细观察后，命令步兵放下手中的长枪、矛戈，换用短小灵便的麻扎刀对阵，一手用盾牌护住头背部，一手挥刀专砍马腿。由于三马相连，一马被砍倒，另两马则难以行动，金兵大乱，人仰马翻。宋军趁势奋力冲杀上来，金兀术王牌军遭到惨败。

1140年，岳飞在河南大败金兀术，攻到离汴京只有45里的朱仙镇，金兀术准备渡河北逃，眼看收复中原有望。然而，宋高宗怕岳飞真的打到金国，迎还钦宗，他这个高宗皇帝就当不成了。

秦桧曾说自己是从金朝的虎口里逃出来的，很多人都不信，认为他是金朝放回来的奸细，但得到了宋高宗的信任。宋高宗还说秦桧"朴忠过人"，几个月后就升任宰相。秦桧怕岳飞抗战成功，因而丢掉小命，于是，向无能的宋高宗进谗言。

宗高宗一日连发十二道金牌，命令岳飞班师。岳飞悲愤至极，痛哭失声说："十年之力，废于一旦。"

岳飞挥泪班师，返回临安后，即被解除兵权。随后，秦桧派御史中丞何铸审问岳飞。岳飞一句话也不说，扯开上衣，露出脊背让何铸看，只见岳飞背上刺着"精忠报国"四个大字，痕迹很深。何铸一看，吓得不敢再审，把岳飞押回监狱，又看了一些案卷，觉得岳飞谋反实在没有证据，只好向秦桧如实回报。

秦桧等人必欲置岳飞于死地，改派万俟卨主审。万俟卨是宋高宗和秦桧的帮凶，为岳飞罗织罪名，对岳飞严刑拷打，但岳飞毫无惧色，不肯屈招。

福建一位百姓范澄之冒死写了《上高宗书》，大声为岳飞喊冤，被害死。抗金名将韩世忠气愤填膺，在朝廷上当面质问秦桧。秦桧却说："其事体莫须有（或许有）。"韩世忠诘问道："'莫须有'三字，何以服天下？"

"一自钱唐屈死后，谁能辟地更开天？"1142年1月27日，岳飞被秦桧冤杀于风波亭，年仅39岁。岳飞的长子岳云被斩首，时年23岁。"最无辜，堪恨更堪悲，风波狱。"千古含冤，带给我们江海般悲愤！

相传，清初一位松江女子参拜岳飞墓后，写了一副对联被刻在岳飞墓门楣上："青山有幸埋忠骨，白铁无辜铸佞臣。"岳飞墓前，秦桧等人被铸成铁像，反剪双手，长跪于英雄的墓前，受到人们的唾骂！

南宋临安制作烧饼的小贩，得知岳飞被害，用面粉搓成背对背的两个面人，代表秦桧夫妇，放进油锅里炸，取名"油炸桧"，很快传播开来。后来逐渐演变，就成了现在的油条。

宋孝宗即位后，为岳飞的千古奇冤平反昭雪。宋宁宗时追封为鄂王。岳飞所作《满江红·写怀》词，是一首杰出的爱国主义名作。"三十功名尘与土，八千里路云和月。莫等闲，白了少年头，空悲切。"历来被人们传颂。

"至今山光水色，犹照见一片丹心。"岳飞壮怀激烈、精忠报国的爱国思想和坚贞不屈的民族气节，被历代人们所赞颂和景仰。毛泽东很推崇岳飞，称岳飞、文天祥诸辈，以身殉志，不亦伟乎！毛泽东说："岳飞以抗击女真人入侵的军事远征而出名。"①

朱元璋克敌缓称王

朱元璋（1328—1398），元末农民起义领袖，明朝开国皇帝，1368年至1398年在位。幼名重八，入起义军后改名元璋，字国瑞，濠州钟离（今安徽省凤阳县）人。出身贫农，少年时曾为地主牧牛。1344年，家乡遭旱蝗灾害，入皇觉寺出家，成为一个落魄的和尚，处在社会最底层，历经磨难。朱元璋是一位具有传奇色彩的人物，是继刘邦之后又一个出身微细、起自草莽的平民皇帝。

1351年，红巾军农民起义爆发。次年朱元璋乘时而起，投奔郭子兴的红巾军。郭子兴很欣赏他在战场上打仗机智勇敢，让他作亲兵九夫长，视为心腹，并把义女马氏嫁给他为妻。朱元璋积极发展武装力量，1355年被郭子兴任命为总兵官，镇守和州。不久，郭子兴病逝，朱元璋在家乡一带逐步扩充队伍，领兵南下，被小明王韩林儿授为左副元帅。

---

① 黄丽镛编：《毛泽东读古书实录》，人民出版社2012年版，第152页。

1356 年攻克集庆（今南京），并被授为江南行省平章。朱元璋信奉稳扎稳打、积小胜为大胜的策略，从不追求侥幸。他采纳谋士朱升"高筑墙，广积粮，缓称王"的建议，实行屯田，兴修水利，恢复农业生产，增强经济实力，保证了军事供给和需要，安定了后方，表示对韩林儿宋政权的尊重与服从。同时，注意招贤纳士，吸收大批地主阶级的知识分子参与政事。

鄱阳湖之战，朱元璋在兵力数量、舰船规模均处于劣势的情况下，以少胜多，大破陈友谅 60 万军队，为统一江南乃至全国奠定了重要基础。朱元璋获胜的主要原因在于：充分的战争准备、正确的作战谋划、灵活的战术战法。这是中国古代最大的一次水战。"落霞与孤鹜齐飞，秋水共长天一色"描绘的就是鄱阳湖的美景。两军鏖战，相持多日，血染湖水。朱元璋采纳刘基"移师湖口"之计——派重兵扼守鄱阳湖四周出口之处，以困陈友谅，关门打狗。"焦头烂额沉波里，奄忽灰飞水上军。"陈友谅收拾残兵，杀出重围，又遇到阻击，于九江口中箭而死。陈友谅的 60 万水军全军覆没，朱元璋取得了这场决定性战役的最后胜利。

朱元璋又挥戈东进，征战张士诚。至 1367 年 9 月，攻占平江（今苏州）。张士诚被俘，自缢而死。1368 年 1 月，朱元璋在应天称帝，国号为"明"，年号"洪武"。同年攻克大都（今北京），元朝灭亡。此后，逐步平定山西、陕西、四川，破云南，统一全国。

毛泽东佩服的古代军事家中，朱元璋排名第二。毛泽东说："自古能军无出李世民之右者，其次则朱元璋耳。"[①]这位出身贫

① 徐中远：《毛泽东晚年读书纪实》，中央文献出版社 2012 年版，第 291 页。

穷的人，后来居然以伟大的军事家的身份载入了中国战争史。

朱元璋登上皇位，册封马氏为皇后，马氏成为"国母"。朱元璋把她比作唐代的长孙皇后，对群臣说："皇后同我都是布衣出身，历经忧患。在我寄人篱下时，皇后经常不顾烫坏肌体，怀揣热食给我吃。郭子兴猜嫌我，我险遭不测，皇后多方弥缝，使我脱险，我怎么敢富贵了就忘掉从前呢？"他又把这话讲给马皇后听。皇后说："我听说夫妇相保容易，君臣相保就难了。陛下不忘记我，我更希望陛下尤其不要忘了群臣百姓。"

朱元璋早年当过和尚，当时的学习条件不好，后来朱元璋的诗文写得都不错，与他聪明好学、勤于实践有关。他让身边的知识分子轮流给他讲课，开展广泛学术讨论。勤奋学习，让他成了学问大家。有明一代，从始至终，最善于学习的皇帝，唯朱元璋一人而已。朱元璋通过后天的勤奋努力，能诗能文，其诗文表现出雄豪、粗犷的主体风格。朱元璋奋发读书，经常亲自动笔草拟命令、告示等各类文稿，也能写工整的骈文，能作赋写楚辞。他才思敏捷，出口成章，草拟文稿一气呵成。他一生留下诗词100多首，包括战争、述志、唱赠、写景、咏物等，其风格也呈现为质朴、典雅、口语化。

有一次，朱元璋微服出巡，看到一行人马在渡口等船渡江，吟诗做对、切磋文采，觉得很有趣，便站在一旁倾听。一个年轻人凝视着眼前壮丽的江边风景，万里长江滚滚东流，吟道："燕子矶兮一秤砣。"大家听了称赞道："这个比喻很大气。"朱元璋听了，笑着说道："此句的气魄如此之大，恐怕难以为继啊！我来试一下。"说完，便高声吟诗："燕子矶兮一秤砣，长虹作杆又如何？天边弯月是钓钩，称我江山有几多！"几位年轻人听罢，觉得能吟出如此气吞山河之诗句的，只可能是当今万岁，于是纷纷拜见皇上。

朱元璋在13年的统一战争中，屡败强敌，消灭了割据势力，出军北上，建都南京。建国之后，朱元璋奖励垦荒，推行屯田，兴修水利，合理分摊赋税，使百姓休养生息；大力整顿吏治，制定严刑峻法，惩治贪官污吏。

朱元璋在中央废中书省，设置布政使司、提刑按察使司、都指挥使司分管地方民、刑、兵之权；废除宰相制度，分相权于吏、户、礼、兵、刑、工六部，六部尚书直接听命于皇帝，结束了自秦汉以来存在1600多年的丞相制度，加强了皇权。又改监察机构御史台为都察院，监察百官；设锦衣卫等特务机构对朝臣和百姓进行监督。这一系列措施，强化和发展了专制主义中央集权。

朱元璋以民为本的思想，体现在勤政爱民、忧民。登基之后，朱元璋数次重申自己的立场："朕本农夫，深知民间疾苦。""朕本农夫，深知稼穑艰难。"每当提起老百姓的艰难，他都会为之抽泣。洪武四年（1371），他指示中书省："如今临濠的空地很多，你们应该调查那些开荒者的身份，让他们平均耕种，使穷人有产业，富户不能兼并。如果哪个大户多占土地，转给贫人收取租子，就要惩罚他。"朱元璋说："自昔先王之治，必本于爱民。"朱元璋的以德为本的思想，强调道德教化，他认为厚德是人立身的根本，只有德治才能国固人安，他说："人者，国之本；德者，身之本。"他要求官员一定要有恤民之心，说道："食禄者知所以恤民。"

朱元璋一生勤勤恳恳，为百姓谋取利益，他"常以勤励自勉"，他心存百姓，忧思民事，"夜卧不能安席，披衣而起"，处理事务，就是为了天一亮就派发出去，及早处理。历史学家吴晗曾经统计过，从洪武十七年（1384）9月14日至21日，仅仅8天时间，内外衙门共上奏章1660道，涉及的事情3391件，朱元璋每天平均要看200多份文件，处理400多件事情。

朱元璋称帝之后，采取一系列严厉措施，对官吏贪腐问题严加惩处。由此他的廉政思想逐渐形成并付诸实践。朱元璋先后制定并颁行了《大明律》和《明大诰》，以严格的法律约束臣民，整顿朝纲。朱元璋的廉政思想及其政治实践，对当今领导干部廉政建设仍具有启发意义。

朱元璋分封诸子为王，对功臣大量赐田，加速了土地的兼并，使广大农民遭受剥削和压迫。在政权稳定之后，他猜忌多疑，常以私访及派遣锦衣卫侦察吏民，皇帝耳目无所不在，任何人的一言一行都有监视，使得君臣异心，百姓畏惧。文臣钱宰一次罢朝回家，随口吟了一首诗："四鼓咚咚起着衣，午门朝见尚嫌迟。何时得遂田园乐，睡到人间饭熟时。"第二天朱元璋就对钱宰说："你昨天作了一首好诗。不过我并没有嫌你，把'嫌'字改成'忧'字好不好？"钱宰吓得冷汗直流，连连磕头请罪。

海瑞故事永铭心

海瑞（1514—1587），明广东琼山（今海南省海口市琼山区）人，字汝贤，自号刚峰，明代著名的清官。1549年，海瑞赴乡试，写出《平黎策》一文而得中举人。10 年后，升任浙江淳安县令，这是他步入仕途的转折点。在任内他制定兴革条例，整顿社会治安，兴修水利，发展生产，为邑人所称道。

有一次浙江总督胡宗宪的儿子胡衙内路经淳安，因故大发雷霆，吊打驿吏。海瑞得知后极为愤慨，派人将这恶少倒悬痛打。胡衙内马上服软了，说他是胡总督的儿子。海瑞一听，说："不能，不能，胡总督我见过，气宇轩昂、正气凛然，怎么有你这样的儿子？竟然敢冒充胡总督的儿子，你肯定是山贼、强盗。衙役给我搜，身上有钱就说明是抢来的。"结果搜出几千两银票。

海瑞巧妙地给他的上司胡宗宪戴上廉政"高帽"。吩咐道："胡总督乃国家栋梁，爱民如子，过去巡察部署，总是要求不摆设食品和帐幕等物；他的公子定是学富五车的有为青年。今天的来人在这儿鱼肉乡里、横行霸道，还把驿吏吊在房梁上打，胆敢冒充总督大人之公子胡作非为，明显违反胡总督关于'驿费务从简''体恤民瘼'之官箴，败坏总督大人的官名、家风，不惩难平民愤。"还下令将其数千两银子全部没收，纳入公库。胡宗宪阅完文书，连连摇头，只怪儿子不争气。

隆庆三年（1569），海瑞以右佥都御史巡抚应天十府之职，成为地方大员。海瑞到任后，当时吴淞江堵塞已久，两岸很多良田荒废。海瑞组织民众兴修水利，到现场指挥调度，不到两个月就完工了，由此吴地年谷丰登、旱涝保收。海瑞推行"一条鞭法"，将名目繁多的各种杂税、力役归并，大为减轻了百姓的负担。与那些横行不法、搜刮民脂民膏而挥金如土的贪官蠹吏进行不懈的斗争，平反了一些冤狱，当地百姓称他是"海青天"。

　　海瑞一生赶上了明代执政时间最长又最昏庸的明世宗（嘉靖）、明神宗（万历）两个皇帝。在"武死战、文死谏"的古训几乎成为定律的时代，海瑞目睹朝政败坏，给自己买了口棺材，安排了后事，与妻子诀别，冒死上疏。

　　明世宗看了《治安疏》，发现里面竟是激烈指责自己的话："……皇上20多年不理朝政，法纪松弛，吏治败坏，财政崩溃，弄得国贫民穷。所以人们都说，嘉者家也，靖者净也；嘉靖，就是家家都净，穷到啥也没有的地步了！"批评明世宗迷信道教，滥兴土木，竭民膏脂。

　　明世宗看后，气得把奏章扔到地上。静下心来后，他又拿起来反复读，大为感动，说海瑞有比干之忠，与古代贤臣相比也不逊色。直到几个月后，明世宗因事惩罚宫女，宫女故意说道："皇帝爷爷被海瑞詈骂，却拿我们撒气。"明世宗才将海瑞下狱。

　　这年冬天，明世宗驾崩。刑部主事认为海瑞将会被重用，就摆设酒食款待海瑞。海瑞怀疑要赴西市刑场，便恣意吃喝，无所顾忌。刑部主事贴近海瑞耳旁，密告说："嘉靖皇帝刚刚死去，先生如今就要出狱大用了。"海瑞得知，大声痛哭，把刚吃的东西全都吐了出来，昏厥在地上，醒后终夜哭声不绝。

　　16年后，万历皇帝重新起用72岁的海瑞，调任南京吏部右侍郎。海瑞上任后一如既往，还是那股子劲儿，对属下官员要求严格，有劣迹、不尽职的官员都会受到处分。

　　海瑞病逝后，在清点其遗物时发现，其全部家财只有俸金八两，葛布一端，旧衣数件，破烂竹箱一个，其清苦之状不如一般寒士。发丧之日，南京百姓纷纷为他戴孝，沿途设祭，哭声震天，百里不绝。

毛泽东曾评价海瑞说，尽管海瑞攻击皇帝很厉害，对皇帝还是忠心耿耿的，应该提倡他那种刚正不阿、敢于直言的精神。①

正气是内敛的，也是张扬的，蕴含着传统文化和高尚的道德，展示出迷人的魅力与夺目的光辉。刘禹锡说："昔贤多使气，忧国不谋身。"一个人如有谄媚之色，就丢掉了朗朗人格，就不能称其为大写的人。领导干部应有顽强不屈的傲骨和铁骨，坚持真理，维护正义，无私无畏地巍然立于天地之间。

延伸阅读

杖妻也是无奈之举

清代侯鸣珂在陕西做官期间，为了赈济灾民，自家生活非常节俭。其厅衙小吏不甘忍受无油粗饭，向百姓索要了 10 斤猪油，自食 5 斤，并将剩余的 5 斤悄悄送给了侯鸣珂的夫人。侯鸣珂得知后，大发雷霆："刮民脂膏，如杀我父母。"当即将小吏削职为民，又责令妻子退还猪油，并以受贿罪将她杖责四十。其妻后悔莫及。侯鸣珂怒斥道："知过并非无过，不杖责四十，你不会以此为训！"此举受到百姓赞颂。

（来源：《传奇故事·百家讲坛》2023 年第 1 期）

---

① 盛巽昌、欧薇薇、盛仰红编著：《毛泽东这样学习历史 这样评点历史》，人民出版社 2005 年版，第 220 页。

第五章

革故鼎新

管仲谋深古来少

管仲（？—前645），名夷吾，字仲，颍上（今安徽颍上）人。他因辅佐齐桓公对内在政治、经济、军事上实施一系列改革，对外采用"尊王攘夷"的方针，建立首霸中原的功业而扬名天下。《东周列国志》记载管仲"生得相貌魁梧，精神俊爽，博通坟典，淹贯古今，有经天纬地之才，济世匡时之略"。管仲是春秋时期出现最早、功绩最为卓著的改革家，被誉为"华夏第一相"。

齐桓公即位不久，不听管仲劝阻，急于攻打鲁国，在"长勺之战"中打了败仗。他这才真正认识到管仲确实有远见，于是放手让管仲治理国家。管仲提出一系列改革措施：把齐国划分为6个工商乡和15个士乡。工商乡专门从事工商，免除兵役。士乡即农乡，农民平时耕田，战时当兵打仗。根据土地的好坏，征收不同的赋税。还规定国家铸造钱币，用来调节物价，发展渔业、盐业，鼓励与境外贸易。

"仓廪实而知礼节，衣食足而知荣辱"，是管仲的经典语录之一，意思是百姓粮食充足了才会懂得礼节，吃穿不愁了才能知道荣辱。在这一思想的指导下，管仲特别注重利用齐国临海的地理优势，借助鱼虾之利，帮助百姓富足、国家强盛。很快，齐国货物流通，财富积聚，人民生活富裕，礼仪得到弘扬，成为诸侯国中最富庶、最有战斗力的国家。

齐桓公称霸中原的进程中，实力较强的楚国不听齐国的号令，专跟齐国抗衡。齐国有好几位大将纷纷向齐桓公请战，要求挂帅攻打楚国，却遭到了宰相管仲的反对。管仲说："齐楚两国兵力相当，千万不能轻举妄动，否则，会人财两空。"

一天，管仲派100余名商人到楚国买鹿，并四处扬言："齐桓公最喜欢鹿，要大量购买，不惜重金！"楚国盛产鹿，人们把鹿作为肉用动物，两枚铜币就可买到一只鹿。楚成王听说此事，非常高兴。他想，10多年前卫国国王玩鹤而亡国，齐桓公不惜重金买鹿玩赏是蹈其覆辙。于是，楚成王发号施令，鼓励国民捕鹿，卖给齐商。

后来，管仲把两枚铜币买一只鹿，提高到40枚铜币买一只鹿。楚人见一只鹿的价钱与数千斤粮食相同，于是农民不再种田，改行做了猎人；士兵不再练兵，背起弓箭偷偷到深山捕鹿。一年之后，楚国的大片良田荒芜，铜币却堆积成山。管仲又向各诸侯国发号施令，禁止与楚国贸易。楚国人拿着大把的铜币却买不到粮食。这样一来，楚国百姓多逃荒，军队缺粮草。管仲见时机已到，集合八路诸侯之军，开往楚境，大有席卷之势。楚成王内外交困，无可奈何，忙派大臣求和，同意不再割据一方，听从齐国的号令。管仲不动一刀，不杀一人，就制服了本来很强大的楚国。

作为齐国宰相的管仲上承君令，下统群臣，为百官之长，具有监察群吏和向国君推荐重要官吏的权力。管仲在向国君推荐和使用人才方面具有高超的政治才能。管仲向桓公推荐了 5 位杰出的才俊："行为合乎规范，进退合乎礼节，言辞刚柔相济，吾不如隰朋，请任命他为大司行吧，让他负责和各国之间的交往，负责外交；开荒地，建城池，种粮食，管行政，我不如宁戚，请任命宁戚做大司田吧，掌管农业；让军队进退有节，将士视死如归，我不如王子城父，请任命他做大司马吧；断案合理公道，不杀无辜，不罚无罪，我不如宾胥无，请任命他为大司理吧，掌管法律、司法、刑律；为江山社稷犯颜直谏，不图个人富贵，我不如东郭牙，请任命他为大谏臣吧，主管监察谏议的事情。"齐桓公听从了管仲的建议，让这五个人各司其职，组成了强有力的内阁。

管仲能够很好地配合齐桓公，但不是言听计从、百依百顺。他从国家的利益出发，对齐桓公提出的不正确意见进行匡正，而且在齐桓公意志松懈的时候，又能不断勉励他。

《管子》《吕氏春秋》和《说苑》中均记载了管仲劝诫、勉励齐桓公的经典故事。有一次，齐桓公请管仲喝酒，管仲喝了三杯，二话没说，转身就走。齐桓公盛怒，大声说："我斋戒 10 天，请你来喝酒，你不辞而走，不知是为什么？"管仲回答说："我听说过这样的话，即沉溺于酒肉之乐的人，离灾难也就不远了；贪心于美味的人，也就不经心于德行；怠慢于朝廷的人，就不会抓紧时间干大事。……夏桀、商纣和周幽王不是一个早晨突然丢掉天下的。您为何不奋勉呢？"说完掉头就走，齐桓公不再发怒，向管仲行注目礼。

管仲为相 40 年间，民康物阜，"九合诸侯，一匡天下"，齐国首先成为春秋时代最强大的诸侯国，齐桓公成为"春秋五霸"中第一个霸王。管仲的显著特点，是长于谋略。孔子和司马迁都用"谋"字概括管仲一生的功绩。《史记·管晏列传》中写道："管仲既用，任政于齐，齐桓公以霸，九合诸侯，一匡天下，管仲之谋也。""其为政也，善因祸而为福，转败而为功。贵轻重，慎权衡。"①

智慧往往能够化繁重为轻巧，谋略常常能够四两拨千斤。学习谋略，能够使人汲取前人的谋略精华，提升一个人的智能和灵性，在事物的萌芽状态能够推测出事物未来发展的趋势，在纷繁复杂的事物变化过程中找到问题的"命门"，从而一击中的。一个人只要高瞻远瞩，韬略在胸，"不畏浮云遮望眼"，就能把握关乎全局的战略性、政策性、倾向性问题，导演出许多有声有色的活剧来。

商鞅能令政必行

商鞅（约前 390—前 338），姬姓，公孙氏，名鞅，卫国人。战国时期政治家、改革家、思想家、军事家，法家代表人物。商鞅辅佐秦孝公，积极实行变法，大胆进行制度创新，锐意改革，强力推进，赏罚分明，使秦国成为富裕强大的国家，史称

---

① 《"二十四史"（简体字本）·史记·管晏列传》，中华书局 2000 年版，第 1695、1696 页。

"商鞅变法"。

宋人陈了斋《四明尊尧集》记载，王安石曾问宋神宗：秦孝公能"择术济事"（采用商鞅建议），皇上比他怎样？可见，王安石自比商鞅，希望宋神宗效仿秦孝公支持变法。为此，在王安石变法期间，保守派纷纷攻击商鞅，其矛头实际是指向王安石。于是，王安石写了一首《商鞅》："自古驱民在信诚，一言为重百金轻。今人未可非商鞅，商鞅能令政必行。"以此来表明自己的政治见解以及推行新法的决心。

中国历史上大的变法改革有过多次，如管仲改革、李悝变法、商鞅变法、王莽改制、永贞革新、王安石变法、庆历新政、张居正改革、戊戌变法等，其中最成功、成效最大的首推商鞅变法。司马迁在《史记》里高度评价说，商君变法"行之十年，秦民大说，道不拾遗，山无盗贼，家给人足。民勇于公战，怯于私斗，乡邑大治"。变法成功有很多原因，其中最重要的原因就是变法的主持、推动者的胆识与智慧，商鞅在这方面就有很多建树，值得探讨与借鉴。

变法第一步，要说动秦孝公。商鞅来到秦国后，第一次面见秦孝公时，大谈五帝之道，提倡"无为而治"，却被秦孝公赶了出去。不久，他又争取到了第二次面见的机会，这次他改谈孔子的兴国之道，实行仁政，没想到，秦孝公依旧不感兴趣，并表示再也不愿意见他。可是，商鞅并不失望。相反，他干劲十足，因为前两次面见已经让他猜到了秦孝公的心里所想。第三次面见秦孝公时，他把话题转到富国强兵、法治治国、争霸天下方面，秦孝公眼前一亮，这才是他关心的重要内容。于是，越谈越投机，竟然和商鞅畅谈数日。因为找到了契合点，商鞅的变法主张赢得了秦孝公的理解与支持。随即，秦孝公下定决心拍板同意变法，并任命商鞅为左庶长，担任变法总指挥。

变法开始了，但百姓都半信半疑，采取观望态度。为了赢得百姓的信任和支持，商鞅采取了一种特殊的方法——徙木为信。商鞅起草了一个改革的法令，但是怕老百姓不信任他，不按照新法令去做，就先叫人在都城的南门竖了一根三丈高的木头，说："谁能把这根木头扛到北门去，就赏十两金子。"不一会儿，南门口围了一大堆人，大家议论纷纷。有的说："这根木头谁都拿得动，哪儿用得着十两赏金？"有的说："这大概是左庶长成心开玩笑吧。"大伙儿你瞧我，我瞧你，就是没有一个人敢上去扛木头的。商鞅知道老百姓还不相信他下的命令，就把赏金提到五十两。没有想到赏金越高，看热闹的人越觉得不近情理，仍旧没人敢去扛。正在大伙儿议论纷纷的时候，人群中有一个人跑出来，说："我来试试。"他说着，真的把木头扛起来就走，一直扛到北门。商鞅立刻派人传出话来，赏给扛木头的人五十两黄澄澄的金子，一分也没少。这件事立即传了开去，一下子轰动了秦国。老百姓说："左庶长的命令不含糊。"商鞅知道，他的命令已经起了作用，就把他起草的新法令公布了出去。徙木为信成功地赢得了民众的信任，大家都说商鞅是说话算数的，这为后续实行变法铺平了道路。

有了君王的支持、民众的信任，商鞅开始对政治、军事、经济等领域进行大刀阔斧的全面改革。他推行了一系列的新制度，如推行郡县制度，设立三公九卿来管理政务，建立以法家思想为基础的法律制度，实行均田制来调整土地分配等。这些制度创新使得秦国的统治更加集中有效，提高了政府的行政效能，也大大增强了国家的综合实力，使秦国的经济、政治、军事等都得到了极大的发展。

为了增加变法的权威性，商鞅对那些违背变法要求的人坚决予以处罚，毫不留情。公子虔和公孙贾是太子嬴驷的老师，但他们极力反对变法，不仅私下散布不利于变法的言论，而且还引诱太子公然破坏新法。商鞅知道，"法之不行，自上犯之"，如果不处理太子就无法做到法律面前人人平等，"王子犯法与庶民同罪"就只能是一句空话，变法就可能会夭折。于是，下决心依法处理太子。但太子是国君的继承人，不能施刑，于是，就把太子的幕后主使公子虔的鼻子割掉，在公孙贾的脸上刺字。这样一来，大家奔走相告，人人敬畏，从此没人敢挑战新法了，新法才得以在秦国实施。

商鞅变法最重要的内容之一就是军功爵制：奖励耕战，即生产粮食和布帛多的人可以免除劳役；在战争中立下功勋的人则根据军功大小被授予爵位、土地和住宅。这种军功爵制大大激励了士兵为国家建功立业，也使得秦国拥有了一支强大的军队，而且激励了农民的生产积极性，使秦国的经济形势越来越好。

公元前337年，秦惠文王嬴驷即位。有人向秦惠文王进谗言说："现如今秦国的男女老幼只知道商鞅的新法，而不知道君上您。况且君上您与商鞅有仇，愿君上早下决断。"正在这时，公子虔等人借机告发商鞅谋反，秦惠文王于是派人捉拿商鞅。商鞅逃亡至边关，欲宿客舍，客舍主人不知他是商君，见他未带任何凭证，便说"商君之法"规定，留宿无凭证的客人是要"连坐"治罪的。商鞅最后被杀于郑国黾池（今河南省渑池县）。其尸身被带回咸阳，秦惠文王又下令处以"车裂之刑"，商鞅的家族人员也被杀害。商鞅虽死，他所推行的新法并没有被废除，他变法的那些主要内容都被很好地继承下来，如郡县制、奖励军功、土地私有、户籍管理等，都沿袭了2000多年，发挥了重要作用。商鞅变法也得到后世许多志士仁人的认可与肯定。

商鞅变法是中国战国时期秦国的一项重大改革，是秦国统一六国最重要的因素，改变了历史的进程。争取核心人物支持，抓住关键；徙木为信，建立权威；赏罚分明，铁面无私；制度创新，锐意改革，是商鞅变法的基本经验，体现了他杰出的政治智慧，对后世的变法改革有一定的指导意义。

1912年6月，19岁的毛泽东就写了一篇作文，题目是《商鞅徙木立信论》。肯定商鞅是"吾国四千余年之记载"中"首屈一指"的"利国福民伟大之政治家"，而商鞅之法也是为"战胜诸国，统一中原"奠定基础的"良法"。被阅卷老师激赏，571字的短文，评语竟多达151字，并指示同学"传观"。①

六合一统威势雄

秦始皇（前259—前210），即嬴政，秦庄襄王之子，于乱世出生于赵国邯郸，过着饱受屈辱的日子。公元前251年，9岁

---

① 参见王子今：《历史学者毛泽东》，西苑出版社2013年版。

的嬴政回到秦国，开始了王子的生活，13 岁登基为帝，22 岁除掉掣肘权臣，29 岁着手统一中国的大业，39 岁定鼎天下，是一位富有传奇经历的帝王。

要想具备精金般赤纯美好、美玉般光彩照人的品格，必定要经过烈火的锻炼；要想成就惊天动地的丰功伟绩，必须经过艰难险阻之磨难。秦始皇出生于赵国，从小就寄人篱下，在颠沛流离的环境中长大，浪迹他国而受尽别人的白眼。困境给人以动力，使人奋发向上。他在逆境中修身炼志，造就了非凡的隐忍能力。他亲政之前，面对吕不韦、嫪毐专权，大智若愚，才华深藏不露，事事如履薄冰，"觉人之诈，不形于言；受人之侮，不动于色"，在韬光养晦中不断积蓄力量。

秦始皇 22 岁时，抓住了亲政这一大好的历史时机，该出手时果断出手，将炙手可热的吕不韦、嫪毐两个政治集团砸个粉碎，收回了王权，巩固了地位，为统一天下奠定了基础。

秦始皇在此基础上，用了整整 10 年时间的苦心征战，对外采用远交近攻、各个击破的战略和策略，消灭了东方六国，终于结束了长达七八百年之久的分裂状态，实现了全国统一，开启了天下大一统的新时代，立下了千秋不灭的巨大功绩。

秦始皇高度重视人才，重用了尉缭、李斯、王翦、蒙恬、姚贾等一大批一流人才。他们有的是军事家，有的是政治家，有的是外交家，有的是智囊人物，尽心竭力地为秦国效劳。统一了中国，是开天辟地的大事件，它展示了秦始皇审时度势、识人之明、知人善任、海量容人、多谋善断的才智和谋略。

秦始皇驱逐了吕不韦豢养的三千门客，但看了李斯的《谏逐客书》，从秦国统一大业成败的高度警悟到逐客的错误，立即撤销了逐客之令，并注意搜寻人才、重用人才。

秦始皇接受了李斯的推荐，接见了精通兵法的尉缭，交谈后深感人才难得，常在一起吃饭，对其亲密无间。而尉缭却认为秦始皇缺少恩惠，有虎狼心，俭约时容易谦卑，得志时会轻易"吃人"，不能与他长期相处，并打算逃走。此言与范蠡对勾践为人的评论很相似。秦始皇为人有暴虐、残狠的一面，但说他"少恩"，不是很准确。秦始皇重视人才，知人善用，对李斯、尉缭这"一文一武"还是信任、倚重的。

尉缭指导秦军实践了当时最先进的战阵，如军队列阵时士卒必须有内向站立、外向站立的，还必须有跪坐列阵的等多种组合的阵型，可以随时应对来自各方的突袭，而且便于指挥。尉缭还认为，军队不应进攻无过之城，不该杀戮无罪之人，凡是杀害他人父兄，抢夺他人财物，将他人子女掠为奴仆的，都是大盗的行径。另外，他还希望靠"道义"（即正义战争）和"民气"（即人心的向背）来取得战争的胜利。尉缭的到来，使秦国文臣武将应俱全，这样灭亡东方六国就只是时间的问题了。

秦始皇即位后，能充分听取臣下的意见，勇于改错。茅焦原是齐国人，入秦后被拜为客卿。茅焦曾问秦始皇："陛下有狂乱乖离之举，难道自己不知道吗？"茅焦历数秦王的过错："陛下车裂假父（指嫪毐），有嫉妒之心；摔死两弟，有不慈之名；迁母咸阳，有不孝之行；蒺藜谏士，有桀、纣之举。天下人听说这些事情，就会瓦解四散，没人再倾向秦国了。我怕秦国会因此灭亡，所以替陛下感到很危险。"尽管秦国军事力量强大，但是人心的向背不可忽视，必须尽最大可能争取人心，这一点秦始皇有清醒的认识，于是赦茅焦无罪，拜茅焦为仲父。茅焦又劝谏："秦国图并天下，而大王有迁徙母太后于远处的劣名，恐怕天下英雄听说会因此而背叛秦国。"秦王政立刻赴雍城接母。王太后回到咸阳后，对茅焦赞赏有加。

顿弱是秦国的一介平民，富有智谋。秦始皇召见他时，他不卑不亢地说："大王允许我不施参拜之礼，我就与您谈一谈。"秦始皇不由怒火攻心，但他马上明白了顿弱的用意，这是对他待人的度量和诚意的一种试探，于是允许顿弱不跪拜。

顿弱开口就说："天下有这样三种人：有其实而无其名的人、无其实却有其名的人、无其名且无其实的人。而大王不能供养父亲，在母后面前耍威风，是无其名且无其实的人，闹得朝野舆论哗然，实在是不明智、不可取的。"

秦始皇强忍住恼怒，问顿弱："崤山以东的六个诸侯国该怎样兼并呢？"顿弱见嬴政未恼，便将话切入正题，提出"资臣万金"以离间韩、魏、燕、赵的计谋。他向秦王分析天下大势："韩国是诸侯各国的咽喉要冲，魏国是各国的心腹重地。大王如果以重金资助我游说韩、魏，把他们的将相之才搜罗到秦国，其国势也就渐趋衰微，不得不顺从秦国。只要韩、魏顺服，大王您就可以称霸天下了。"秦始皇听了他的计谋，给予他很多财货，派他游说韩、魏。顿弱为秦灭六国先行立了奇功。

秦始皇的第一大功绩，是使中国成为一个统一的多民族的中央集权制国家，展现了他的政治智慧和雄才大略。统一天下后，他励精图治，开拓疆土，打败了不可一世的匈奴。秦之疆域比西周时之疆域至少要大五倍，为今天祖国之疆域奠定了基础。秦的许多制度为后世帝王所采用，长期影响中国各个朝代。

秦始皇的第二大功绩，是"废分封，置郡县"。他为建立和巩固新生的国家，勤于政事，日理万机，励精图治。他每天看120斤竹简的奏章，不看完不睡觉、不休息。对中央到地方所有政治制度进行全面彻底的改革，建立了一套比较完整、系统的国家制度。

郡县这种垂直统治体制，与封建王朝的历史相始终。2000多年来，疆土的保卫、国家的统一、社会的稳定、民族的团结、经济的发展、文化的传承，都有赖于这套制度得以实现。这不能不归功于秦始皇的开创之功。贾谊在《过秦论》中高度评价秦始皇："振长策而御宇内，吞二周而亡诸侯，履至尊而制六合。"

秦始皇的第三大功绩，是"统一经济制度，统一文字"。统一文字对于巩固国家的政治统一，促进经济、文化的发展，都起到巨大的作用。李白的《古风》（其三）刻画了秦始皇叱咤风云、扫灭六国、统一天下的雄姿英发的形象："秦王扫六合，虎视何雄哉！挥剑决浮云，诸侯尽西来。"

秦始皇是一位有雄才大略、坚韧不拔、了不起的帝王。毛泽东在1964年接见外宾时曾说："秦始皇是第一位把中国统一起来的人物。他不但政治上统一中国，而且统一了中国的文字、中国各种制度和度量衡，有些制度后来一直沿用下来。中国过去的封建君主还没有第二个人可以超过他的。"[1]

---

① 释清仁主编：《一起来读毛泽东》，人民出版社2023年版，第230页。

《真秦始皇》（程步著）一书认为，秦始皇26年的统一战争，没有一次屠城的记录。秦始皇在位期间，没有枉杀过一个将军、大臣，可是仅汉武帝一朝就杀过3位宰相。如果说刘邦不是暴君、汉武帝不是暴君，那秦始皇也不应该是暴君。

新浪网有篇博文这样评价秦始皇：13岁即王位，39岁称帝。自公元前230年至公元前221年，先后灭韩、赵、魏、楚、燕、齐六国，终于建立了中国历史上第一个统一的、多民族的、专制主义中央集权制国家。横扫八荒，统一六国，始创封建中央集权制之模式，雄才也；筑万里长城，开军事防御之奇思，大略也。

王立群认为，秦始皇身上体现了三股气：英雄之气、豪杰之气、霸主之气。霸主之气表现在他蔑视六国、雄踞天下上。他可以说是一位"时势英雄"，顺应历史潮流完成了兼并六国的任务。但是在秦始皇晚年的时候，他的英气减弱了，英雄气短，霸主之气也变成了霸道之气。

秦始皇功大过亦大，前功后过，功大于过。在历代封建皇帝中，毛泽东推崇秦始皇、刘邦、朱元璋等人。对于秦始皇，毛泽东主要是从其历史贡献的角度来评价的。

夺取政权和巩固政权的方略是不同的，亦即"马上得天下"，不可以"马上治天下"，必须"下马治天下"。为什么秦朝兴也勃焉、亡也忽焉，反差如此之大？贾谊作了入木三分的判断和总结："攻守之势异也。"秦统一六国前，由弱而强，战略形势是攻，即以暴力方式统一中国，形势的要求与政策、策略的运用是一致的。统一以后，战略形势改变了，应以"守"的战略方针处理统一后中国的方方面面。"守"就应当推行以"仁义"为主旨的德政，重视民生，不能采用暴力。这是由统一前后矛盾的变化决定的。"为天下笑"，就是因为"仁义不施"，不懂"攻守之势异也"的变化法则和相应对策。

社稷文章系一身

司马光（1019—1086），字君实，陕州夏县（今山西夏县）人，北宋名臣，出身于书香门第。他7岁那年听老师讲《左传》，很感兴趣。据说司马光读《左传》手不释卷，对书中记述的历史谙熟于心。千古并峙两司马，前有《史记》，后有《资治通鉴》，司马光与司马迁齐名。司马光在中国历史上名字响亮，闻名遐迩，影响深远。

传诵至今的蒙学故事"司马光砸缸"，我们都耳熟能详，从中可见其少年胆识。有一次，司马光想吃核桃，姐姐替他剥皮却剥不掉。姐姐走后，女仆用开水一烫就剥开了。他撒谎说自己剥的。他父亲严厉批评他："小子何得谩语。"他从此再也不说假话了。

司马光在政治上是一个保守派，极力反对王安石变法。他曾与王安石在宋神宗面前争论。他强调，祖宗之法不可变。王安石得到宋神宗的支持，司马光再反对也没有用，于是他就辞去官职，退居洛阳关起门来编纂史著。他领班撰写《资治通鉴》，在十几间简陋的平房里工作，与某些达官贵人高楼深院的豪华府第形成鲜明对比。

司马光等人用 19 年心血编写了 294 卷、300 多万字的《资治通鉴》，客观、公正地评价历史人物，分析他们的得失，探究历代的盛衰兴亡，法善戒恶，为当时的统治者提供借鉴。司马光"研精极虑，穷竭所有，日力不足，继之以夜"。他担心睡觉过头，用一截圆木当枕头，取名"警枕"。只要一翻身，圆木就会滚动，他便醒了，披衣起床，赶紧工作，编写《资治通鉴》。大功告成之后，司马光"齿牙无几，神识衰耗"。其不变的信念、持久的毅力，实属难得。

宋神宗虽然不支持司马光的政治主张，却十分支持他写书，"资治通鉴"这一书名就是宋神宗给起的。《资治通鉴》是一部编年体通史。所谓编年体，是按照年、月、日、时的顺序记述史事的一种史书体裁。司马光匠心独运，记载了上起周威烈王二十三年（前 403）、下至后周世宗显德六年（959）1362 年的历史，主要内容是政治史，对历代王朝的兴衰治乱、君主的贤愚、官吏的优劣，以及历朝政治上的成功经验和失败教训，进行了全面的总结，使人们能够"监前世之兴衰，考当今之得失，嘉善矜恶，取是舍非"。

司马光一生，官不可谓不高，禄不可谓不厚，然其"于物澹然无所好"。他为官近 50 年，平素"家居食不敢常有肉，衣不敢有纯帛"，"恶衣菲食以终身"。他在日常生活中严格要求自己和家人，不谋取外财，以至于一生清贫。在太原做通判时，公家每月有固定数额的招待费，如果用不完，节约归己。司马光节俭待客，月月剩余，却不取一文，全部归公。宋英宗继位后，遍赐大臣金钱、宝物，司马光所得的一份，大部分交到谏院充公，小部分给舅舅补助生活。

司马光的陋室低矮，夏天闷热难当，于是在室内深挖几米，用砖石砌成一间地下室用以纳凉。他说："众人都以奢靡为荣，我心独以俭素为美。别人都耻笑我，说我简陋，我却不以为这是缺点。"司马光的妻子病故时，他连埋葬费也拿不出来，只得把三顷薄田都典当出去，换回钱来把妻子的后事办妥。司马光的俸禄和赏赐每年得到不少，但大部分都用来周济衣食无着的贫苦人。

司马光对俭与侈的论述，可谓"大贤之深谋远虑"。司马光的家族世代廉俭，难能可贵。司马光常常提醒后代，普通人家若是奢欲多，就会谋取不义之财，滥用钱财，以致丧身败家；做官的人不讲究节俭，就会贪污受贿，鱼肉百姓。他在《训俭示康》中说："有德者，皆由俭来也。""侈则多欲。君子多欲则贪慕富贵，枉道速祸；小人多欲则多求妄用，败家丧身。"司马光还告诫儿子，读书要认真，工作要踏实，生活要简朴，表面上看来皆不是经国大事，然而，正是这些道德品质，才有助于人们修身、齐家，乃至治国、平天下。司马康没有辜负父亲的期望，以节俭为美德。

司马光不仅生活俭朴，而且不好声色。据说，有一回司马光的夫人因为自己没有生儿子，为司马光找了一个侍妾。司马光看都不看一眼。夫人让侍妾入书房，侍妾顺手取了一本书，温柔地问他："这是什么书？"司马光郑重地回答："这是《尚书》。"不为所动。

司马光去世时，京城百姓罢市前往祭奠，"及葬，哭者如哭其私亲"。

饮"贪泉"而不贪

晋朝时有一位廉吏吴隐之,人品极佳,得到人们的一致推崇。吴隐之10岁丧父,贫苦的生活磨炼了他的品德,虽然家中没有一点积蓄,但他就算每天只喝粥也决不接受一点不合道义的财物。他勤奋好学,博涉文史,兼以仪表堂堂,善于言谈,很早就获得"儒雅之士"的名声。

有一年,他被任命为广州刺史。赴任途中,有一天,在广州城西北的石门过夜。石门有一眼泉,名字很怪,叫作"贪泉"。傍晚,他带领妻子和随从去游览"贪泉"。当地老百姓告诉他,"贪泉"水是喝不得的,喝了它就会丧失廉洁之性,变得贪得无厌,故而得名。还说朝廷派往广州的几任官员,差不多都因误饮"贪泉"而犯了贪污罪,被朝廷革职查办。因此,大凡经石门而过的官吏,为了标榜自己的清白,宁可忍着口渴,也不稍沾一下"贪泉"。

吴隐之并不相信传言,来到"贪泉"边,对随从们说:"不见可欲,使心不乱。越岭丧清,吾知之矣。"说毕,拿起勺子盛了些水,酌而饮之,并赋诗言志:"古人云此水,一歃怀千金。试使夷齐饮,终当不易心。"在吴隐之看来,就算"贪泉"之水酌之确使人变贪,那也只对"见可欲,心则乱"的人起作用,如果让品行高尚的伯夷、叔齐来喝,则绝不会改变初衷。

"贪泉"之水并没有致人贪婪之功效,而只是贪婪之人借以掩饰的道具而已；真正贪婪的是人的心，真正无法抑制的是人的欲望，如果人心贪欲无度，那么，恐怕不喝"贪泉"之水亦照贪不误吧。唐代王勃的《滕王阁序》有言："酌贪泉而觉爽，处涸辙以犹欢。"大意是说，喝了"贪泉"的水也会觉得爽快，置身于干涸的车道仍能感到欢乐。

吴隐之到任后，以古代贤人伯夷、叔齐的高风亮节自励，以清廉之风刷新吏治，一改此地官场的贪赃恶习。他在广州任刺史、龙骧将军多年，操劳政务，严明法纪，对馈赠、贿赂分文不受，一切收入均缴入公库。他宴请别人时也没有什么美味佳肴。

有一次，吴隐之手下的小吏给他做去骨的鱼吃，他说："我已喝了'贪泉'之水，看来你是让我非贪不可喽！"小吏说这是惯例。吴隐之大怒，说"这惯例非改不行"，并处罚了献鱼者。

康熙帝雄才耀史册

康熙帝（1654—1722），姓爱新觉罗，名玄烨，清朝入关后的第二代皇帝。康熙帝是个美男子，黑黑的大眼睛，鼻子稍高，中等身材，慈祥、稳重、举止端庄，性格坚毅。1661年，顺治皇帝去世，8岁的玄烨继位，取年号"康熙"。因皇帝年少，由索尼、苏克萨哈、遏必隆、鳌拜四大臣辅政。

鳌拜是皇太极时的亲信旧臣，出身行伍，自恃功高权重，在四名辅政大臣中最为专权，不把康熙帝放在眼里，把顺治时期的某些改革一个个推翻，贪赃枉法，野心勃勃，广植党羽，对于"相好者荐拔之，不相好者陷害之"，还在少年天子面前"施威震众"，多次背着皇上出矫旨，俨然成了太上皇。

1667 年，登基 6 年的康熙帝 14 岁，该亲政了。鳌拜仍把持权力，不肯归政，企图把年轻的皇帝变成任由自己摆布的傀儡。康熙帝应该怎么办呢？下令逮捕吗？不成。因为这个人大权在握，而且有一大批党羽，弄不好要出大乱子。

少年老成的康熙帝意识到鳌拜的存在威胁了自己的权力和安全，只能静观其变，同时选一些善骑长武的少年侍卫，以陪皇帝摔跤玩耍为名，练兵习武。鳌拜谨防有实力的大臣接近皇帝，不让康熙羽翼丰满，以便"挟天子以令诸侯"。他看见康熙帝和一些孩子玩摔跤游戏，以为皇帝年少，胸无大志，沉迷嬉乐，不以为意，暗自高兴。

一次鳌拜称病不上朝，康熙帝便径直来到鳌拜的卧室探听虚实。康熙帝的侍卫发现鳌拜神色反常，急奔至鳌拜床前，揭开席子，发现藏有一把匕首，鳌拜见此情景十分紧张。康熙帝却微笑地说："满洲勇士，身不离刀，乃是本色，不足异也。"当场稳住了鳌拜。

为了夺回权力，康熙帝利用名义上的亲政之权，下旨先将鳌拜的亲信派往各地，将一些忠于自己的人安排在自己的周围，并将一批亲信提拔到要害部门，如提拔索额图为吏部右侍郎，提拔明珠为刑部尚书。这样，一个新的集团已悄悄地在年轻的皇帝周围形成。随后，康熙帝又派亲信掌握了京师的卫戍权。

1669 年 5 月的一天，康熙帝暗中授予旨意后，约鳌拜进宫。十几个少年连说带笑迎了上去，声称要与他练练功夫。鳌拜心想，皇上整天与一帮浑小子打打闹闹，不务政事，正便于我把持权柄，为所欲为……正欲跪拜，康熙帝使了个眼色，一群少年将鳌拜扑倒在地，五花大绑。却见 16 岁的康熙帝正襟危坐，正言厉色地宣布了鳌拜 30 条罪状，下了擒捕令。说罢，将鳌拜及其同伙押入天牢，念其当年搭救清太宗皇太极有功，赦免他的死罪，让他在监禁中度完余生。

对于三藩，是养痈遗患，还是动手术切除？许多人认为撤藩会引起天下大乱。1673 年，康熙帝下令撤除吴三桂等三个藩王。吴三桂举兵叛乱，数月之间，清朝江南的半壁江山失于三藩之手，形势危急。朝廷中有人主张先杀掉主张撤藩的大臣，这样才能令吴三桂息兵；有人提出以长江为界，分疆而治，向吴三桂求和。年轻的康熙帝临危不惧，毫不妥协，抓住主要敌手、各个击破，断然决定：尚藩、耿藩停撤，削除吴三桂爵位，将其长子吴应熊逮捕，不久即处死。紧急调兵遣将，先守而后攻，阻挡吴军正面进攻；以重兵挡住耿军攻势，防止其与吴军合势。

各个战场的指挥，经常是先命前线将领和督抚提出意见，再命议政王大臣或九卿会议奏明。一些至关重要的战役，他则明令前方主帅绘制敌我双方形势图呈进，反复研究，再定出作战方略。在康熙帝的强大攻势下，吴三桂转攻为守，节节败退，在穷蹙中死去。康熙帝运用智慧和胆略，出色地指挥了这一大规模的平叛战役，经过 8 年苦战，取得了胜利，大清帝国因祸得福，变得空前强大。

康熙帝深知台湾的重要性，并致力于收复台湾。1624 年，荷兰统治者趁明末中国动乱之机，派兵占领台湾，血腥统治了 38 年。清初顺治十八年（1661），郑成功才把荷兰人赶走。郑成功死后，郑氏集团内部互相倾轧。三藩叛乱发生之后，郑经（郑成功之子）见有机可乘，即以船队集结澎湖待变，并趁机攻占福建、广东沿海一些府县，使康熙帝对台政策由招抚转变为征剿。1683 年，康熙帝挟平定三藩胜利之势，扩大战果，启用了秉性正直的"怪才"姚启圣和福建水师提督施琅，率兵收复台湾。同年，郑克塽投降，台湾重新回到祖国的怀抱。

康熙在 16 岁至 30 岁期间，智擒权奸鳌拜，平定三藩叛乱，收复台湾，完成了祖国统一大业，为以后出现的清朝强盛局面奠定了坚实基础。

康熙壮年时期，戎马倥偬，平定了噶尔丹叛乱，挫败了沙俄入侵，确定了中俄之间东段边界，捍卫了国家主权、独立和领土完整，加强了多民族国家统一，使清成为当时世界上幅员辽阔、人口众多（到 1789 年，全国人口突破了 3 亿）、经济富庶、文化繁荣、国力强盛的大帝国，奠定了今天中国疆域辽阔的版图。

康雍乾盛世转衰，始于乾隆。彼时朝廷上下，从皇帝到各级官吏好大喜功，统治者放松了吏治，丢弃了先前廉政简政的传统，奢侈之风日长，吏治败坏，纲纪不存，而奉公守法、勤俭节约、清正廉明的正气则日益微弱，原来简洁高效的官场变得官无不贪、吏无不恶，文治武功俱废。这不仅让人扼腕叹息，更值得我们警醒。

第六章

审时度势

庄子智慧耀千古

庄子一生崇尚自由，追求智慧，思想活跃，不落窠臼，著述玄妙精深，被称为"文学的哲学，哲学的文学"。

《史记》记载，楚威王听闻庄子才华横溢，派遣使者携重礼聘请庄子为宰相。庄子面对如此丰厚的名利，却淡淡拒绝，笑着说："千金的确是厚礼，封侯拜相也是尊贵无比，不过你没见过祭祀用的牛吗？精心喂养多年后，让它穿上绫罗绸缎走进太庙，也难逃被宰杀当作祭品的命运。你们走吧，我想活得自由自在，不为官场名利所束缚。"

庄子深知，一旦陷入名利场，便身不由己，心为形役，不如将名利看轻，人生才能豁然开朗。名利之类到头来不过竹篮打水一场空，内心的舒适坦然才是人生最曼妙的风景。诚如陆游所言："脱尽利名缰锁，世界元来大。"庄子想告诉我们，要放弃对名利、地位的贪婪，看轻身外之物，蔑视鸡虫得失，修身律己，过心灵安宁的生活。人生在世，千万不要屈从于社会风气的裹挟，被外物所奴役，被物欲所诱惑，受制于名缰利锁，使人的心灵失去自由。

这就是思想家、哲学家、文学家，道家学派代表人物庄子的人生智慧和价值取向，他的思想和主张都体现在《庄子》一书里。庄子想象丰富奇特，语言生动简洁，灵活多姿，文采斐然，能把微妙难言的哲理写得引人入胜。《庄子》是中国人的精神故乡之一，为中国人提供了一个源头和来处，它让我们能更好地理解自己和世界，能更智慧地生活与工作。

《逍遥游》是《庄子》的开篇，气势磅礴，震撼人心，激情励志，充满奇思妙想。"北冥有鱼，其名为鲲。鲲之大，不知其几千里也。化而为鸟，其名为鹏。鹏之背，不知其几千里也。怒而飞，其翼若垂天之云。"他以鲲鹏寄寓自己，畅想心中的逍遥，说明了几个道理：第一，人生奋斗皆需借风借势，风不来时，要耐心等待，积蓄力量；第二，风来时要紧紧抓住机遇，乘势而上，好风送我上青云；第三，风有顺风逆风，当逆风来临时，要有逆风飞扬的自信、底气和本领；第四，走出小我，放眼世界，让心灵插上翅膀，精神超越世俗，回归内心自由，实现精神升华，展翅翱翔，飞越高山大河、九重云霄。

《庄子·齐物论》记载，有一次他梦见自己变成了一只蝴蝶，飞来飞去，很快乐。醒来后，他竟然不知道自己是庄子还是蝴蝶，分不清是庄子梦见了蝴蝶，还是蝴蝶梦见了庄子。他说，这就是齐物论，也就是说，人和蝴蝶都是万物之一，没有高低贵贱之分。无论是人类，还是动物、植物、石头、水火等，都是自然界中不可或缺的一部分，并且都有自己存在和发展的道理和价值。因而，他反对任何形式的歧视和压迫，主张人们应该尊重和欣赏万物的多样性和美好，而不是用自己的标准和偏好来判断和评价万物。在庄子眼里，万物平等，人应与自然和谐相处，这也是齐物论的核心。"齐物"的意思是：一切事物归根到底都是相同的，没有什么差别。庄子反对儒家"君君臣臣父父子子"的等级观念，认为道在万物，万物平等，"以道观之，物无贵贱"，因而"万物一齐"。

庄子将要去看望在大梁做魏国国相的惠施。有人告诉惠施说："庄子到大梁来，是想取代你做宰相。"于是，惠施非常害怕，在国都搜捕三天三夜。庄子前去见惠施，说："南方有一种鸟，它的名字叫鹓鹐，你知道它吗？那鹓鹐从南海起飞飞到北海去，不是梧桐树不栖息，不是竹子的果实不吃，不是甜美的泉水不喝。猫头鹰拾到一只腐臭的老鼠，鹓鹐从它面前飞过，猫头鹰仰头看着，发出'喝！'的怒斥声。现在你也想用你的梁国来吓我吗？"惠施害怕庄子取代自己梁相之职，庄子用鸱得腐鼠，害怕鹓鹐这种高贵的鸟与己相争为喻，嘲笑惠子。后来，"鸱得腐鼠"这个成语就被用来形容那些目光短浅、贪图小利的人。

他还最早提出人与自然合一的观点。庄子认为人与自然是一个整体，并没有什么本质的区别和对立。人类只是自然界中的一种生命形式，并不比其他生命形式更优越或者更特殊。人类应该顺应自然的规律和节奏，而不是违背自然的意志和秩序，应观察自然，通过观察自然来认识自己和世界；顺应自然，与自然和谐相处；保护自然，与自然共存共生，共同繁荣。

庄子晚年丧妻，老朋友惠施闻讯，前去吊唁。庄子的长子跪在门外迎接吊客，口称："俺娘给伯父道谢了。"惠施扶起孝子，说了两句劝慰的话，就面带悲悯之容，步入灵堂。可是，看见庄子坐守棺旁，正手拍瓦盆放声歌唱，看见惠施吊丧来了，也不招呼，仍唱他的。惠施说："你的妻子与你共同生活了几十年，生儿育女，你不应该悲伤吗？怎么她死了，你一点也不悲伤，反而唱起歌来，这太过分了。"庄子说："你说错了。我也是人啊，哪能不悲伤。但我不能一味地受感情支配，还得冷静地想想呀。我之所以敲盆唱歌，是因为我意识到她从无生命到有生命，再到现在死亡，这个过程就像四季的更替一样自然。既然死亡是必然的，我又何必为她哭泣呢？"庄子对生死的看法很旷达，认为生死是自然规律，不应过度悲伤。

庄子看透生死，坦然面对，他对妻子如此，对自己也是如此。他临死之际，拒绝弟子们厚葬的想法，他说："我以天地为棺椁，以日月为（陪葬的）美玉，以星辰为珍珠，天地用万物来为我送行，我的葬物还不齐备吗？"弟子们垂泪说："我们怕乌鸦和老鹰吃老师您的遗体。"庄子笑道："天上有乌鸦和老鹰来吃，地上也有蝼蚁来吃啊，要是夺了前者的食物给后者享用，不是太偏颇了吗？"庄子死得很有诗意，很是洒脱。他不畏惧死亡，超越了死亡，也是人生大智慧的表现。

庄子的思想对中国后世哲学、艺术、宗教都产生了深远的影响，《庄子》一书所蕴含的深刻思想内容和高超文学水平都给后世的思想家和文学家以深刻、巨大的影响。嵇康、阮籍、陶渊明、李白、白居易、苏轼、辛弃疾、曹雪芹等，都在人生态度、思想观念、文学风格、写作技巧上受到《庄子》的影响。白居易的《读庄子》诗曰："去国辞家谪异方，中心自怪少忧伤。为寻庄子知归处，认得无何是本乡。"诗人被朝廷贬官远谪，但他却像没事人一样，因为他熟读《庄子》，能安之若素。这就是庄子的魅力所在。

庄子的思想博大精深，汪洋恣肆；庄子的智慧玄妙深奥，意蕴厚重。今日，庄子的思想仍有强烈的现实意义，其中的志比鲲鹏，自强不息；尊重自然，平等待人；淡泊名利，宁静致远；开阔胸襟，辩证思维等思想观念，仍能帮助我们开启智慧，提升境界，加强修养，指导人生。可以让我们认识到自己的局限性和无知，开放心胸，扩展视野。这样，我们就可以不断地学习和进步，也可以不断地探索和创新。

范蠡三徙成名天下

范蠡（前536—前448），字少伯，春秋末期越国大夫，政治家、军事家、谋略家，被史学界称为治国良臣、兵家奇才、经营之神、商家鼻祖。司马迁在《史记》中说："范蠡三徙，成名于天下。""范蠡三迁皆有荣名，名垂后世。"

"苦心人天不负，卧薪尝胆，三千越甲可吞吴。"越王勾践复国报仇有个著名的铁三角：勾践是统帅，志向远大，坚忍不拔，能屈能伸，吃苦耐劳；文种谋略过人，精于算计，为勾践提出了7条对付吴国的策略，结果只用3条便打败了吴国，立下赫赫功劳；范蠡高瞻远瞩，运筹帷幄，练兵备战，指挥打仗，是越国"十年生聚，十年教训"的总策划者。这一主二臣，齐心协力，励精图治，终于复国成功，报仇雪恨。

在这20年，范蠡殚精竭虑，宵衣旰食，显示了他的治军治国智慧。他建议勾践劝农桑，务积谷，不乱民功，不逆天时。先抓经济，继而亲民，稳定社会。施民所善，去民所恶。协调内部关系，内亲群臣，下养百姓。有人生病，勾践亲自去慰问；有人去世，就亲自去办丧事；对家里有变故的免除徭役。这一系列措施，使百姓安定。

在军事准备上，为了提高军事力量，范蠡主持重建越国都城。在建城的过程中，范蠡建了两座城，一座小城，一座大城。小城是建给吴国看的，而大城建得残缺不全，面对吴国的方向，不筑城墙。这样就迷惑了夫差。范蠡还非常重视军队训练，提高士气，增加战斗力，秘密组织敢死队，以最高金额奖励。

为了进一步迷惑夫差，范蠡又投其所好，派人送给夫差最喜好的东西，如修宫殿的巨大楠木、珍稀的珠宝，以讨夫差的欢心。他还向夫差进献美女，以消磨夫差的意志。并设计离间夫差君臣关系，使其杀掉忠臣伍子胥。待到时机成熟后，越军一举击溃吴国，成功复仇。

灭吴称霸后，越王封范蠡为上将军。《东周列国志》记载，范蠡在庆功宴上，看到乐工吟诵"良臣集谋迎天禧，一战开疆千里余，恢恢功业勒常彝，赏无所吝罚不违"时，群臣大悦，勾践却面无喜色。范蠡就知道勾践"不欲功归臣下"，只可共患难而不能共富贵，便有意识地谋划着淡出政坛，不争功，不揽权，少出头露面，逐渐降低自己的影响。终于有一天，他飘然离去，泛舟江湖，开辟另一片天地。而同是重要谋臣的文种，就不懂月盈必亏的道理，拒绝范蠡的劝告，不知进退，还做着和勾践共富贵的美梦，结果上演了"狡兔死，走狗烹"的悲剧，被勾践赐死。

这是一徙，表现了范蠡的政治眼光与危机意识。

范蠡辞去上将军后，到了齐国，更名改姓，耕于海畔，兼营商业，因为生财有道，没有几年工夫就积产丰厚，富甲一方。齐国人很仰慕他的贤能才干，请他做了宰相，一时间范蠡是富贵双全，炙手可热。但他头脑很清醒，感叹道："居家则至千金，居官则至卿相，此布衣之极也。久受尊名，不祥。"于是，毅然归还宰相印，将家财分给乡邻，再次隐去。这是二徙，表现了范蠡的豁达胸怀与贤者气度。

行至陶地（今山东定陶），范蠡看到此地为贸易要道、商业中心，南来北往的商贾不计其数，大小生意都红红火火，知道可以据此致富。于是，他自称陶朱公，留在此地发展，巧妙运用智慧经商，根据时机进行物品贸易，时间不长，就累积巨万，成了国内首富，《史记》中记载"累十九年三致金，财聚巨万"。他又把赚来的钱分给大家。这是三徙，表现了范蠡看轻名利的境界和与民同乐的美德。唐人张说在《钱本草》里说，"如积而不散，则有水火盗贼之灾生；如散而不积，则有饥寒困厄之患至。一积一散谓之道"。范蠡就是史上会积、会散钱财的最佳楷模。

范蠡的智慧，还有一件事可资证明。他的二儿子因误杀人被囚禁在楚国，面临死刑，范蠡决定派小儿子去楚国，希望通过金钱和关系救出二儿子。大儿子得知后，主动请缨，但范蠡没有同意，因为他知道大儿子虽有责任感和勇气，但生性吝啬，不舍得花钱，办这种事很难成功。但因为大儿子再三要求，并以自杀相要挟，范蠡只得把重任交给他。大儿子在出发前，范蠡再三叮嘱他，到了楚国后只需将信和金钱交给一个叫庄生的人，不要与他争论。然而，大儿子在楚国并没有按照父亲的指示行事，反而因为对金钱的吝啬而陷入困境。最终，大儿子未能救出二儿子，反而因为自己的幼稚和不智导致了悲剧性的结果。范家上下都悲痛欲绝，只有范蠡独自苦笑，他说："我早就知道老大会把这件事办砸。他不是不爱自己的弟弟，只是他跟着我艰苦创业，知道钱财来之不易，不愿意多花钱啊。而小儿子一生下来就过着锦衣玉食的生活，把钱财看得极轻，只要能把事情办成，花多少钱也毫不吝惜。自从老大出发后，我便已经料到结果了。"范蠡洞察人心，料事如神，由此可见一斑。

国家危难时，范蠡能治国治军，领兵打仗，有经天纬地之才；功成名就后，范蠡能急流勇退，见好就收，表现了他的人生智慧和豁达气度。史学家班固在《汉书·古今人表》中把范蠡列为智人，即有智慧、有谋略之人。三国人刘劭在《人物志》中则把范蠡列为术家，他说："思通道化，策谋奇妙，是谓术家，范蠡、张良是也。"

古往今来，赞扬范蠡的诗文很多，尤以唐代诗人汪遵的《五湖》最为出名："已立平吴霸越功，片帆高扬五湖风。不知战国官荣者，谁似陶朱得始终。"

陈平的智慧人生

陈平（？—前178），西汉阳武（今河南省原阳县，也有说今河南省兰考县）人，西汉开国谋臣之一，锐意进取，屡以奇计辅佐刘邦夺取天下，是辅佐汉高祖、汉惠帝、吕后乃至汉文帝执政的四朝元老，登上事业顶峰，在官场上是个"不倒翁""常青树"。这与他审时度势、善为人谋、善始善终有很大关系。

陈平少时家中贫困，可他偏偏喜欢读书，尤其喜欢黄老学说。《史记·陈丞相世家》记载了陈平青少年时期的两件事。第一件是里社分肉。有一年，本乡祭祀社神，陈平主刀分祭肉，分得十分均平，颇得乡亲称赞。第二件是渡船解衣。陈平曾在项羽手下谋事，后因故投奔刘邦阵营，在逃亡途中需横渡黄河，渡河时船夫见他这样一个美男子独身赶路，怀疑他是逃亡的将领，腰里一定藏着金玉宝器，便想谋害他。在抵抗和解释都可能引发灾祸的情况下，他急忙脱光外衣帮助船夫划船，以示随身并无金玉钱财，化解了危机。

秦朝末年，群雄逐鹿，陈平最初辅佐魏王咎，由于他人诽谤，魏王咎并不信任陈平，不采纳陈平的建议。陈平无奈转而投奔项羽，终于被封官，准备施展自己的才能。然而，项羽多疑，并不十分信任陈平。有一次，陈平奉命平定殷王叛乱，平定之后殷王地盘却被刘邦占领，项羽非常生气，怀疑是陈平故意失去地盘。陈平料知项羽难以完成统一天下的大任，遂再次仗剑而逃，离开当时如日中天的项羽，投奔刘邦。陈平与刘邦纵论天下大事，十分投契，刘邦封陈平为都尉。周勃、灌婴等很不服气，认为刘邦得到楚军逃亡之卒，未知高下即授以重任，还让他与汉王同车出入，并监护三军，实在太过分了。刘邦问陈平为何反反复复，陈平坦言自己屡屡易主是因为不受信任，无法施展自己的才能，愿意忠于刘邦也正是因为刘邦的信任，如果不能够得到信任，宁愿主动离开。最终刘邦放下质疑，力排众议重用陈平。一场风波遂归平息。

在刘邦被围困荥阳之时，陈平利用项羽生性多疑、听信谗言的特点，施行离间计，提出以重金收买楚军官员，挑拨楚军君臣关系，然后发动军事进攻的方案。陈平运用舆论造势，离间项羽与部下钟离昧等将领的关系，又在接见楚军使者时佯称："吾以为亚父使，乃项王使！"成功离间项羽与亚父范增，致范增遭谗忧愤而死，钟离昧不得重用，去掉了项羽的左膀右臂，为消灭楚国、建立汉朝立下汗马功劳。

陈平善于将以柔克刚的思维方式转化为谋略手段，在激烈的政治军事博弈中应对自如。他懂得在竞争中有进有退，实现多赢和均衡的局面；采取示弱、妥协、忍让与合作的方法，保存实力，因时制宜，常常取得战场上和对抗中未能达到的效果。司马迁说他"常出奇计，救纷纠之难，振国家之患"。

公元前196年，燕王卢绾谋反，刘邦派樊哙以相国身份领兵讨伐。军队出发后，有人向刘邦进谗言，说樊哙造反，刘邦大怒，未经核实即下令陈平去军中将樊哙处死。陈平行道途中，判断皇帝可能会后悔，而且樊哙是吕后的妹夫，杀之即开罪于吕后。于是，在路上对周勃说："樊哙是吕后的妹夫，眼下皇上病重，咱们可不能犯傻啊！"最终只是把樊哙抓起来，押送长安。老老实实地执行并非明智之举，应该给刘邦再一次决策的机会。在押解樊哙的路途中，刘邦驾崩。

陈平对吕后说："我奉先帝之命处斩樊将军，可我始终认为樊将军功大于过，怎忍下手？因此我只派人把樊将军送回来，听候太后的发落。"结果吕后大悦，提拔陈平为郎中令，辅助年幼的皇帝。事实证明陈平留下樊哙性命，也是保全了他自己。

汉惠帝死后，吕后临朝称制，把持了政权。吕后本人有能力有威望，无疑占据着优势地位，想立诸吕为王，先询问右丞相王陵意见。憨厚鲁直的王陵坚决反对，重申高祖刘邦刑白马之盟："非刘氏而王者，天下共击之。"吕后十分恼怒，又转而问陈平、周勃。二人表示："今太后称制，欲王昆弟诸吕，无所不可。"吕后越发高兴。王陵愤怒叱责陈、周二人阿谀奉承，背叛白马之盟的行径。陈平韬光养晦，深谋远虑，进退有据，从容道来："于面折廷争，臣不如君；全社稷，定刘氏后，君亦不如臣。"

为了实现长远目标，陈平向吕后示弱妥协，维持各派政治势力的平衡，保存实力，以待时变。随着吕后的去世，诸吕准备作乱夺权。陈平认为反击的时机已经成熟，与周勃联手，巧妙地掌控了军权，诛杀诸吕，辅佐文帝刘恒即位，为以后的文景之治奠定了基础。

陈平侍奉汉王，总共六次提出奇策：一是请求刘邦拿出重金，在项羽君臣之间施反间计，促使其内讧。项羽果然中计，对功臣钟离眜疏远。假装以丰盛的宴席接待亚父范增派来的使者，而用粗劣的饮食给项羽派来的使者吃，来离间范增和项羽的关系。二是瞒天过海，半夜派出两千名妇女出荥阳城东门，诱得楚军蜂拥而上，自己和汉王却从城西门逃遁。三是轻轻地踩汉王的脚，提示他封韩信为齐王，以防韩信背叛。四是联齐攻楚，征齐兵击楚，完成了对项羽的战略包围。五是请求刘邦装作巡幸云梦泽，请君入瓮，囚禁前来迎接的韩信，将其贬为淮阴侯。六是派人将美女图送给匈奴单于的阏氏，表示如果单于再包围高祖，汉将进献图上女子给单于。阏氏怕这位美女夺宠，于是劝单于解白登之围，刘邦以此得以突围。

这六件闻名遐迩的奇计，救沛公于危急困境之时，挽颓势于蹉跎难决之际，而六计中踩刘邦的脚封韩信这件事最妙。如果刘邦听信谗言，对陈平品行上的某些缺点抓住不放，弃之不用，就会导致驱壮士以资敌国的严重后果。后来陈平为刘邦"六出奇计"，为打败项羽，建立西汉王朝，以及协助周勃诛灭诸吕，安定天下，立下了汗马功劳。

文帝即位，一朝天子一朝臣。陈平十分知趣，对文帝说："高祖的时候，我的功劳比周勃大；这次消灭诸吕，周勃的功劳比我大。"于是，汉文帝就让周勃做右丞相，位居第一。过了一阵子，汉文帝问右丞相周勃："天下每年要判多少案子？"周勃面露愧色，说："我不知道。"汉文帝又问："天下每年收入多少钱粮？"周勃又谢罪，说不知道。文帝转而问左丞相陈平。陈平从容应对："如果您要问刑罚之事，可以问廷尉；如果问钱粮，可以问治粟内史。"

文帝不高兴了，问道："各人都有事做，那要你这位丞相干什么？"陈平说："丞相的作用就是协助君主，让大臣各司其职。陛下如果不知他如何控制臣下，那就该拿他问罪。"文帝听了，觉得很有道理，连连称善。

两人离开文帝后，周勃问陈平："你事先为什么不把这些告诉我？"陈平一笑："你在这个位置上，哪能够不知道要做些什么啊？如果陛下问起长安有多少盗贼，你也一定要亲自回答吗？"周勃知道自己远远比不上陈平，过两天就向皇帝告病，把右丞相的职位让给陈平。如果当初陈平不后退一步，踌躇满志的周勃此时会心服口服地让位给陈平吗？后来陈平建议大赦天下，并积极推行休养生息政策，开创了民富国强的汉朝盛世。

刘秀的文韬武略

在中国漫长的历史长河中，每个时代都有独特的英雄人物，东汉开国皇帝光武帝刘秀无疑是其中一个极为重要且具有传奇色彩的人物。他智勇双全，文韬武略，有胆有识，敢作敢为。刘秀波澜壮阔的奋斗经历，充满了智慧与坚毅，对中国历史具有深远的影响。

刘秀（前5—后57），字文叔，南阳蔡阳（今湖北省枣阳市，也有说今河南省南阳县）人，东汉王朝开国皇帝，军事家、政治家。在位期间整顿吏治，推行度田令，打击地方豪强，缓解土地兼并，勤于政务，躬行节俭，开创了光武中兴。

刘玄更始元年（23）五月，王莽听到起义军占领军事要地昆阳的消息，立即派大将王寻、王邑率领兵马42万人，从洛阳出发，把昆阳包围得水泄不通。城中守军只有八九千人，不少将领想弃城而走，偏将刘秀对大家说："现在我们兵马和粮草都缺少，全靠大家同心协力打击敌人；如果散伙了，昆阳失守，汉军各部也马上会被消灭，那就什么都完了。"

大家觉得刘秀说得有道理，但又觉得王莽军兵力强大，死守昆阳也不是办法。就决定由王凤、王常留守昆阳，派刘秀带一支人马突围出去，到定陵和郾城去调救兵。当天晚上，刘秀带着

12 名勇士，骑着快马，趁黑夜冲杀出昆阳城南门。

可是，其他地区也战事紧张，无兵可调，刘秀想了很多办法，才集合了 3000 兵力。有人觉得 3000 人对 42 万人无异于以卵击石，就是前去送死。刘秀激励大家说："我们是精兵，以一当十，他们是乌合之众，一触即溃；我们士气高涨，他们士气低落；我们是出其不意，他们是麻痹大意，完全有取胜的可能。"

果然，当刘秀带着 3000 精兵突然出现在战场上，一下子就把王莽军打了个措手不及，再加上昆阳城的守军也出城配合，王莽军不知汉军到底有多少，望风而逃，兵败如山倒，兵士掉在水里淹死的成千上万，把潍水都堵塞了。当王莽军逃回洛阳的时候，42 万大军只剩下几千人。战场上到处都是王莽军丢下的兵器、军车、粮草，汉军搬了一个多月，都没有搬完。

这一仗，刘秀运筹帷幄，指挥若定，并身先士卒，带头冲锋陷阵，大获全胜，成了中国历史上著名的以少胜多的战例之一，它不仅决定了未来中原王朝的国运与兴衰，为起义军最终推翻王莽的统治奠定了基础，同时也是中国历史上一次有深远影响的战略决战。明末清初大思想家顾炎武赞扬昆阳之战中的刘秀："一战摧大敌，顿使海宇平。"

昆阳之战后，刘秀兄弟的实力迅速提高，名声大振，嫉贤妒能的更始帝刘玄，不仅不奖功加爵，反而找借口杀了刘秀的哥哥刘縯，并准备再伺机杀掉刘秀。刘秀得知消息，强忍杀兄之仇，立即向更始帝谢罪，而对自己昆阳的战功只字不提。更始帝见他姿态谦卑，反而自己觉得有愧，便册封刘秀为武信侯。后来，等到时机成熟，刘秀终于逃脱刘玄控制，远走中原，自立门户，遂成大业。由此可见，善于隐忍，韬光养晦，对一个有远大志向者何等重要。

刘秀是马上打天下，同时又善于马上治天下，在治国理政方面有很多建树。刘秀登基后，勤于政事，起早贪黑，废寝忘食。他多次发布释放奴婢和禁止残害奴婢的诏书，使得自西汉末年以来大量失去土地的农民沦为奴婢的问题得到了极大的改善，也使得战乱之后大量土地荒芜而人口又不足的矛盾得到了缓解。实行轻徭薄税，为减少贫民卖身为奴婢，经常发救济粮，减轻徭役，发展农业生产，兴修水利。罢免贪官污吏，加强中央集权。同时，光武帝还大力裁撤官吏，合并郡县，这样极大地减轻了人民的负担。到刘秀执政的末期，人口数量达到了 2000 多万，经济也得到了极大的发展，史上称其在位时期为"光武中兴"。

刘秀在善待功臣、保全功臣方面，也颇有独到之处。刘秀诛灭王郎之后，收集有关文书，得到有些官吏与王郎交往的函件数千份。他下令当众人面烧毁，说："让因为原来反对过我而心怀不安的人可以安枕无忧！"刘秀善待功臣，分封 360 多位功臣为列侯，给予他们优厚的赏赐和尊崇的地位。考虑到功臣们在朝担任官职的话难免会犯错，这样会失去爵位和土地，刘秀为了保全他们就让他们回到封地，远离朝廷，大都得以善终，并荫及子孙。

刘秀的坚韧、智慧、勇毅和决断，不仅拨乱反正，为汉朝带来了复兴，也为社会的稳定和文化的发展奠定了基础；不仅塑造了他的非凡政治生涯，也为后人留下了宝贵的经验教训。毛泽东就在《后汉书·光武帝纪》批注中称刘秀是"历史上最有学问、最会用人、最会打仗的皇帝"，对他指挥的昆阳大战评价也很高，并作为以少胜多的战例收入《论持久战》。

赤壁火攻百万师

周瑜（175—210），字公瑾，庐江舒县（今安徽省庐江县）人，三国时吴国名将。堂祖父周景、周景的儿子周忠，都当过汉朝的太尉；父亲周异做过洛阳令。周瑜从小受到良好教育，志向远大，韬略过人。24岁时任建威中郎将。年轻英俊，一表人才，人称"周郎"。周瑜懂艺术，妙解音律，当时有"曲有误，周郎顾"之歌谣。

周瑜早年结交好友孙策，对朋友仗义疏财，把自己的房子让给孙策居住。他投身戎旅，先辅佐孙策，两人协同作战，转战江东，屡战屡胜，为建立孙吴政权立下了卓著功勋。孙策去世前嘱咐孙权："外事不决问周瑜。"周瑜同张昭一文一武共同辅佐孙策的弟弟孙权，任前部大都督。

曹操在官渡之战打败袁绍后，兵威日盛，于建安七年（202）下书责令孙权，让他把儿子送到自己这里来做人质。孙权也是人英，当然不愿如此受制于人，便召集群臣商量。群臣也不能决断，只有周瑜反对。建安十三年（208）9月，曹操大举挥师南下，扬言要席卷江东。只有鲁肃、周瑜等少数人力主抗曹。

当孙权召见周瑜时，周瑜当着孙权及满朝文武官员的面，胸有成竹地道出了自己早已酝酿成熟的主张："将军以神武雄才，仗父兄余业，据有江东，兵精粮足，正当横行天下，为国家除残去暴，奈何降贼耶？且操今此来，多犯兵家之忌：北土未平，马腾、韩遂为其后患，而操久于南征，一忌也；北军不熟水战，操舍鞍马，仗舟楫，与东吴争衡，二忌也；又时值隆冬盛寒，马无藁草，三忌也；驱中国士卒，远涉江湖，不服水土，多生疾病，四忌也。操兵犯此数忌，虽多必败。""臣为将军决一血战，万死不辞。"

周瑜在赤壁之战中，任孙权、刘备联军主帅（时年34岁），程普为副帅，领水兵3万与刘备2万兵力联合抗曹。曹操因为北方士兵水土不服、不习惯坐船，于是用铁锁连接舰船，人马在船上如履平地。周瑜及时捕捉战机，采纳部将黄盖的计策，决定用火攻。为此周瑜让黄盖前去诈降纵火。

黄盖带领士兵登上20只大船出发，船尾各系一只轻快小船。船到江心，黄盖命令扯起风帆，20只大船如离弦之箭，飞速向曹军大营驶去，船上士兵齐声高喊："黄盖来投降了！"曹营官兵闻声，纷纷出来观看。

这时，黄盖命令把20只大船上的柴草一起点燃，火烈风猛，船飞驰如箭。20只大船突然变成20个大火球，顺着风势，尽烧曹军"连环船"，大火延及岸上曹营，长江北岸成了一片火海。周瑜乘机率领精兵3万，猛攻曹军。一时间，曹营大乱，死伤大半，其余纷纷逃命，互相践踏而死的人更多。此次赤壁大战，将不可一世的曹军打得大败。

赤壁之战粉碎了曹操的霸业。曹操兵败赤壁，转而退守北方。曹操一生有很多失误，但最大失误莫过于赤壁之战。如能拉拢、安抚孙权，使他不与刘备联合，先占荆州，消灭刘备，再转向东吴，就不会有赤壁大败。刘备乘机占领了荆州大部分地区，并借此扩大势力；孙权巩固了在江东的地位；三国鼎立局面初步形成。

苏东坡《念奴娇·赤壁怀古》云："遥想公瑾当年，小乔初嫁了，雄姿英发。羽扇纶巾，谈笑间，樯橹灰飞烟灭。"——短短几十个字，将一代风流人物周瑜的雄姿淋漓尽致地展现在人们面前。

周瑜对孙吴政权忠心耿耿。孙权的母亲让孙权对周瑜以兄长相待。周瑜对比他年少的孙权行臣下之礼，在孙权面前始终谦逊自处，抬高了孙权的声望和地位。

周瑜之死，根在疾病。小说《三国演义》中说周瑜心胸狭窄，后来被诸葛亮气死，纯属虚构。赤壁大战之后，周瑜又攻下江陵；并建议孙权应在刘备之前出兵，先取巴蜀（今四川一带），再取襄阳，以实现灭亡曹、刘的大计。当时孙权完全同意周瑜的计划，可惜在回江陵整顿兵马的途中，周瑜不幸染疾而亡，年仅36岁，成了历史上最令人感怀不已的英雄。

历史上的周瑜，大器早成，叱咤风云，而且豁达大度，礼贤下士，风流倜傥。《三国志》对周瑜的评价是性情开朗，气度宽宏。刘备说他"器量颇大"，蒋干说他"雅量高致"。唐代胡曾在《赤壁》诗中慨叹周瑜的年少有为："交兵不假挥长剑，已挫英雄百万师。"

"雄毅有权"说陶侃

陶侃（259—334），字士行，东晋庐江寻阳（今江西省九江市）人，晋朝军事将领。陶侃勇武刚毅，能随机应变，聪明而有悟性，成为东晋王朝的中流砥柱，最后安然身退也体现了他的人生智慧。

《世说新语》记载，陶侃曾任管理渔业的小官。一次，他知道母亲一直生活清贫，就托人把一坛腌鱼送给母亲湛氏。湛氏问："这鱼是从哪里来的？"陶侃派来的人说："是官府的。"湛氏立即将腌鱼封好并回信责备陶侃说："你身为官吏，本应公私分明，却把官府物品送我，公私不分，这样做不仅没好处，反而增添了我的忧愁啊！"陶侃深受教育，有了这样深明大义的母亲，陶侃能够廉洁自律也就没什么好奇怪的了。

一次，孝廉范逵途经陶侃家。仓促间陶侃无以待客，十分窘迫。母亲湛氏就剪下长发卖了，换得酒菜款待客人，范逵知情后十分感动。范逵告别时，陶侃又相送百余里。范逵回去后就向庐江太守张夔极力赞美陶侃，于是陶侃被召为督邮，走上仕途。张夔之妻生重病，需到几百里之外去接医生，当时大雪天寒，道路难行，众人皆面有难色，陶侃就主动要求前往。大家都很佩服他的礼义和担当，张夔更是感激不尽，主动向朝廷举荐陶侃为孝廉。陶侃为人忠厚，待人真诚，为其赢得很多人脉，这些人对他后来的发展起了很大作用。

那时，天下大乱，四分五裂，军阀混战，生灵涂炭，踏入仕途的陶侃目睹西晋乱象，就立志学兵报国，匡扶正义。他苦读兵书，到处拜师，研究山河地貌，结交各路豪杰，耐心等待施展才能的机遇。

太安二年（303），张昌聚众在江夏起事，攻下江夏郡，旬月之间，众至三万。朝廷即任命刘弘率军前去弹压，陶侃被命为先锋，开赴襄阳，讨伐张昌。此时，张昌正顺风顺水，屡败西晋军队，一时间，荆、江、扬等州大部分地区为张昌所控制。这时候，陶侃带兵上阵，他巧使计谋，声东击西，出其不意，屡次击败张昌，前后斩杀数万人，张昌逃窜到下隽县（今湖北省通城县）山中，他的部众全部投降，荆州平定。陶侃的军事才华小试锋芒，一战成名，因军功被封为东乡侯，食邑一千户。

永兴二年（305），扬州刺史陈敏见北方大乱，朝廷无力控制江东，起兵占据扬州，又派其弟陈恢进攻武昌郡，意图割据江南。陶侃奉命讨伐，他把皇帝的赏赐全部分给部下，又进一步严肃军纪，淘汰老弱病残，带领精兵强将御敌。作战时，他充分体现了自己"雄毅有权"的长处，一方面进行强攻，不避斧钺，身先士卒；另一方面进行智取，发动宣传攻势，号召叛军反正，很快就平息了陈敏的叛乱。

除了过人的军事才干外，陶侃做地方官时的领导才华也很出众，政绩突出，治理有方，广受民众欢迎，成为一代贤臣。他曾两度在荆州主政，很重视社会秩序的稳定和发展农业生产。有一年，荆州遇到灾荒，庄稼绝收，百姓饥饿，陶侃就及时开仓赈济灾民，还想方设法四下调粮，救济了无数灾民。《晋阳秋》记载，陶侃"勤务稼穑，虽戎陈武士，皆劝厉之。有奉馈者，皆问其所由。若力役所致，欢喜慰赐；若他所得，则呵辱还之。是以军民勤于农稼，家给人足"。在他的精心治理下，人民安居乐业，社会秩序井然，"自南陵迄于白帝，数千里中，路不拾遗"。

陶侃还是个惜时如金的人，他不喜饮宴应酬，听歌观舞，一有空就看书钻研，与人切磋学问。每见到部下闲于游戏而荒废职事，就命令将其酒器、赌具投入江中，并谆谆告诫说："大禹是圣人，还十分珍惜时间；普通人就更应该珍惜分分秒秒的时间，怎么能够游乐纵酒？活着的时候对人没有益处，死了也不被后人记起，这是自己毁灭自己啊！"

毛泽东曾称赞陶侃："人立身有一难事，即精细是也。能事事俱不忽略，则由小及大，虽为圣贤不难。不然，小不谨，大事败矣。克勤小物而可法者，陶桓公是也。"①

延伸阅读

不想做官就"辞世"

康熙帝素闻大儒黄宗羲之名，多次召他当官，都被回绝。为表心志，黄宗羲干脆在父亲的墓边自建墓穴，决心以死抗旨。不久，康熙帝果然又召黄宗羲主持纂修明史。当钦差鸣锣开道到了黄家，却见黄宗羲的儿子披麻戴孝出来迎接，说："家父前日已辞世。"钦差走后，黄宗羲从墓穴中出来，专心著书立说，一直活到 86 岁。

（来源：《传奇故事·百家讲坛》2023 年第 2 期）

---

① 中共中央文献研究室、中共湖南省委《毛泽东早期文稿》编辑组编：《毛泽东早期文稿》，湖南人民出版社 2013 年版，第 541 页。

第七章

深谋远虑

圣人韬光，能者晦迹

人生要经历不少大事、要事和急事，需要三思，需要运筹。韬光养晦之计，比其他计谋更胜一筹。圣人韬光，能者晦迹，收敛锋芒，隐藏才能，这一直是许多成大事者的必定策略。在中国历史上，炎帝时黄帝行韬晦之计，"三战然后得其志"，算是使用这种策略的最早记录。

韬光养晦，含有韬光隐晦、韬光晦迹、韬光敛彩之义。韬是弓的外套，韬光意谓收敛藏匿光彩。老子柔弱胜刚强之论是韬光养晦的哲学基础，其要义是保持低调、尊重对方，不锋芒毕露、颐指气使，尽可能避免树敌、招风，同时积极作为。《六韬》《三略》中这方面的内容很丰富。《三十六计》中的"假痴不癫"讲的也是这一思想。

羽翼未丰，不可高飞；剑戟不锋，不可断割。《易经》中的"潜龙在渊"，就是指君子要善于保存自己，待时而动，循序渐进，不可轻举妄动，贸然前进。南朝梁人萧统的《靖节先生传序》中有"圣人韬光，贤人遁世"之说。《隋书·薛道衡传》则提出："韬神晦迹则紫云腾天。"遇到有利于自己发展的机会时，及时主动出击，以便获取大胜；当环境与形势不利于自己的时候，保持沉默，敛藏才能，以柔弱示之，积蓄力量，等待有利时机，以再展雄风。

韬光养晦这种计谋有两个基本点：一是韬晦，即收敛锋芒，隐蔽自己的本来面目和真实意图；二是待机，知难而退，强而避之，等待时机，以图东山再起，一展宏图。

春秋时，伍子胥的挚友要离身材瘦小，却是个所向无敌的击剑能手。他与别人比剑时总是采取守势，剑锋快要刺中他而难以变招时，才灵活地躲过，并突施袭击，刺中对手。伍子胥向他请教原因。他说："我先取守势，让对方认为我无能，而使他产生骄傲轻敌之心。而后我再露出空档，给对方以可乘之机，来勾起他取胜的贪心。当他急于求成向我攻击而疏忽了防守之时，我再乘虚而入，突发袭击，就能取胜了。"

此术的关键乃是隐蔽自己，制造假象，迷惑对方，引诱对方上当中圈套，而被施术者击败。姜子牙说："鸷鸟将击，卑飞敛翼；猛兽将搏，弭耳俯伏；圣人将动，必有愚色。"——应以屈求伸，以退图进，以韬晦之术，解除对方的戒备，等待时机，作关键性的一战。

战国时魏国范雎曾跟随魏国史臣须贾出使齐国。齐王见到范雎的口才好，赏了他很多东西。须贾怀疑范雎把魏国的秘密告诉了齐王，回来后向魏国丞相魏齐打了"小报告"。于是，魏齐打断了范雎的肋骨和牙齿。范雎假装已死，被人用席子卷起来扔进厕所，喝醉酒的人还往范雎身上撒尿。后来范雎说通了守卫才得以逃脱，化名张禄，逃到秦国，出任秦国丞相，并被封为应侯。

西汉初年，刘邦对匈奴推行"和亲"政策，派刘敬前去匈奴缔结联姻和约，奉送皇族女儿冒称公主去做单于的阏氏，每年必须给匈奴一定数量的丝绸、粮食等物资，汉匈结约为兄弟之国，汉为兄，匈为弟。这是典型的韬光养晦。

唐代是封建社会的顶峰时代，李世民是韬光养晦的高手。唐太宗在打败突厥之前，向突厥称臣12年。李白有句诗耐人寻味："大贤虎变愚不测，当年颇似寻常人。"——在一些特殊场合，人要有猛虎伏林、蛟龙沉潭那样的伸屈变化之胸怀，让人难以预测，而自己则可在此期间从容行事。《易经》说："尺蠖之屈，以求信也；龙蛇之蛰，以存身也。"——人们用这句话比喻为了前进而暂时后退，为了成功而暂时忍屈受辱。

《三十六计·假痴不癫》云："假作不知而实知，假作不为而实不可为，或将有所为。"——假装不知，实际非常清楚；假装不愿做，实际却是不能做，不露声色，或是等待时机，静如处子；一旦成熟，机遇来临时，则动若脱兔。

韬晦之策并非权宜之计，不是阴暗术，而是一种谋略，成为历代有谋之士的枕箱秘籍。这种谋略有明确的目的性和极强的进取性，其关键在于不暴露自己的意图，却也不改变自己的目标，在对方面前做一定的掩饰，包括志向、才能、名望、生理形态等方面的掩饰，避免对手对自己的警惕和陷害，以敛翼待时。韬晦之策虽然在表面上有许多退却忍让，却更显示人的韧劲与忍辱负重的内在力量。有时虽有失正道的嫌疑，在大义上却又不失为正，这是由于心中的本意是正直的缘故。

隋末太原留守、右骁卫将军李渊"素怀济世之略，有经纶天下之心"①。他将自己比作刘邦，为准备起事，他派李建成、李世民等"潜结英俊""密结豪友"，广施恩德，因而声望很高；以防御突厥为名，招募士兵，购买战马。

这时，隋炀帝召见李渊，李渊因病未拜见。隋炀帝很不高兴，产生了猜疑之心。李渊的外甥女王氏是隋炀帝的妃子，隋炀帝向她问起李渊未来朝拜的原因，王氏说是因为病了，隋炀帝随即问道："会死吗？"王氏把这一信息传递给了李渊，于是李渊故意自毁名声，常常"纵酒纳赂以自晦"②，整天沉溺于声色犬马之中。隋炀帝得知后，放松了对他的警惕。可见，李渊也是一个使用韬晦之计的高手。

617年7月1日，李渊在太原设坛誓师，公布隋炀帝的多项罪状，表示自己要拯救隋朝，救民于水火，开始了自己平定天下的征程。

"盛时常作衰时想，上场当念下场时。"高明的领导有时要弱化自己，摈弃在授权过程中明授暗不授、易授难不授的错误做法，更不要恃才恃权恃财而咄咄逼人，"总从波平浪静处安身，莫从掀天揭地处着想"，免得招惹是非。《菜根谭》中说："君子之才华，玉韫珠藏，不可使人易知。"此乃强化自己的学识才能、养精蓄锐、从容应对不测之变的过程。没有取胜的把握，就不去四处张扬，放弃个人的虚荣心，踏踏实实地走好自己的人生之路。

---

① 〔唐〕温大雅、韩昱撰，仇鹿鸣笺证：《大唐创业起居注笺证（附壶关录）》，中华书局2022年版，第18页。

② 《"二十四史"（简体字本）·新唐书·高祖本纪》，中华书局2000年版，第1页。

纣囚西伯羑里

司马迁在《报任安书》中曾深为感慨地说："西伯，伯也，拘于羑里"，"文王拘而演《周易》；仲尼厄而作《春秋》；屈原放逐，乃赋《离骚》；左丘失明，厥有《国语》……"西伯，周文王也。在商朝时期，"羑里"是监狱的名称。周文王在商纣王无道之时，被囚羑里。《史记》里说，这完全是因为姬昌的一声叹息。

文王积善修德，奉行德治，提倡"怀保小民"，实行"裕民政治"，发展农业生产，使国力日渐强大。据《史记·周本纪》记载，文王笃行仁政，对待长者尊敬有礼，礼遇有贤德的人，选择优秀的人才加以培养，使国势大振。文王因此而被称为圣贤。

文王为了接待有才德的人，常常到了正午也无法抽空进餐。他还派使臣驾车周游各地，寻访人才。商朝有一个名臣叫辛甲，曾多次向商纣王进谏，纣王根本不予理睬，辛甲便弃商投周。周文王亲自迎接，封他为公卿。

其他部落的人才及从商朝来投奔的贤士，文王都以礼相待，予以任用。贤者伯夷、叔齐原来在孤竹国，听说文王是个能好好奉养老人的人，就商议着："为什么不到西伯那儿去呢？"还有一些才士，像太颠、闳夭、散宜生等，也都依归文王。

一天，纣王杀了九侯和鄂侯，文王流着泪暗中叹息，不料却被纣王的宠臣崇侯虎知道了。崇侯虎原来就担心周势力日渐强大，诸侯皆向之，便提醒纣王："西伯侯积善累德，笼络民心，各国诸侯纷纷依附他，这对大王您不利呀！"纣王闻言大怒，将文王逮捕囚禁。

文王对纣王的空前残暴作了深入的思考。纣王有我这样的贤臣，却把我关进牢狱；有九侯这样的忠臣，却把他斫成肉酱；有比干这样的好叔叔，却把他的肚子剖开摘掉心脏；有箕子这样的谏臣，却把他逼得装疯为奴……文王想清楚了对策，于是静不露机，假痴不癫。

在异常艰苦的监狱里，文王以其忧患意识推演《周易》，研究当时流传的伏羲八卦。他将伏羲氏的先天八卦，与他的"天道、地道、人道"思想寓于《周易》之中，借此传达出自身的德义；冥思万事万物，将原先的八卦发展为六十四卦，归结六十四个法则，蕴含着朴素的辩证法，表现了当时的人们对于自然、社会和人生的认识，"群经之首"的《周易》就这样诞生了。

文王的长子伯邑考，为了救出被长期囚禁的父亲，不听弟弟姬发、姬旦的劝阻，直奔朝廷，面见纣王。纣王将伯邑考杀死，放在大锅里煮为"肉羹"，派人送给文王。文王不知道肉羹是由伯邑考的肉做成的，当着使者的面，把肉羹吃下。纣王得知后说："西伯连自己儿子的肉都无法分辨，怎么能说他是圣人呢？"从此放松了对文王的警惕。

纣王自从听过文王谈琴律、演天数之后，就解除了对文王的怀疑。贪婪的纣王看到周国散宜生送来的美女、良马、奇珍，非常高兴地说："有了这美女一样，就足以赦免西伯姬昌的罪了，何况还有这么多好东西！"

文王被释放，回到故国周都，已是 7 年之后。只见大道两旁，都是迎接他的臣僚和百姓，他不由感慨万千，泪如雨下。有一次，文王见到次子姬发，不由想起囚禁羑里误食子肉的惨景，顿时晕倒过去。众文武慌忙将文王抬至车上，载回宫中。

经过一番诊治，文王慢慢睁开眼睛，擦干了眼泪，振作起精神，立志在有生之年，把国家治理好，为人民除害，为儿子报仇！

在逆境中奋发，在危机中寻求生机，是中华民族能够五千年历经坎坷而生生不息的重要原因，这背后是由中华民族的精神品质提供着强大支撑。这些品质历时甚久，来之不易，当继承弘扬。

苦胆频尝忍辱行

春秋战国时期，各诸侯国互不服气，干戈纷争，弓马追逐，吞并对方，扩大领土，"城头变幻大王旗"，如同孟子所说"春秋无义战"。这当中却也造就了一大批倜傥非常之人物。其中有一位国君，在一夜之间变成奴仆，"鹰飞得比鸡还低"，后来又成了霸主，其传奇人生起伏跌宕。他就是勾践。

勾践（？—前465），春秋末年越国国君，其祖先是夏禹的子孙。越王勾践即位的第一年，吴国起兵讨伐越国，被越国打败。勾践的胆识和谋略在这次作战中得到了发挥，他被这次小小的胜利冲昏了头脑，开始骄傲自满起来，认为"阖闾既没，吴不足惧"。

3年后，勾践听说吴王夫差将要兴兵复仇，但勾践仍然沉浸于上次打败吴国的成功战略之中，因此贸然决定主动攻击，以使吴军措手不及，再一次将吴军打败。盲目自大的勾践不听范蠡的劝阻，便先发制人，结果被吴国打得落花流水。

勾践在国家危亡的紧要关头，面临两种抉择：要么英勇抗吴，不惜悲壮殉国；要么忍辱求存，宁可臣事吴王。文种说："大王不必悲伤。昔日汤王被囚禁在夏台，忍辱负重，开辟了商朝的天下；周文王也曾被囚禁于羑里，隐忍默守，奠定了周朝八百年的根基。齐桓公、晋文公也都经历过一番颠沛流离的困苦，但后来都成就了霸业。由此看出，眼前的祸何尝不是未来的福呢？国君何不将这次战败作为重新崛起的转机呢？"

范蠡对勾践说，当这个世界无人能够助你援你时，任何情况下，都要忍得、容得、舍得、苦得，只有这样，才能自己救自己。更何况，越国还有一大批忠诚贤能之人啊。勾践本着国家利益第一、长远利益第一的原则，选择了以屈求伸的策略，忍辱向吴国求和，安排文种和大臣们管理国事，自己带着夫人和范蠡作为人质到吴国做奴隶。

勾践一行到吴国后，吴王夫差罚他们住在阖闾坟墓旁的石屋里，为吴王养马。吴王夫差知道范蠡是个人才，几次劝范蠡离开勾践。范蠡从不为所动，同勾践一起耕作劳动，粗食、卧薪，并且不忘和勾践的君臣之别，时刻敬主、护主，不离不弃，让吴王既赞许又羡慕。

勾践蓬头垢面，为吴王夫差当马夫，打扫马厩，执鞭牵马，表面上对吴王夫差臣服恭顺："大王赦其深辜，使执箕帚，诚蒙厚恩，得保须臾之命，不胜感戴！勾践谨叩首顿首。"每当夫差骑马时，他都趴在地上让夫差踩踏，故意表现对吴王无限遵从，任凭吴人恶语讥诮，并不理会，只把羞恨深藏于心中。

吴王起初也不相信昔日贵为一国之君的勾践甘心做卑贱的差役，能忍到这种程度，还暗地派人窥察，竟然没发现有半点怨恨之色，于是，对他采取宽容措施。有一天，夫差病了。范蠡建议勾践去探病，乘机表现对吴王的"忠诚"，以取得吴王的好感和信任。勾践一见躺在床上的夫差，连忙下跪说："听说大王患病，我十分惦念，恨不得……"话还没说完，夫差想大便。左右的人都离开了，勾践却不走，竟然亲口尝了尝夫差的粪便，然后报告夫差："大王之疾，不久即可痊愈。大王粪便味酸而苦，与谷味相同，由此知道大王之病不可忧。"

夫差非常感动，说："仁哉勾践也！臣子之事君父，孰肯尝粪而决疾者？虽太子亦不能也！"于是，决定病好以后放他回国。

勾践回国后，看到的是故国田地荒芜、民气不扬的凄凉景象，但他并未灰心，决心刻苦自励，立志复国。他命文种管理政治，范蠡训练军队，号召全国人民发愤图强。勾践为了牢记亡国的耻辱，不让安逸的生活消磨报仇的意志，就把自己卧室里的锦绣被褥撤了下去，铺上柴草，晚上睡在柴草上，用戈当枕头；在房间里吊着一个猪胆，每天早起后、晚睡前以及吃饭时，都要舐一下苦胆，尝尝苦味。他心中默念："苦胆再苦，也没有亡国、做奴仆苦！"

他冬天常常抱着冰块，夏天还要捏着滚烫的东西。吃饭不吃肉，不求味道的鲜美；穿衣不要绸缎。他力戒好色的坏毛病，不娶姬纳妾，目不视美女，屏绝一切奢侈的欲望。

　　勾践还与百姓一起下田耕种，让夫人养蚕、织布，带动百姓努力发展生产，增加国家的财富；颁布命令，奖励生育；招贤纳士，从善如流；君臣上下齐心协力，越国逐步转弱为强。

　　而此时的夫差却是夜夜笙歌，不理朝事，建造新宫，百姓苦不堪言。元代尹廷高说："君王醉枕香红软，人隔重江正卧薪。"明代瞿佑云："江边敌国方尝胆，台上佳人正捧心。"

　　公元前482年，夫差悉起精兵北上，到卫国黄池（今河南封丘西南）大会诸侯。

　　几个月后，勾践、范蠡出兵，大败吴兵，将吴太子杀掉。公元前478年，勾践率领大军讨伐吴国，把吴军打得狼狈逃窜。公元前475年，在吴都郊外，再次把吴军杀得大败，于是把都城围困起来，围了3年。公元前473年，夫差等人狼狈出逃，躲在姑苏山上。勾践带领3000名士兵把姑苏山团团围住。

　　吴王派公孙雄打着赤膊，用膝盖跪着走路，到越王面前，恳求越王也能像当年夫差在会稽山对越王那样，赦免孤臣夫差的罪！愿像当年勾践侍奉吴国一样，称臣服役。

　　勾践很可怜夫差，想答应夫差的请求。范蠡阻止说："大王为了征服吴国，按预定的计谋，辛辛苦苦努力了22年，现在马上要成功了，难道要前功尽弃吗？您忘记在会稽山的困厄了吗？"勾践说："我是想听从您的意见，只是看到吴国使者这样可怜，有点不忍心。"范蠡于是击鼓出兵。勾践动了恻隐之心，派人对吴王夫差说："我将你安置在甬东（今浙江舟山岛），统领百户人家。"吴王说："吾老矣，不能事君王！"遂拔剑自刎而死。

勾践灭掉吴国之后，继而率兵北上渡过淮河，压倒了齐、晋等国，成为春秋时期最后一个霸主。正是："苦心人，天不负，卧薪尝胆，三千越甲可吞吴！"

延伸阅读

蛤蟆如何分官私

晋惠帝还是太子时，带着一群侍从去华林园游玩，忽然听到蛤蟆叫声此起彼伏，便问侍从："这些蛤蟆究竟是为官家叫的，还是为私人叫的？"这把众侍从问得莫名其妙，蛤蟆何来"官""私"之分？但是又不得不回答，幸好其中一个名为贾胤的侍从比较机灵，谎称："在官地为官蛤蟆，在私地为私蛤蟆。"晋惠帝听后很满意，下令说："如果是官蛤蟆，可以赏赐给它们谷物。"

（来源：《传奇故事·百家讲坛》2023年第3期）

吕不韦的过人智慧

吕不韦（？—前235），卫国濮阳（今河南濮阳西南，也有说今河南省滑县）人，战国晚期著名商人、政治家、思想家，官至秦国丞相。吕不韦出身商贾，少从父经商。他的人生富于戏剧性，曾经极尽显贵，最终又归于悲剧结局。

吕不韦是战国末年风云际会中非常特别的历史人物。吕不韦的主要政绩可以概括为两个方面：一是继续执行秦国以武力统一天下的既定方针，并做出了重大贡献；二是组织智囊团编撰《吕氏春秋》，为秦统一天下及新王朝的长治久安作理论研究，通过《吕氏春秋》总结了前代治乱存亡的经验，提出了一套符合秦国国情的治国纲要。

从秦王政即位的公元前247年到公元前237年，是吕不韦在秦国直接掌权的时代。面对内忧外患，吕不韦调动全国的物力，战胜了自然灾害，平定了各地的叛乱，击退了外敌入侵。

吕不韦招养食客游士3000人，组织门客编写《吕氏春秋》，其意是把春秋战国以来各派的思想汇集起来，对百家思想进行整理。从一定意义上讲，《吕氏春秋》不宜被简单视为一部学术著作，因为该书更多地体现了吕不韦治国、治天下的理想，为当时秦国统一天下、治理国家提供思想武器。为了增加该书的权威性，为了夸耀自己的权势和威望，吕不韦把这部书稿公布在咸阳城门上，并高悬千金，布告上赫然写道："谁能正确地增删一字，就可取走千金。"此时，吕不韦的权势和声望达到了顶峰。

从历史角度看，吕不韦在战国后期，是国家统一的先行者。吕不韦在秦庄襄王、秦王政时期两次任宰相（先为丞相，后为相国，相国地位高于丞相），主持朝政，总揽政权13年，在政治、经济、军事、文化等各方面都颇有建树，也为日后秦始皇统一中国准备了有利条件，奠定了坚实基础。他在如何统一天下、治理天下上，对秦汉政治及整个中国历史的发展都产生了深远影响。

吕不韦不论做什么，都能别出心裁又自成一家。在诸侯列国之中，秦国的文化软实力原本最弱，但《吕氏春秋》书成，一改此局面。《吕氏春秋》成书于秦统一中国前夕，这部书综论诸子百家，独树一帜，堪称"吕家"。吕不韦的治国思想以统一天下及治理天下为中心，为未来统一王朝构建的治国蓝图，顺应了历史发展潮流，在后世中国文化思想史上也有影响力。郭沫若称其"在中国历史上应该是一位有数的大政治家"[1]。

吕不韦始终以商人投机的心态和"盈利"的价值观处理事务，功绩显赫、名倾天下时，没想到韬光养晦、功成身退，而是贪权揽势，处处当主角，一味专权，高唱君主无为，收买人心，延误了"紧急刹车"的时机，这不能不引起秦王室的忌恨。于是，引发秦王政与吕不韦争夺最高政治权力的斗争。吕不韦最终饮鸩自杀，黯然收场。

"功遂身退"是老子成功论中政治智慧的一大亮点。老子认为，以退为进是为官之道和处世哲学的最高明的方法之一。缺乏危机意识，不善进退者，自然是败者，其前人的经验教训值得深思。当你在权势日盛、春风得意的时候，要认清权位是暂时的，不是永远的。应洞悉别人的意图，审视自己的处境，从而进退自如，将胜券把握于自己手中。

功成身退表现出一种对于历史的前瞻性，对于自己生存环境的清醒的、睿智的把握与预测。逐渐降低自己的影响力，功成身退、急流勇退，并不一定都是引身而去。其实，还有一种"功成身退"，就是有了大功劳也不居功自傲，不摆老资格，不自我膨

---

① 郭沫若：《十批判书》，人民出版社 2012 年版，第 301 页。

胀，不飞扬跋扈，懂得谦虚包容、隐遁退让。

吕不韦虽然智慧过人，但未能领略功成身退的真谛，其悲剧结局值得我们深思。

延伸阅读

一口大钟换来一个部落

春秋末年，中山国有个叫仇繇的部落。晋国卿大夫智伯想吞并它，可是交通受阻，倘若派人开路架桥，对方就会警觉。于是智伯心生妙计，他令工匠铸成一口大铜钟，然后派人传谕仇繇的首领，说要将大铜钟赠送给他，以示睦邻友好。仇繇的首领心花怒放，赶紧动员部落中的青壮劳力，堑山堙谷，开出一条大路，迎接大铜钟。智伯的军队顺着这条运钟之路，长驱直入，俘虏了仇繇的首领，占领了这个部落。

（来源：《传奇故事·百家讲坛》2023 年第 3 期）

开皇之治赖杨坚

杨坚（541—604），弘农华阴（今陕西省华阴市）人。隋朝开国皇帝，中国历史上杰出的政治家、军事家、改革家。杨坚胸有大志，政治才能突出，善于治国理政，且锐意改革，敢于创新，励精图治，躬行节俭。他在位期间，国势强盛，府库充盈，经济繁荣，人丁大增，开创了著名的开皇之治。

1969 年，考古工作者在河南洛阳发现了一座隋朝粮仓遗址，规模很大，共有 259 个粮窖。其中有一个粮窖还留有已经炭化的谷子 50 万斤。史书也曾记载，贞观十一年（637），监察御史马周很惊讶地对唐太宗汇报说，隋文帝已死了 33 年，可那时存的粮食布帛还未用完。隋朝的富裕与强盛由此可见一斑，这个功劳主要应当归于隋文帝杨坚。他也是史上最有作为的皇帝之一，其最大贡献，就是结束数百年动乱，统一中国，开创了政治稳固、社会安定、民生富庶、文化繁荣的开皇之治。

隋文帝在统一全国后，励精图治，勤于政事，锐意改革，政绩卓著。他的建树很多，有几项尤其具有开创性意义。在官僚制度上，隋文帝鉴于以前制度混乱，机构重叠，人浮于事，职责不清，相互掣肘，就集思广益，建立了一整套组织完备、架构合理的官僚机构，采用五省六曹制，后改称五省六部制，因分工明确，各司其职，被唐朝及以后各朝所遵循、仿效。

创立科举制是杨坚的又一个贡献。开皇七年（587），隋文帝为了打破魏晋时期选官注重门第的做法，更公平地选拔具有真才实学者担任官职，正式设立分科考试制度，取代九品中正制，自此选官不问门第。炀帝时始置进士科，科举制度正式形成。这一制度沿袭了 1000 多年，选拔了大批优秀人才进入政府，使得有才识的读书人得到了改变命运的机会，促进了教育事业的发展，也促进了文学艺术的发展。

杨坚对文化建设也非常重视，在汉文化的发展传承上起了重要作用。因为几百年来的混战，春秋、汉代的文化典籍被战火焚毁、遗失大半。隋文帝登基后，就下诏求书，献书一卷赏绢一匹。结果是"民间异书，往往间出"，"一二年间，篇籍稍备"。隋朝成了中国历代藏书量最多的朝代，最多时有37万卷，77000多类的图书。《隋书》这样说道："自是天下州县皆置博士习礼焉。"

齐州一个叫王伽的小官，送囚犯李参等70多个人去京城，到了荥阳时，王伽对李参等人说："你们犯了国法，受罪是应当的。你们看，护送你们的民夫多么辛苦，你们心里难道不愧疚吗？"李参等人羞愧难当，承诺绝不逃跑，不连累别人。没想到，王伽居然遣散民夫，释放李参等人，并与他们约定，到时候一起到京城报到，接受惩罚。王伽还说："如果到时候你们有谁不到，我只有代你们受死。"让人没有想到的是，到了指定的日期，竟然一个人也没失约。杨坚听说这件事后，非常惊讶，立即召见王伽，对他夸奖了一番，还免除了李参等人的罪，又下了一道诏书，强调只要官员有爱民之心，民众并非难教。要求官吏像王伽一样，以至诚待民。此诏一出，人们无不感恩他的宽厚仁慈。

有一次，关中地区久旱无雨，闹大饥荒，隋文帝见百姓食豆粉拌糠，乞丐满街，就伤心地大哭，怪罪自己没有才能解决饥荒，让百姓受苦。为了表示决心，他一方面开仓放粮，赈济灾民；另一方面自己也带头节衣缩食，不吃肉不喝酒。他还亲自带领灾民到洛阳去吃饭，重罚驱赶百姓的士兵。遇到扶老携幼的人，他还把自己的马匹让给他们；遇到道路狭窄的地方，他亲自扶助挑担的人。由此，人们看到了隋文帝关心民间疾苦的美德，对他更是信任拥戴。

隋文帝还积极推行均田制，严格整顿户籍，将依附豪强的人口解放出来，增加了国家的劳动力，调动贫苦农民的生产积极性，使国家掌管的纳税人丁数量大增。他把北朝的苛捐杂税都除掉，使民众得以休养生息；废除了一些野蛮酷刑，颁布了较为文明的《开皇律》。并实行各种巩固统一的措施，削弱地方豪强势力，加强中央集权。这些措施使隋朝国势日盛，府库充盈，经济繁荣，人丁大增。因粮食多有积蓄，就在各地修建了许多大型粮仓，如著名的兴洛仓、回洛仓等，存储粮食皆在百万石以上。其振兴速度实为历代所未有。

隋朝是中国历史上短暂而又辉煌的朝代，隋文帝仅在位24年，但他开创的开皇之治，成就之大，业绩之丰，确实令人震惊。隋文帝不仅仅以强大的军事实力统一了疆域，结束了数百年的动乱，更在治理国家方面推出一系列有开创意义的举措。其政治智慧与治国理念，战争韬略与外交思路，都对后世产生了深远影响，为历朝历代的政治家和学者提供了宝贵的经验和启示，很值得学习、借鉴。

贤相与智慧聚一身

作为一代贤相，诸葛亮"拨乱扶危主，殷勤受托孤。英才过管乐，妙策胜孙吴"。他励精图治，日理万机，六出祁山，七擒孟获……其政绩和他的个人禀性、聪明才智相映生辉，被视为智慧和忠贞的化身。

赤壁之战前夕，在曹操的强大攻势下，刘备新败，兵微将寡，情势危急。刘备在青梅煮酒的 8 年之后，三顾茅庐，终于觅得一个能够让他从一无所有到三分天下的"总设计师"。刘备向诸葛亮倾吐了因缺乏谋略之士而屡遭挫折的苦闷心情，诚恳向诸葛亮请教。

诸葛亮为刘备的诚意所感动，提出了"隆中对"：一是曹操拥有百万之众，不能与之争锋，应采取联孙抗曹的基本方针；二是刘备以帝室之胄完全可以夺取荆州、益州，形成发展的基础；三是从荆、益两路出兵进取中原，以成就霸业、复兴汉室。

"片言却似春雷震，能使南阳起卧龙。"诸葛亮的《隆中对》，是一篇审时度势的范文。成都武侯祠有一副清代学者赵藩写的楹联，具有永久的魅力："能攻心则反侧自消，从古知兵非好战。不审势即宽严皆误，后来治蜀要深思。"这副联语既肯定了诸葛亮善于用兵、理政的才华，又从和与战、宽与严的辩证关系上总结了诸葛亮的治国方略。

刘备三顾茅庐请出诸葛亮。诸葛亮可谓临危受命之臣，凭借高超的政治智慧，运筹帷幄，纵横捭阖，叱咤风云，审时度势，善于设谋，而且能够挥洒自如地实施计谋，使刘备阵营由弱变强，最终得以"三分天下有其一"。

诸葛亮受命于危难之际，同鲁肃一同前往东吴，去说服孙权联刘抗曹，这才有了一段"诸葛亮舌战群儒"的好戏。因为只有孙、刘两家联合起来才能打败曹操，曹操败了，刘备才不致被曹操消灭。诸葛亮到了江东，孙权没有立即接见诸葛亮，而是让鲁肃带着诸葛亮到集贤堂会见东吴众位谋臣。

孙权之所以拿不定主意，是因为欲战而无几分胜算，主降派又占了多数，声势逼人，因此，诸葛亮要想说服孙权，就必须先堵住这些言降文官的嘴。诸葛亮遭到江东众谋士轮番责难，泰然处之，从容面对。张昭借昔日刘备之败讥讽诸葛亮自比管仲、乐毅是说大话。诸葛亮靠着机智灵活的头脑、非凡的勇气和广博的才思，战败了群儒，为进一步说服孙权赢得了主动。

古人云："与贵者言，依于势。"作为贵者，孙权所关心的"势"自然是政治和军事形势。具体而言，当时的他最关心的是大敌当前是战是降。战又有几分胜算？孙权犹豫不决、心烦意乱的内心已患有"恐曹症"。

鲁肃一再叮嘱诸葛亮，见孙权"切不可言曹操兵多"。可诸葛亮与众不同，偏反常情而行之。他看出孙权相貌非常，非等闲之辈，"只可激，不可说"——采用反面激将法，故意贬低、轻视被激对象，激起其羞愤、不平之心，不达目的不罢休。他首先故意夸大曹军有百余万，足智多谋之士、能征惯战之将，何止一二千人，再言曹军在平了荆楚之后，"即今沿江下寨，准备战船"，欲图江东。孙权听后，不由得心惊肉跳。

诸葛亮本为劝战而来，会见孙权时却故意夸大曹军实力，反劝孙权降曹，并振振有词地说刘备乃"王室之胄，英才盖世，众士仰慕……又安能屈处人下乎"。这是肆意贬低孙权。刘备落魄之人，兵败失地，尚且威武不屈，决不会降操，而拥有江东九郡六十一州的孙权却只有投降一条路可走吗？以两人的不同表现来讽刺孙权惧怕曹操、不敢应战的懦弱。可以想象，孙权心里是何等激愤。因此，孙权终于被激怒，"不觉勃然变色，拂衣而起，退入后堂"，说"孔明欺吾太甚"。孙权这一怒正是诸葛亮所需要的。在这种急剧的情绪变化之中，实际上已增加了孙权心中抗曹的砝码。

随后，经过鲁肃提醒，孙权晓得诸葛亮并非欺侮他而是激他，"自有破曹之计"，这才回嗔作喜，置酒相待，洗耳恭听诸葛亮的计策，坚定了联刘抗曹的决心："先生之言，顿开茅塞，吾意已决……共灭曹操。"在孙权惊惧之时亮出底牌，必然会给孙权以莫大的希望。诸葛亮的"破曹之计"令其兴奋不已。激将之旨，在于晓以大义，令吴主孙权"知耻而后勇"。

接着，诸葛亮又智激军中主帅周瑜。这是两位当世奇才的第一次见面。一个是风流倜傥的将军，一个是英才超迈的军师。诸葛亮说："将军决计降曹，可以保妻子，可以全富贵。"鲁肃大怒："汝教吾主屈膝受辱于国贼乎！"诸葛亮献计说，曹操若得"二乔"，百万之兵皆卸甲卷旗而退矣！诸葛亮当场抬出曹操之子曹植的《铜雀台赋》，有意把"二桥"改为"二乔"（大乔系孙权的嫂子，小乔系周瑜的爱妻），并煞有介事地劝周瑜送"二乔"给曹操，有意激之。周瑜听罢，勃然大怒，离座指北而骂曰："吾与老贼势不两立！"并和盘托出了自己的主战观点，提出"望孔明助一臂之力"，共破曹操。本来是诸葛亮劝周瑜联合抗魏，却变为周瑜求诸葛亮助他一臂之力，共破曹操，可见诸葛亮激词之妙，由此奠定了历史上以少胜多、威武雄壮的赤壁大战的基础。

赤壁之战之后，孙、刘之间开始了对荆州的争夺。孙权接受了周瑜提出的"美人计"：名为让刘备到江东与孙权之妹成亲，实则是想扣押刘备，作为人质，逼还荆州。诸葛亮识破了"提亲"的骗局："周瑜虽能用计，岂能出诸葛亮之料乎！略用小谋，使周瑜半筹不展，吴侯之妹又属主公，荆州万无一失。"诸葛亮将计就计，坐镇荆州，令赵云带 500 兵士，俱披红挂彩，保驾刘备招亲，搞成既成事实，迫使孙权的妹妹嫁给了刘备。

诸葛亮深知孙、周会利用荣华安乐、声色犬马软禁刘备，于是设了第二个"锦囊"妙计："今早孔明使人来报，说曹操要报赤壁鏖兵之恨，起精兵 50 万，杀奔荆州，甚是危急，请主公便回。"激刘备逃出东吴。

诸葛亮料定刘备逃出，孙、周会派兵追回刘备等人，因此设了第三条妙计，让刘备请孙夫人出来退兵，把孙夫人安全带回。望着远去的刘备，周瑜气急败坏。诸葛亮却又叫士兵齐声高喊："周郎妙计安天下，赔了夫人又折兵。"

关羽和张飞以武力和忠义闻名于世，而诸葛亮以智慧和忠贞闻名于世，忠心耿耿地辅佐刘备图谋统一事业，做到了鞠躬尽瘁。刘备临终之前，托孤于诸葛亮曰："君才十倍曹丕，必能安国，终定大事。若嗣子可辅，辅之；如其不才，君可自取。"

刘备死后，后主刘禅平庸懦弱，无所建树。诸葛亮却无二志，尽力辅佐刘禅达 11 年之久。他权倾朝野，却功高不震主，一生"竭股肱之力，效忠贞之节"，史称其"摄一国之政，事凡庸之君，专权而不失礼，行君事而国人不疑"。

杜甫曾多次到成都武侯祠拜谒游览，写下了流传千古的《蜀相》："……三顾频烦天下计，两朝开济老臣心。出师未捷身先死，长使英雄泪满襟！"文天祥《怀孔明》云："至今出师表，读之泪沾胸。"

姚崇的变通智慧

姚崇（650—721），陕州硖石（今河南省三门峡市陕州区）人。姚崇父亲姚懿曾任贞观年间都督之职。姚崇"少倜傥，尚气节，长乃好学"，"自小及长，从微见著"。姚崇本名姚元崇，开元年间为避讳改名为姚崇，有过人的政治智慧，是唐代开元盛世的创建者之一。姚崇是武则天一手提拔的，先后在武则天、睿宗、玄宗三朝任过宰相，只有四年处于唐玄宗开元年间，被称为"开元名相"。

姚崇认为解决政治问题不能拘泥，不必循旧，要在变化中走向通达。武则天当政时，重用周兴、来俊臣等酷吏，用严刑峻法排除异己，导致很多大臣被判处谋反叛逆之罪，含冤而死。后来武则天大发感慨：为什么犯罪者大都是谋反？现在他俩都死了，却再也没有人谋反了，这是怎么回事？

群臣皆不敢言，只有礼部尚书姚崇站出来，借机揭露周兴等人凭诬陷邀功的罪恶，并愿"以一门百口保内外官无复反者"。于是，武则天更加重用姚崇，任命其为宰相。姚崇因势利导，借机行事，推进了冤狱昭雪的进程。

武则天晚年，宠信张易之、张昌宗。"二张"由此飞扬跋扈，把持朝政。许多人忙着巴结。姚崇灵活相处，表面上迎合，有时也强硬。某次，张易之有事要办，求到姚崇门下，他没帮忙，任其好说歹说也不给面子。不久后，司刑少卿桓彦范等五大臣联手，决定向张氏兄弟下手，姚崇参与谋划，除掉"二张"，挽狂澜于既倒。武则天退出权力核心，很快走到生命的终点，中宗李显即位，姚崇官拜宰相。功臣们升官晋爵，庆贺唐朝复辟。姚崇却表现出不忘旧主的忠心，流泪恸哭。张柬之斥问缘故，姚崇说："我侍奉则天皇帝多年，现在突然辞别，由衷感到悲伤。昨日诸位诛杀凶逆（指张易之、张昌宗兄弟），是臣子本来应该做的，岂敢言功；我为旧主悲泣，亦是臣子应有的节操。如果因此获罪，也是心甘情愿。"

刚复辟的唐中宗便将姚崇由宰相贬为亳州刺史。不久后，五位功臣遭到武则天的侄儿武三思陷害，姚崇却逃过一劫，之后被征召回朝，到唐睿宗时再度拜相。姚崇是一位多谋善断的官员，在唐周交替之际的混乱局势中独善其身，又保全了名节。

中宗时，韦皇后及安乐公主拉帮结派，采取"斜封官"方式，大肆卖官，致使冗员泛滥，政出多门。姚崇出任宰相后，先是进忠良，退不肖，然后精简冗员，取消"斜封官"，罢免数千官员。

姚崇的变通智慧，源于务实的风格、丰厚的知识和达观的气度。他思维敏捷，好学不倦，写文章行云流水，做事情简洁干练。最初在兵部任职时，边境发生战乱，他分析战局，梳理战况，把军事斗争搞得透彻简明，"太后甚奇之"。皇帝遇事，总是先听他的意见，"同僚唯诺而已"。

与政敌共事其实很难，如果斗争，生死难料；如果妥协，反倒成了同伙。姚崇的办法仍然是变通，不轻易出手，有限度地抗衡，以求削弱对手。睿宗登基之后，太平公主得势。公主是武则天的女儿，也是皇帝的亲妹，立过大功，她插手朝政，有时遇事擅自拍板。她的亲信遍及各个角落，七位在职宰相，五位专听她的吆喝。姚崇不正面交手，而是有限度地弱化公主特权。他曾建议皇帝，让公主去外地享受荣华富贵。事儿虽没办成，姚崇也没伤筋动骨，只是去了外地就任刺史。

初登帝位的唐玄宗面对内困外扰的境地，将经受一场新的严峻考验。先天二年（713）10月，唐玄宗带人到渭川打猎时，派太监将同州刺史姚崇召来，君臣畅谈天下大事，聊得尽兴。唐玄宗对姚崇说："卿应该当宰相来辅佐朕。"姚崇却没有欣然接受。他将一身才学凝结成《十事要说》，呈送唐玄宗李隆基，说："臣欲以十事上献，如果做不到，臣不敢奉诏。"唐玄宗说："朕能行之。"

姚崇的《十事要说》列举了帝国出现的各种危机，提出了10条建议，可称为10条政治纲领：（1）武后执政以来，以严刑峻法治理天下，陛下能否施行太宗时的宽仁政策？（2）朝廷在边疆用兵遭遇失败，却始终不肯接受教训，陛下能否不再贪图边功？（3）皇帝宠爱的亲信往往逃脱制裁，陛下能否依法制裁？（4）朝廷能否不让宦官干政？（5）皇亲国戚、朝廷大臣、地方官员在赋税之外搜刮民脂民膏献给皇帝，陛下能否拒收臣下礼物？（6）能否罢免担任要职的皇亲国戚，禁止公主过分参与政事？（7）皇帝能否按照应有的礼节对待朝臣？（8）能否广开言路，允许大臣们"批逆鳞，犯忌讳"？（9）皇帝能否禁止营建佛寺道观？（10）皇帝能否禁止外戚内宠专权？

姚崇的10条建议，不足300字，却一针见血地指出武则天、中宗、睿宗当政以来的政治弊端，言简意赅，字字珠玑，与玄宗不谋而合。唐玄宗表示完全接受。能把治国理政的大智慧、大道理具体化为当权者行事决策的约束和规范，足可证明一个政治家的远见卓识。唐玄宗的新政以姚崇的《十事要说》为标志，姚崇被赋予特权，从此放心大胆施政，由此奠定了开元盛世的基础，使朝政焕然一新。

姚崇在《辞金诫》中提出官吏应"以不贪为宝""以廉慎为师"，强调"凡所从政，当须正己；诚往修来，慎终如始"。那时姚崇家庭贫困，京城没有私宅，临时到寺院留宿。有一次，姚崇得了疟疾，仍旧带病坚持工作，叫家人来寺院照料自己，没有要朝廷指派专人看护。唐玄宗让姚崇搬进四方馆（中书省官邸）里住，姚崇认为四方馆豪华又藏有机要文件，住进去不合适，故而谢绝了。

唐朝历史近300年，开元盛世最繁荣昌盛时期，呈现出"赋役宽平、刑法清省、百姓富庶"的大唐气象。作为开元盛世的主要奠基人，姚崇功不可没。姚崇能够在波谲云诡的朝廷斗争中游刃有余，经历四任帝王的政治风云而始终得到信任，表现出敏锐超群的政治智慧，从不贪图高位而谄媚权贵。姚崇晚年辞去相位，推荐宋璟担任宰相。宋璟刚正不阿，直言敢谏，精于吏治。姚、宋都是对开元之治起过重大作用的人。

后人曾评价说："姚崇资性明达，善应事机，委曲通变以成国家之务。"毛泽东对《旧唐书》和《新唐书》中关于姚崇的记载都详细阅读并有批注，尤其是在《新唐书》卷一百二十四《姚崇传》的天头留下了"大政治家、唯物论者姚崇"的批注。

欧阳修的过人智慧

欧阳修入仕途四十年，历仕仁宗、英宗、神宗三朝，官至枢密副使、参知政事（副宰相），坚守自己"但民称便，即是良吏"的为官箴言，政绩卓著，后人赞扬他是很会做官的好官。他在文学上颇有成就，被尊为"唐宋八大家"之一。

范仲淹推行新政时，欧阳修是其坚定支持者。1036 年，欧阳修刚刚 30 岁，在庙堂之上刚正凛凛，写下了《朋党论》，支持范仲淹等革新者。庆历新政失败后，看到范仲淹受到贬谪，他挺身而出，不顾个人安危，上书仁宗，竭力为范仲淹申辩，不计祸患，其"毅然自守，不为富贵易节"，被保守派借机打击、排挤，被贬到滁州（今安徽滁州）任太守。

欧阳修在仕途处于顺境时，锐意进取，奋发有为，展示了自己的非凡才华，因有为而有位。当受到奸臣围攻、人生处于困境时，则从容进退，将锋芒收敛起来。特别是在环境不利的情况下，不要强出头，回旋有余，进退有度，彰显了中国传统文化儒道互补的哲学智慧，为他日后的成就奠定了坚实的基础。

面对人生的危局，欧阳修调适好自己的心态，表现出了过人的政治智慧。他来到滁州后，从未向朝廷申辩过、抱怨过，而是静下心来干实事。他查阅当地方志，了解州情，并进行实地考察和调研，了解到滁州在历史上曾经为兵家必争之地，地理位置险要，还有不少历史文化遗迹，于是他带领当地民众，开辟了多处旅游景点，重修了城垣，还在城外开辟练兵场，加强武备，整饬治安环境，使滁州政风和社会环境焕然一新，得到当地百姓的交口称赞，受到了朝廷的关注。

在此期间，欧阳修写出了《醉翁亭记》，采用借虚写实的手法，表达了他寄情山水、与民同乐的旷达情怀。他在这里很快乐，常与百姓同游同乐，常抱醉月而归。欧阳修因为替受打压的范仲淹等改革派申辩而遭贬，其内心有说不出的苦闷。他改变思维，寄情诗酒，在属于自己的天地里开辟了事业的新境界，终使仕途"柳暗花明又一村"。其处世哲学彰显了道家"不争是最高之争"的人生智慧。

北宋仁宗年间，范仲淹因得罪宰相吕夷简而被贬为睦州知州。几年后西夏屡次进犯，并在三川口大败宋军，朝野震惊。宋仁宗将范仲淹召回京师，任命为陕西经略副使，安抚西北，对抗强敌。重获重用的范仲淹没有忘记当年欧阳修在自己被贬时上书分辩的情谊，便奏请朝廷辟欧阳修掌书记之职。欧阳修听说后，却坚辞不受，认为自己当初支持范仲淹，是一心为公，不是为私，故与范仲淹"同其退而不同其进"。这句话道出了他不慕高官、公私分明的高尚节操。

皇祐二年（1050），宋仁宗下诏，欧阳修任应天府（今南京）知府。欧阳修实行"宽简政治"，以宽避苛，宽而不纵，以简御繁，简而不略，使吏治有条不紊，社会安定、和谐，深受民众欢迎。欧阳修的宽简从政之风，深得推崇道家简约之风的宋仁宗的赞赏。

欧阳修认为选对人才、用对人才对于国家兴盛至关重要，提出"为政之本在于任贤"。主张人尽其才、才尽其用。欧阳修判断是否为好官的标准："不问吏才能否，施设如何，但民称便，即是良吏。"好官的标准是能让百姓感到便利，而不看当官的有没有才华，如何实施管理。

欧阳修领导了北宋诗文革新运动，在文坛上独领风骚。欧阳修为改变宋初文坛华而不实、无病呻吟的文风，高举"古文"大旗，提出了"文"与"道"并重的观点，开创出一种新的散文风格，令人耳目一新。他频频上书，提出改革主张。建议仁宗皇帝通过改革科举取士标准，"倒逼"士子改变文风，通过改变文风进而改变政风，通过改变政风提高治理效率，从而彻底扭转吏治腐败、奢靡成风、积贫积弱的政局，达到"富国强兵"的根本目标。苏轼评价其文"论大道似韩愈，论事似陆贽，记事似司马迁，诗赋似李白"。

欧阳修不计个人得失，在进退之间，唯有胸怀坦荡，光明磊落。正如陈寅恪评价欧阳修所说，"贬斥势利，尊崇气节，遂一匡五代之浇漓，返之淳正。故天水一朝之文化，竟为我民族遗留之瑰宝"。晚年欧阳修在即将告老还乡之际，向宋神宗推荐了司马光、吕公著、王安石三人为宰相人选。文武百官感到震惊，这三个人与欧阳修都有过结。

欧阳修从寒门孤儿到一代"文忠"，虽然人生之路坎坷崎岖，但是他始终以"但民称便，即是良吏"为原则，施行宽简安民、重农兴农的便民之政，为民为国尽心尽责，被世人称颂为"功名事业三朝相，道德文章百世师"，《宋史》评价其"天下翕然师尊之"。

> ### 延伸阅读
>
> #### 炫富有风险
>
> 《清代野史》中记载，仪征人胡隆洵本是个贫寒士子，连中举人、进士后，被任命为吏部主事，并娶了已故尚书赵光的三女儿为妻，得到了一笔巨款。胡隆洵得意忘形，竟然戴着老丈人生前配用的珍宝——红、绿两珮在同事们面前炫耀。其中一个年轻的满族司员快步走到胡隆洵面前半跪请安："赵大人一向可好？"胡隆洵连忙摆手说自己不是赵大人。那人抬头轻蔑地说："刚才看见双珮还以为赵大人复活了，谁知是你啊！"众人哄堂大笑。
>
> （来源：《传奇故事·百家讲坛》2023 年第 12 期）

一计点醒梦中人

中华民族是一个崇尚谋略、讲究用智的民族。"谋略"二字有着丰富、深邃的内涵，古往今来，许多谋略家用不同的方式表明自己的谋略见解，施展出无数令人叫绝的奇谋妙计。

被称为影响世界文明的三大"圣典"之一的《周易》，以演绎八卦（象征天、地、雷、风、水、火、山、泽八种自然现象）的方法，作"卦辞""爻辞"，其中虽然不乏荒诞迷信的色彩，却包含辩证的、科学的韬略。

《六韬》分文韬、武韬、龙韬、虎韬、豹韬、犬韬，对国家治理、对敌策略、指挥布阵等进行精辟阐述，是一本治国安邦的著作，也是一部兵书。全书采用周文王与姜太公问答的形式，对前代的儒、道、法各家也兼收并蓄，包括儒家的民贵君轻、道家的清静无为、法家的赏信罚必。

《孙子兵法》是世界上最早的军事著作，素有"武学之圣典，兵家之绝唱"之美誉，共13篇，6000多字，其内容博大精深，思想精邃富赡，逻辑缜密严谨，体现了军事思想的精华，被军事家们奉为指导战争的金科玉律。

在中国文化中，像老子"以柔克刚""无为而治""大智若愚"的统御之术，孔子"文治武功""恩威兼施""以礼教民"的政略思想，孙子"诡道""不战而屈人之兵""兵贵神速"等为兵之道，《三十六计》六套克敌制胜的计谋，吕不韦运用"奇货可居"之谋夺得了国家权力，苏秦的"合纵连横"，乐毅用官爵和封地笼络齐国上层人物归附等攻心术，陈胜起义时假托鬼神造成声势，刘邦运用张良、陈平以弱胜强的计谋，朱元璋采用朱升"高筑墙、广积粮、缓称王"和刘基"先陈后张"的夺取天下之妙计，毛泽东的"反霸"战略和"三个世界"的理论……都无不闪烁人类谋略智慧的光芒。

历史已毫不夸张地证明，高城深池不足以为固，坚甲锐兵不足以为强，而奇谋妙计，善于应变，方能"挽狂澜于既倒，救三军于危途"。

知其变而用兵，则用兵如神；知其变而料事，则料事如神；知其变而用人，则用人如神。《孙子兵法·谋攻篇》说："知彼知己者，百战不殆；不知彼而知己，一胜一负；不知彼不知己，每战必败。"诸葛亮说："谋，自料知他也。"在重大问题的决策上，应该比一般人站得更高些，看得更远些，想得更深些，这样才能"不畏浮云遮望眼"，开创新局。

智慧的碰撞，谋略的较量，鹿死谁手，就看谁的智谋高人一筹。足智多谋者胜，无智无谋者败。法国雨果说："进步的左手称为力量，进步的右手称为才智。"作为将帅，应兼有勇力和谋略两个方面，勇谋两者相映生辉。但谋的作用大于勇。克劳塞维茨说过："如果你们进一步研究战争对军人的要求，那么就会发现智力是主要的。"

施展谋略要有战略眼光，要有大局意识，站得高、看得远，深谋远虑。首先要超前谋，就是登高望远，具有远见卓识。不应被眼前局部的东西束缚了眼界，而应着眼于长远利益，着眼于未来。"自古不谋万世者，不足谋一时"。自古以来，不超前谋划长远利益的，就不能够考虑好当前的问题。

大处谋，就是着眼全局，善于从宏观上谋划。"不谋全局者，不足谋一域"，要做出战略决策，谋全局重于谋局部，因而必须在把握全局中运筹局部。

自古以来，不谋划全局利益的，就不能策划好局部的问题。局部要服从全局，以全局带动局部，为全局甚至不惜牺牲和舍弃局部。有时虽然局部蒙受了损失，但从全局着眼，局部的舍弃恰恰换来了全局的胜利。毛泽东曾深刻地阐述："没有好的全战役计划，绝不能有真正好的第一仗。这就是说，即使初战打了一个胜仗，若这个仗不但不于全战役有利，反而有害时，则这个仗虽胜也只算败了。"①

毛泽东在几十年的征战生涯中，非常注重谋划运筹，把奇谋妙计发挥到极致，总是能够创造以少胜多、以弱胜强的奇迹，在危急关头化险为夷。当谈到毛泽东时，中国人无不对他神奇的用兵谋略叹为观止。感慨于斯，于立志赋七律《军事家毛泽东》：

> 雄才伟略大英雄，兵法勤修有神功。
> 挥手井冈除虐剿，奇谋赤水斩顽凶。
> 推翻蒋匪王朝灭，一统江山东方红。
> 宋祖唐宗多逊色，功勋赫赫润之公。

有深谋，就是于一瞬间见微知著，迅速做出反应和对策。从稍纵即逝的现象中察微知著，看到客观态势某一方面进展的趋势，或从中发现新问题、新动向、新兆头，作为制定或完善决策之依据。谋之深，就是从初露端倪中发现可能形成的某种态势。月晕而风，础润而雨。唐人诗曰："山僧不解数甲子，一叶落知天下秋。"战争与其他事物相较，具有较大的偶然性和不确切性。但它的发生也总是有征候可寻、端倪可察的。高级指挥员是战场上的运筹者，只有具备超常的洞察力，见微知著，迅速做出正确的反应，才能攻必取，战必胜。

齐鲁长勺之战，鲁国以弱胜强，与曹刿深谋远见有很大关系。曹刿从齐军旗帜倒掩、轮迹混乱，看到军心涣散、军旅不整而仓皇溃逃，断定齐军没有设下伏兵，于是敦促庄公做出追击的

---

① 《毛泽东选集》第一卷，人民出版社1991年版，第221页。

决策，以至大获全胜。

　　"滚滚长江东逝水，浪花淘尽英雄"，但大浪淘不尽的是金子般的智慧和谋略。《孙子兵法》说："多算胜，少算不胜，而况于无算乎？"一个人只有韬略在胸，才能一计点醒梦中人，用巧手控制对手。

第八章

克敌制胜

兵家宗师姜子牙

姜子牙（？—约前1016），西周开国元勋，姜姓吕氏，名尚，字子牙，号飞熊，又称"姜太公""吕望"，商朝末年韬略家、军事家、政治家。他足智多谋，善于用兵，先后辅佐了文王、武王、成王、康王，既主军，又问政，武能安邦，文能治国。

姜子牙原在纣王手下当个小官，见纣王昏聩无道，便辞官而去，想效力贤能英明的西伯姬昌，可怎么引起他的注意呢？姜子牙就想了个主意，他在渭水之滨直钩钓鱼，对人言讲："名虽垂钓，我自意不在鱼……吾宁在直中取，不向曲中求，不为锦鳞设，只钓王与侯。"

姜子牙垂钓的故事传闻四方，周西伯姬昌便慕名而来拜访，与姜子牙一番畅谈后大喜，认为姜子牙是个奇才，说："我国先君太公曾说：'定有圣人来周，周会因此兴旺。'说的就是您吧？我们太公盼望您已经很久了。"因此，称姜子牙为"太公望"，恭请姜子牙出山，尊他为太师。靠自我造势，高明营销，姜子牙终于脱颖而出。

上任后，姜子牙辅佐姬昌在内积善修德，明道行仁；厉兵秣马，养精蓄锐；提倡生产，发展经济。对外则出谋划策，纵横捭阖，促使姬昌联络对纣王不太满意的其他诸侯，同仇敌忾，建立统一战线，天下三分之二的诸侯都归心向周。

为了能在伐纣大战中一举取胜，姜子牙决定进行一次大规模的军事演习，来检阅自己的实力。军队出发前，姜子牙左杖黄钺，右执白旄，威风凛凛号令军队："苍兕苍兕，总尔众庶，与尔舟楫，后至者斩！"

姜子牙和武王前往孟津，在渡黄河行至中流时，一条白鱼跃入船中。众人大奇。后渡过黄河在途中休息时，又见一团火球从天而降，落在姬发所住的房子上，转眼火球变成一只鸟，颜色鲜红。众人又大奇，都认为这是灭殷之初始征兆。到了孟津，诸侯不召自来的有800人之多。大家认为，征讨商纣的时机到了。但姜子牙和武王认为时机还未成熟，而且此次阅兵的目的已达到，商定在民心彻底背离商纣之时再一举击垮它。于是，各诸侯班师而还，继续进行准备。

公元前1046年，姜子牙审时度势，分析了各种情况后，认为伐纣的时机成熟了，就不失时机向武王姬发提出伐纣建议。姬发于是通告诸侯共同征伐。姜子牙精选兵车300辆，勇士3000人，甲士45000人，组成伐纣大军。为了显示其不夺胜利誓不罢休的决心，率军渡过黄河之后，姜子牙命令将船只全部烧毁，桥梁尽数拆除，以示此次出征已无退路。

行军途中，忽然一阵狂风将军中大旗折断，接着，又出乎意料地下了一场大雨。姬发和众臣的内心一度动摇，认为是上天在阻挡这次行动。姜子牙说刮风下雨是自然现象，毫不奇怪，大军出征，不可逆转。这坚定了姬发伐纣的信心，大军继续前进。武王命人占卜，卦象显示不利。有人建议退兵，姜子牙非常生气，说："今纣王将比干挖心，将箕子囚禁，重用飞廉这样的贪官污吏，伐之有何不当？这些干枯的乌龟壳和烂蓍草又能知道什么吉凶！"仍令进兵。姜子牙力排众议，坚持出兵，显示出一个伟大政治家和军事家的胆略。

两个月后，武王的部队在商朝都城朝歌外的牧野与商纣王的军队对峙。商朝的军队虽然人数众多，但大多数都是临时凑集的奴隶，他们早已恨透了商纣王的残暴统治，盼望有人早日推翻纣王，使他们获得解放。所以，战事一开始，他们不仅没有抵抗周军的进攻，而且反戈一击，商纣王的几十万大军瞬间就溃不成军，土崩瓦解了。

纣王率领残兵败将逃回城内，感到穷途末路，气数已尽，于是穿上锦绣衣服，聚集起搜刮来的珠宝，登上鹿台，命令手下架起干柴，一声长叹，自焚而死。商朝的江山也随之化为灰烬。姬发和姜子牙率军杀入朝歌，发现纣王已死，于是宣布商朝灭亡，周朝建立。

武王伐纣后，姜子牙分封到齐地，在文化上推行"因其俗，简其礼"的开明政策。他认为，如在齐地强力推行周礼，容易产生矛盾，不利于治国安邦。因而决定从实际出发，不强制干涉，务实地创造了既让齐民乐于接受，又不太悖周礼的新制。在经济上，姜子牙确立"通商工之业，便鱼盐之利"的治国方针，在注重发展黍、稻生产的同时，利用境内矿藏丰富、鱼盐资源丰富的特点，大力发展冶炼业、丝麻纺织业、渔盐业等手工业，使齐国很快成为文化昌明、经济发达的东方大国。

溯本求源，中国古代的兵论、兵法、兵书、战策、战术等一整套的军事理论学说，就其最早发端、形成体系、构成学说来说，都始自姜子牙。著名军事家孙武、吴起、鬼谷子、尉缭、黄石公、诸葛亮等都学习吸收了姜子牙兵书《六韬》的精华，他的文韬武略被当今世界上的政治、经济、管理、军事、科技等各个领域所借鉴，被后世誉为兵家宗师、齐国兵圣、中国武祖。

姜子牙不仅是打仗高手、军事天才，而且在治国理政、经济建设、文化教育方面也都样样在行，是个全才。他的成功是全方位的，文武业绩都十分惊人。他的智慧也是超一流的，很值得后人总结学习。

姜子牙大器晚成，一生坎坷又轰轰烈烈，雄才大略又全面建树，通晓古今之变又知胜败之势，在军事、政治、经济、思想等方面，都有卓越贡献，是中国历史上一位全智全能的杰出人物，其卓越智慧也是中华民族精神宝库里的无价之宝。

围魏救赵，用兵如神

孙膑（生卒年不详），字伯灵，孙武后裔，齐国阿（今山东阳谷东北）人，战国时期军事家。孙膑凭借深厚的兵法造诣，在战争实践中指挥了"围魏救赵"，给后世留下了反映战争规律的军事理论。

春秋战国时期，齐国大将田忌常同齐威王赛马。每次比赛共设三局，胜两局以上的为赢家。然而，每次比赛，田忌总是输给齐威王，他感到十分郁闷。这时有高人指点田忌说："其实你的马和齐王的马差距不大，你何妨用你的下等马对他的上等马，用你的上等马对他的中等马，用你的中等马对他的下等马，这样，你输一赢二，就成了赢家。"最后结果果然如此，田忌喜不自胜。

这个高人就叫孙膑，这个典故就叫田忌赛马。平心而论，赛马取胜这点事对足智多谋的孙膑来说，就是牛刀小试，雕虫小技，他还有更多值得称道之处，他的军事才能，他的过人智慧，都令人敬佩不已。正因为如此，唐德宗时他位列武成王庙六十四将之一，宋徽宗时他位列宋武庙七十二将之一。毛泽东在读《智囊》卷二十二《兵智部·制胜·孙膑》时写下批语："攻魏救赵，因败魏军，千古高手。"

攻魏救赵，是孙膑军事生涯里的杰作，用兵如神的得意之笔。魏军统帅庞涓，本是孙膑同学，两人曾共同拜师于纵横家鬼谷子门下，同窗数年，相互切磋琢磨，可后来却成了势不两立的仇敌。为什么会这样呢？原来，庞涓自恃聪明，博闻强记，但却心胸狭窄，不能容人。他在学习中发现孙膑比他更聪明，更有智慧，且出身名门，就心生嫉妒，有了害人之心。在他出任魏国大将后，就将孙膑骗至魏国，然后设计陷害孙膑，说他里通外国，使孙膑蒙受不白之冤，被施以膑刑，成了残疾之人，并在孙膑脸上刺字，想使他埋没于世不为人知。

在得知自己被害真相后，孙膑想出一个脱身之计。为早日摆脱庞涓的迫害，他就装疯卖傻，跑到猪圈里面去吃猪食，躺在猪圈里睡觉，身上沾满屎尿，臭不可闻。时间长了，庞涓就慢慢放松了警惕，不再管他。后来，在一位齐国商人的协助下，孙膑连夜潜逃，转投到齐国后，得到齐王赏识，成了他的重要谋士。孙膑一面为齐王出谋划策，辅助朝政，练兵强国；一面继续钻研兵书，研究打仗的学问，等待着向庞涓复仇的一天。

机会终于等来了。公元前354年，魏国发兵攻打赵国，大将就是庞涓，赵国情况十分危急，眼看就要被灭国，被迫求救于齐国，齐威王派田忌作为大将军，孙膑为军师，出兵相救。田忌刚开始想直接攻打魏国，而孙膑则建议避实就虚，围攻魏国都城大梁，这样庞涓就会撤军进行援救。而齐军只要在他回国的途中设下埋伏，就可以大败魏军。齐军就在桂陵设下埋伏，突然出击，使魏军损失惨重，溃不成军，赵国也因此得救。这也是历史上的经典战役——桂陵之战，也叫"围魏救赵"。庞涓没想到对手就是昔日残废的孙膑，这么多年过去了，他的智谋、韬略还是不如孙膑。

公元前342年，魏兵攻韩。孙膑再次采用围魏救赵的战术，率军袭击魏国首都大梁。《史记·卷六十五·孙子吴起列传》详细记载了这次大战的经过。魏国眼见胜利在望之际，得知自家首都被围，急忙从韩国撤军返回魏国。这次又是齐国从中作梗，坏了魏国的好事，其恼怒愤懑自不必多说。于是，决定放过韩国，转将兵锋指向齐军，要好好教训一下齐国，省得它日后再捣乱。魏惠王待攻韩的魏军撤回后，即命太子申为上将军，庞涓为将，气势汹汹扑向齐军，企图同齐军一决胜负。齐军已进入魏国境内纵深地带，魏军尾随而来，孙膑针对魏兵素来蔑视齐军的实际情况，在认真研究了战场地形条件之后，决定诱敌深入，定下减灶诱敌、设伏聚歼的作战方针。

孙膑命令齐军第一天埋设十万个做饭的灶，第二天减为五万个，第三天减为三万个。庞涓行军连续三天查看齐军留下的灶后非常高兴，说："都说齐军怯懦，果不其然，这才三天，士兵就已经逃跑过半。"于是便丢下步兵主力，只带领少数精锐骑兵日夜兼程追击齐军。孙膑估算庞涓当天天黑能行进至马陵，马陵只有一条必经之路，且道路狭窄，峻隘险阻，孙膑命士兵剥去道旁一棵大树的树皮，在树上写上几个大字："庞涓死于此树之下。"然后命令一万名弓弩手埋伏在马陵道两旁，约定"天黑看到有火光就万箭齐发"。

庞涓果然当晚沿着马陵道赶到砍去树皮的大树下，见到白木上写着字，因看不清楚，便点火察看，这时齐军伏兵万箭齐发，如同飞蝗，魏军大乱，死伤无数。庞涓也身中数箭，知不能脱，就拔剑自刎，临死前还恨恨说道："遂成竖子之名！"魏军主帅一死，群龙无首，纷纷作鸟兽散。齐军乘胜追击，歼灭魏军十万人，俘虏魏国主将太子申。经此一战，魏国元气大伤，一蹶不振，彻底失去霸主地位，而齐国则称霸东方。

俗语说："宁学管鲍分金，休仿孙庞斗智。"两人之斗，比较起来，孙膑就赢在两点：一是善于示弱，麻痹敌人，乘其不备，给其致命一击；二是不循常规，独辟蹊径，无论是救赵还是救韩，都没有直接奔主题，而是通过间接的"围魏"，来实现战略目标，令人出其不意。庞涓之败，也有两个原因：一是自作聪明，心术不正，结果是害人害己；二是不知接受教训，轻敌自大，在同一个地方两次摔跤，败给同一个对手，其智谋水平也确实有限。

由此可见，不论是德行还是谋略，不论是智慧还是学识，庞涓都逊孙膑一筹，技不如人还想害人谋私，德不配位却大权在握，他心劳计绌，身败名裂在所难免，同时也留给后人很多思考与启迪。

名将王翦的智谋

王翦，战国时期频阳（今陕西省富平县）人，秦朝杰出的军事家。他与其子王贲在辅助秦始皇统一六国的战争中立有大功，除韩国之外，其余五国均为王翦父子所灭。王翦小时候，诸侯争雄，争夺土地和民众，战乱不断，烧杀抢掠，白骨曝野，百姓生灵涂炭。王翦看到满目疮痍、哀鸿遍野，百姓惨遭荼毒、流离失所，心里十分难过。他决心练好武艺，熟读兵书，将来报效国家，平定天下。因此，王翦刚满 18 岁时，就报名应征，驰骋疆场，后来一直事奉秦始皇征战，作战勇敢，智勇双全，屡建奇功。秦始皇很快擢升他为大将，统率几十万大军。

战国末期，35 岁的秦始皇踌躇满志，消灭魏国后，觊觎着地大物博的楚国。秦国将领李信年轻气盛、英勇威武，曾率几千士兵打败燕军，生擒太子丹。一天，秦始皇问李信："我打算攻取楚国，将军估计用多少兵力？"李信回答说："最多不过 20 万人。"

秦王政又问屡立战功的大将王翦。王翦回答说："楚国实力很强，依臣下之见，灭楚非得 60 万大军不可。"秦始皇说："王将军老矣，何其胆怯！李将军真是果断勇敢，他的话是对的。"于是，派李信率 20 万秦军攻伐楚国。

王翦算定李信必败，可秦王认为自己老朽无能，如继续待在国都，很可能会被秦王政随意加个罪名，加以罢斥。于是，推托有病，回到老家频阳养老。

不久，李信率 20 万秦军，轻敌冒进，孤军深入，被楚军连破二阵，损失惨重，被迫撤军。楚军随后追击，直逼秦境，威胁秦国。秦始皇闻讯，极为震怒。此时他才相信王翦的话是对的，但王翦已不在朝中，随即他亲自乘快车奔往频阳，请王翦复出带兵。

秦始皇向王翦道歉说："寡人未能听从老将军的计谋，错用李信，果然使秦军受辱。现在听说楚兵一天天向西逼近，将军虽然卧病，难道忍心弃寡人于不顾吗？"王翦辞谢说："老臣体弱多病，糊涂惑乱，希望君王另择贤将！"秦王政再次诚恳道歉，但也软中带硬地说："此事已经确定，请将军不要再推辞了，请您担当灭楚大军的统帅。"王翦见好就收，说道："大王若一定要用老臣，仍需 60 万大军克敌，不能再少。"秦王政见王翦答应出征，高兴地说："一切听凭将军的谋划了！"

王翦深知，如果秦国全部精锐部队都被他带出来，秦始皇必然存有戒备猜忌之心，所谓"木秀于林，风必摧之"。王翦带兵在外，若朝中有人进谗言，他不但难立灭楚之功，身家性命也难保。于是，王翦行前，装出惶恐的样子，请求秦始皇赐给他广袤的田园宅地，作为子孙的基业。秦始皇听后大笑，满口答应。王翦的军队行至边境，又派回使者，请求多些赏赐。王翦以贪婪田园，谋求子孙产业，表示无叛秦之心，有忠秦之志，打消了秦始皇的顾虑。

楚国听说王翦增兵而来，就遣国中所有兵力来抗拒秦军。王翦大军进入楚国后，筑起坚固的营垒，采取守势，让士兵们天天休息洗沐，玩起跳远、掷石的游戏，他还亲自与士兵同饮同食。楚军屡次挑战，秦军不肯应战。几个月以后，在楚军松懈麻痹之时，秦军却突然向楚军发起了攻击，楚军仓促应战，全军溃败。兼并了楚国，秦始皇统一天下的大局也就确定下来了。

秦始皇用王翦为将，体现了他的用人不疑，从而取得了灭楚战争的胜利。而对于曾败于楚军令秦国备受耻辱也使自己极为恼怒的李信，仍用之不疑。后来，秦始皇派李信与王翦的儿子王贲一同进攻败退到辽东的燕王，生擒燕王喜。之后再攻代，获代王。随后攻入齐国，擒齐王，再次立下大功。李信因功被封为陇西侯。这是秦王政用人之道的又一成功范例。

王翦贪婪田园，谋求子孙产业，其实也是一种心理战术。这个心理战术一方面表示无反叛秦国之野心，有忠于秦国之德行，打消了秦王的疑虑，保存了自己；另一方面赢得了秦始皇的信任，以便掌握绝对的指挥权，待机而动，以不变应万变，克敌制胜。

韩信的谋略之道

韩信（？—前196），淮阴（今江苏省淮安市淮阴区）人，西汉开国功臣，杰出的军事家。韩信出身平民，性格放纵，不拘礼节。喜研《孙子兵法》《孙膑兵法》。作为汉军统帅，韩信指挥了8次大的战役，都取得了胜利，成为叱咤风云的军事将领，"名将中的名将"。史学家司马光说："汉之所以得天下者，大抵皆信之功也。"韩信的卓越功勋与其高超的智慧、谋略密不可分。明代学者茅坤在《史记钞》中说，"古兵家流，当以韩信为最"，"韩信，兵仙也"。

公元前209年，陈胜、吴广起义后，韩信带着宝剑投奔项梁的西楚军。项梁阵亡后，韩信归属项羽，做了项羽的郎中（侍卫）。韩信多次给项羽献计，都没有得到重视和采纳。如嚼鸡肋的韩信跳槽投奔了刘邦，当了一个管理粮饷的小官。在萧何的力荐下，韩信被汉王拜为大将军，终于得到了施展才华的机会。

韩信助刘邦"明修栈道，暗度陈仓"，出奇制胜，平定三秦。守着关中西部地区的章邯还有点半信半疑，栈道并没有修好，汉军怎么能打过来呢？未料到汉军会暗地里越过陈仓。章邯匆忙上阵，死伤不少人，大败而归。

公元前204年10月，韩信以5万之兵，打败号称20万的赵军。这一天午夜时分，数万汉军长途跋涉到十分险要的井陉口一带。韩信部署作战方案后，说："今天击败赵军后，大家饱餐一顿！"韩信稳坐在马鞍之上，与汉将张耳指点江山谈笑风生，见20万赵军冲出，令汉军迎上去厮杀。大战许久，韩信假意丢弃了军旗和战鼓，向水边阵地撤退。汉军后无退路，背水而战，无不殊死抵抗，竟然挡住了赵军进攻。

韩信事先派出去的2000骑兵，埋伏在赵军营垒旁，急速驰进赵军留下的空营，拔掉所有的赵军旗帜，树起汉军的2000面旗帜。赵军久战不能取胜，退到营前一看，以为汉军已经把赵王及其身边的将领都俘虏了，于是，惊恐万分，纷纷夺路逃窜。汉军乘势前后夹击，生擒了赵王赵歇，大获全胜。

进攻魏国时，魏王豹自以为既有重兵，又杜绝了黄河的要津，可以高枕无忧。而韩信故意陈列船只于临晋关附近的黄河渡口，做出要渡河的姿态。另派精兵，暗中从北部夏阳以木罂缶渡河，袭击魏都，魏王豹还没有明白韩信军所从何来，就成了其阶下之囚。

楚汉相争过程中，韩信的军事天才、用兵谋略得到充分体现，他所创造的一些战法，如暗度陈仓、木罂缶渡河、背水一战、水淹龙且、兵围垓下，成为我国军事史上的经典战例。"连百万之军，战必胜，攻必取"，汉朝的天下，大半地盘是由韩信领兵打下来的。特别是井陉之战，韩信用背水阵破赵，打破兵家的常规战术，成为我国历史上以少击众的著名战役。

出奇制胜，用兵以奇，是军事家大智慧的集中体现。而出奇制胜正是韩信作战的显著特点。韩信指挥打仗，一开始总是显得不堪一击的样子，假装失败，趁敌军轻敌大意时，再杀个回马枪。最后垓下消灭项羽，主要是靠韩信率军前来合围。韩信打仗的战术是出人意料的，他从来不和敌人生打死拼，而是用智谋取胜，化不利为有利，使敌人感到神兵天降，防不胜防。

韩信在人生的鼎盛时期，手握重兵，被封齐王，实力足以抗衡刘邦和项羽。项羽派出说客武涉劝他"反汉与楚连和，参分天下王之"。韩信辞谢说："汉王授我上将军印，予我数万众，解衣衣我，推食食我，言听计用，故吾得以至于此。夫人深亲信我，我倍之不祥，虽死不易。"武涉走后，谋士蒯通以同样的计策劝他，韩信依旧不愿"向利背义"。

刘邦定鼎天下后，创立了西汉王朝，设宴款待群臣，问韩信自己可以统领多少兵马，韩信答道："陛下不过能将十万。"刘邦再问韩信能统领多少兵马，韩信答道："臣多多而益善耳。"韩信被刘邦降至淮阴侯后，常常称病不出，并有抱怨，以与刘邦亲信樊哙、灌婴同为侯爵之位为耻辱。

应怪萧公情义断，是非功过有评章。在中国历史上，韩信的一生跌宕起伏，是一位传奇性人物。韩信在手无寸铁的不利情况下，还在刘邦面前自矜其能、恃才傲物，不谙世事、无保身之谋。韩信如能待人谦让，不显能，不耀功，不恋禄位，功成身退，可能保住身家。司马迁认为，倘若韩信谦虚一点，对汉王朝的功勋可比历史上的周公、召公。

张良计谋解危难

张良（？—前190或前189），字子房，相传为城父（今河南襄城西南）人，秦末汉初的政治家、军事家、谋略家，足智多谋，善于用计。司马迁曾叹服张良的奇谋勇力，以为张良是一个奇伟男子，但见其画像时，却是一幅美丽的妇人面，一个长相俊朗的白面书生。张良的一生极富传奇色彩。

张良的祖父张开地，连任韩国三朝的宰相，父亲张平继任父职，连任韩国二朝的宰相，可见张氏家族在韩国地位显赫。然而，至张良时，韩国逐渐衰落灭亡，这使张良失去了子承父业的机会，也失去了进入仕途的可能。

"一击车中胆气豪，祖龙社稷已惊摇。"秦始皇经过荆轲事件，警卫森严，出巡备有多辆副车，以假乱真。张良和一名大力士狙击秦始皇于博浪沙（今河南原阳东南），挥起 120 斤重的铁锤，向秦始皇乘坐的车辆砸去，不料砸在副车上，狙击未遂。始皇大怒，下令在全国搜索 10 日，追捕刺客。张良事败身危，逃亡到下邳。

张良是个旷世奇人。张良与大力士用 120 斤的铁锤在旷野阻击秦始皇，面对千军万马没有迟疑之心，却有气吞长虹之志，其破釜沉舟的决心和意志、一往无前的胆量和勇气，何等的勇猛刚烈，并不比荆轲逊色，令天下震动。

明代陈仁锡说："子房一椎，宇宙生色！"而其一击不中，居然能逃脱秦人的天罗地网，从容逸去，更是奇迹，说明他不仅有大勇，而且有大智。残酷的现实逼使张良猛省。单枪匹马挑战掌握了国家机器的皇帝，无异于以卵击石，如同飞蛾扑火。此时张良已步入中年，修养与思想也逐渐成熟起来。

一天，张良闲步圯桥头，见一位须发皆白的老者，故意把鞋掉落桥下，然后傲慢地差使张良下去捡鞋。血气方刚的张良本是韩国的贵族子弟，从来没有被人这样使唤过，此时愕然，强忍不满，违心地下桥把鞋捡上来。不料老者伸出脚说："给我穿上！"张良想既然已经捡上来了，干脆替他穿上吧，于是屈下身来，给老者穿好了鞋。老者非但不谢，反而仰面长笑而去。张良颇为诧异：此人气度不凡，莫非世外高人？

老者走了一段路又返回来，对张良说："你是个大有前途的青年人。5 天之后的黎明时分，你在桥头等我。"5 天之后，张良如约前来，却发现老者已先到了。老者一脸怒气，对他说："与老年人相约，你怎么能迟到呢？5 天后再来！"5 天后，鸡刚叫，张良就赶到桥头，还是迟到了，老人又推迟 5 天。又过了 5 天，张良半夜就冒着寒风摸黑赶到，站在桥头恭候。过了一会儿，老者来了，高兴地说："你就应该这样啊！"然后，从怀中掏出一本书——《太公兵法》，说道："读此书可为王者师，帮助君王治国平天下！"说罢扬长而去。

张良在下邳这个地方一藏就是 10 年，做了两件事情：一是联络四方豪杰，仗义行侠，结交朋友。楚国的项伯（项羽叔父）因为杀了人也逃到了下邳，靠着张良的帮助，藏匿起来，他们成为莫逆之交，以致后来在鸿门宴事件中救了刘邦一命。二是熟读意外获得的奇书《太公兵法》。张良经过 10 年日夜攻读和思考，深悉谋略，思想逐渐成熟，成为军事家。李白曾为这段历史故事赋诗："……我来圮桥上，怀古钦英风。"

张良藏匿在下邳这个交通四达的要冲，秦始皇居然通缉不得，一则说明秦朝统治有薄弱环节；二则说明张良少时游楚都，结识的豪侠可靠；三则表明人民群众不与官府配合，不当耳目。

张良在圮桥遇到的那位老人，既爱惜又惋惜他的才能，因此用傲慢无礼的态度来考验他，目的是使得张良能经受住屈辱、忍受住愤怒，如果张良能忍受，那么，以后可以成就大事业。张良能克制自己的不快，为老人拾鞋、穿鞋，实际上是在锻炼自己的气量。他受到老人指点，长期历练，达到了很高的境界。

公元前 209 年夏天，陈胜、吴广在大泽乡揭竿而起，举兵起义，反秦灭秦的战火从此拉开了帷幕。秦王朝的政局风雨飘摇。张良也乘机聚集100余人去投奔起义军。走到半路上，遇到刘邦率领义军在下邳一带发展势力，两人一见如故，风餐露宿，心照神交。张良向刘邦谈论《太公兵法》，把六韬之略和盘托出，深受刘邦赞赏。从此，张良深受刘邦的器重和信赖，聪明才智和政治抱负也得以充分施展。

刘邦一生曾多次陷入困境，失败多多，然而悟性甚好，一听便懂，一点就通，而且举一反三，往往靠张良所献奇策，化险为夷，绝处逢生。刘邦在彭城大败之时，和张良一起向西逃跑。摆脱危机后，张良向刘邦提出如何与项羽争天下的战略：把根据地打造成前方的后盾，委托萧何做后方之事；重用军事奇才韩信指挥战役，他必定能打败项羽……

公元前208年12月，刘邦率军抵达峣关（今陕西省商洛市西北），遇到秦有重兵扼守。刘邦想要亲率所部两万余众，强行攻取。张良劝谏道："目前秦守关的兵力还很强大，不可轻举妄动。"刘邦采纳张良的谋略：先派人在山上多树旗帜，以为疑兵；同时派少数部队先行，再派郦食其多带珍宝财物去劝诱秦将，峣关守将果然献关投降。刘邦率兵向峣关突然发起攻击，结果秦军大败。刘邦乘胜追击，率先进入咸阳。秦王子婴看到大势已去，迎候刘邦，表示归降。秦朝灭亡，刘邦声威大震。

"子房佐王才，其风凛冰雪。"张良乃是天下奇士，刘邦可谓天纵奇才。他们的智力相当，都是具有高智商的人物，有思想，不冲动，深谋远虑，审时度势。张良引刘邦为知己，是要做"王者之师"，"遂从不去"。

张良出色的智谋和业绩，闪烁着智慧的光芒。项羽率军 40 万进驻鸿门，准备一举消灭刘邦。项伯不免为老友张良担心，于是连夜单骑出营，找到张良，要他快些离开。张良得到项伯的情报，立即向刘邦报告，让刘邦和项羽的叔父项伯结义联姻，拉拢项伯，请项伯在项羽面前多多美言，劝说项羽不要发兵攻打汉军，并且亲自随刘邦赴宴。

在鸿门宴上，张良和刘邦仍是行动默契。在中国历史上，很少有哪一对君臣如刘邦和张良这般君臣相得。张良大智大勇，让刘邦装出一副谦恭之态，稳住了项羽，巧妙地帮助刘邦脱离虎口。赴鸿门宴，刘邦向项羽诈示柔顺一幕，完全是张良所导演。

刘邦被楚军围困于荥阳，情势危急，看了韩信上书要求封他一个假齐王的封号，十分恼怒，于是大骂韩信借机要挟争权，企图自立为王。站在旁边的张良、陈平赶紧踩一下刘邦的脚，提醒刘邦：不如顺水推舟，封他王爵，以收军心，否则韩信可能反叛。刘邦领悟，便改口说："大丈夫能定诸侯，即为真王耳，何以假为！"遂封韩信为齐王，并调韩信的兵来打楚军，扭转了困局。

公元前 202 年，汉军东进，到达固陵，韩信、彭越的军队作战劲头不大，没有按时到达。项羽回师把汉军打得大败，形势危急。刘邦采用张良的计谋，答应给韩信、彭越分封土地。韩信、彭越立即大举出兵，把楚军团团围困于垓下。张良又献出锦囊妙计：在汉军中教唱楚地的歌曲，以瓦解楚军军心。项羽的士兵们听到家乡民歌，引起思乡之情，无心打仗，丢戈弃甲，离项羽而去。项羽知大势已去，率 800 名随从冲出重围，连夜逃亡，自叹无颜见江东父老，至乌江自刎。

张良有一股贵族书生气质，见解精辟，谈吐文雅，而且"功高"却不"震主"。在刘邦的所有开国功臣之中，张良的性格、天资、经历与刘邦最为接近，张良总是能够洞悉刘邦的心思，提出恰到好处的谋略。

汉高祖晚年，宠爱戚夫人，欲改立戚夫人之子为太子。皇后吕雉向张良求教如何保住太子刘盈。张良为其谋划，让其请天下四位德高望重的长者——"商山四皓"辅助太子刘盈，便可打消高祖废立之意。最后，刘盈顺利登上帝位。

在中国古代，仕途之路并不平坦，而是充满了荆棘。刘邦看重张良的才能，用其计，但对他的信任度一直有所保留，没有达到倾心相依的地步。明智者会审时度势，急流勇退，得以安度晚年；愚钝者却只知一味前进，当退不退，等到"千夫所指"的时候，才想到退让，结局悲惨。张良以自己的智慧和胆略，为刘邦战胜项羽立下了不可磨灭的功绩，为西汉王朝的建立奠定了坚实的基础。

作为谋略之才、西汉王朝的开国功臣，张良历览古今沧桑变化，看清了皇帝与功臣之间存在着很多不稳定因素，深知伍子胥、文种后来成了被烹的良狗、被藏的良弓，伊尹、傅说、姜尚、范蠡不争权求利而功成身退得以保全，因而面对严峻形势，论功时不居功自傲，不把功劳当资本，处处谦让；以退为进，亦官亦隐，急流勇退，贵柔知止，从"帝者师"退居"帝者宾"的地位，抛开人间俗事，随同仙人赤松子远游，把功名利禄抛在脑后，以清风明月为侣，逍遥自在地度过了晚年，体现出他善于审时度势的睿智，也展示了他博大的胸襟和君子风骨，风采焕然，堪称良臣，为后世表率。

在"汉初三杰"中，张良是唯一没有担任具体军政要职的人，但他那出色的智谋和业绩，闪耀着智慧的光芒。刘邦说："运筹策帷帐中，决胜千里外，子房功也。"

但使龙城飞将在

李广（？—前119），陇西成纪（今甘肃省静宁县）人，西汉名将。身经百战，所向披靡，屡立战功。唐德宗时，名列武庙六十四将之一。宋徽宗时，追封怀柔伯，位列武庙七十二将之一。

汉景帝时，匈奴大举入侵上郡，李广带兵反击。一次，他带领一百名骑兵巡逻，突然与匈奴的数千骑兵相遇。因为敌众我寡，他的骑兵们十分慌张，急于逃跑。李广说："我们离大军几十里，现在若逃跑，匈奴一追赶射击马上就全完了。现在我们若留下，匈奴一定以为我们是为大军来诱敌，必然不敢来袭击我们。"接着，他命令骑兵说："前进！"到离匈奴阵地二里许停了下来，又下令说："都下马解鞍！"他的部将说："敌人多而且离得近，如果有紧急情况，怎么办？"李广说："那些敌人以为我们会走，现在都解鞍就表示不走，可以使敌人更加坚定我们是来诱敌的错误判断。"果然，匈奴骑兵们举棋不定，犹豫不决，就没敢发起袭击。

这时，有个骑白马的匈奴将军出阵监视他的兵卒，李广立即上马与十几名骑兵奔驰前去射杀了这个匈奴白马将军，然后又返回到他的骑兵中间，解下马鞍，命令士兵把马放开，随便躺卧。匈奴兵始终觉得很奇怪，不敢贸然出击。直至夜半时分，匈奴兵担心汉军在旁边有伏兵，可能会在夜间袭击他们，就全部撤走了，李广也率军平安回到驻地。由于李广的临危不乱，急中生智，终于化险为夷，挽救了全体将士的性命。

还有一次，更为惊险，也更见李广的大智大勇。汉武帝元光二年（前133），李广再次奉命出征，从雁门出击匈奴，所向披靡，势不可当。但有一回，因匈奴兵势众多，击败了李广军，并活捉了受伤的李广。匈奴单于早就知道李广的赫赫威名，下令要活捉李广。匈奴骑兵抓到李广后，就把他放置在两匹马中间的网上。走了十多里路，李广假装死去，偷偷看到旁边有一个匈奴骑兵骑的是匹好马，就突然跳上这个匈奴骑兵的马，夺了他的弓箭，驱马向南跑，数百名匈奴骑兵紧追不舍。李广一连射杀了十多名追兵，箭无虚发，大大震慑了追兵，不敢再追，李广终于逃脱，与所属部下会合，回到塞内。从此，他的名声更大了，被匈奴视为"飞将军"。

李广作战时如同猛虎，锐不可当，所向无敌；但平时却沉默寡言，没事就读兵书，在地上画作战阵图，或比赛射箭。司马迁在《史记》中专门用了一句成语形容他：桃李不言，下自成蹊。

李广不善用言辞逞强，却善用本事说话。李广身高臂长，力大无穷，善于骑射，武艺出众。他曾经数次随从皇帝狩猎，格杀猛兽，箭无虚发，汉文帝说："可惜你生不逢时，假如让你生在高祖时代，做个万户侯又算得了什么！"《史记·李将军列传》

记载一则故事，说的是有一次李广酒后见到草丛中的石头，误以为是老虎，于是引弓去射，结果发现是块石头，而箭头已经没入石块。再发箭去射，却无论如何也射不进去了。唐代诗人卢纶在《塞下曲》中也有描述："林暗草惊风，将军夜引弓。平明寻白羽，没在石棱中。"

他这一生，大大小小打了七十多仗，多次负伤，屡立战功。汉文帝十四年（前166），李广从军。因攻打匈奴有功，授中郎。汉景帝时，李广参与平定七国之乱，任骁骑都尉，跟随太尉周亚夫反击吴楚叛军。在昌邑城下，一马当先，奋勇夺取叛军军旗，立了大功，以此名声显扬。汉武帝即位后，他又调为上谷太守，后徙为上郡、陇西、北地、雁门、代郡、云中太守，常与前来侵扰的匈奴作战，每每出其不意攻其不备，击敌于迅雷不及掩耳之际，使匈奴畏服，数年不敢来犯。

李广一身正气，光明磊落，在军中威望很高，如司马迁在《史记》所言："'其身正，不令而行；其身不正，虽令不从'。其李将军之谓也！"李广打仗身先士卒，不避斧钺，冲锋在前，撤退在后；李广爱兵如子，平时与士兵同吃同住，皇帝赏给他的物品，也总是与部下一同分享。带兵行军，遇到断粮缺水时，见了水，士兵不喝到水，他不近水边；士兵不吃上饭，他不尝一口饭。李广对待士兵宽厚不苛，士兵因此喜欢替他办事效力，跟随他作战都非常英勇，常常是以一当十。李广虽不多言，却以真诚和高尚的品质赢得了人们的崇敬，他死的那天，全军将士都失声痛哭。老百姓听到消息，无不悲伤流泪。

古往今来，只要是为国为民做出过贡献的人，都会被人民所铭记，都会进入历史的"名人堂"，都会"赢得生前身后名"。李广虽未封侯，但后世对他评价极高。王昌龄的《出塞》我们至今还在传诵："秦时明月汉时关，万里长征人未还。但使龙城飞将在，不教胡马度阴山。"

壮志还思祖逖鞭

祖逖（266—321），字士稚，范阳遒县（今河北省涞水县）人。东晋政治家、军事家。他"中流击楫"一往无前的爱国精神，激励着人们为反抗民族压迫而斗争。

祖逖与刘琨是好友，两人有着相同的远大抱负，立志为祖国建功立业，成为国家的栋梁之材。两人感情深厚，惺惺相惜，常常同榻而眠，纵论世事，有时夜深还不能入睡，拥被起坐，相互勉励道："如果天下大乱，豪杰并起，你我二人应干出一番事业！"一天半夜，祖逖听见公鸡的啼叫声，灵机一动，与刘琨约定以后听见鸡叫声便起床练剑。于是，两人一边刻苦练习剑术，一边广泛阅读书籍，天长日久，终于变得博学多识，能文能武，为实现报效家国奠定了坚实基础。"闻鸡起舞"的成语，即从此而来，一千多年来被传为美谈，勉励人们勤奋学习，不断进取。

祖逖出身北地大族，世代都有两千石的高官。祖逖少年时性格豁达坦荡，不拘小节，轻财重义，慷慨有志节，常周济贫困，深受乡党宗族敬重。他成年后发奋读书，博览典籍，涉猎古今，又习武健身，使枪弄棒，时人都称其有济世之才，日后必大有作为。

入仕后，祖逖曾任司州主簿、大司马掾、骠骑祭酒、太子中舍人等职，升得挺快，官也不算小，光宗耀祖也够了。但他志不在此，而是念念不忘北伐，收复领土。

永嘉之乱后，建兴元年（313），晋愍帝即位，祖逖积极要求带兵北伐，朝廷态度却很冷淡，相互推来推去，满足于偏安江南。朝廷虽不愿北伐，但也不便公开反对，于是任命祖逖为奋威将军、豫州刺史，只拨予千人粮饷、三千匹布帛，让他自募战士，自造兵器。

朝廷的消极态度，并未动摇祖逖北伐的决心。西晋末年，祖逖率领跟随自己南下的宗族部曲百余家，毅然从京口（今江苏镇江）渡江北上，当船至中流之时，他看着面前滚滚东去的江水，感慨万千。想到山河破碎和百姓涂炭的情景，想到困难的处境和壮志难伸的愤懑，豪气干云，热血涌动，敲着船楫朗声发誓："祖逖不能清中原而复济者，有如大江！"意思是若不能平定中原，收复失地，自己就像这大江一样有去无回！后人便用"中流击楫"比喻立志奋发图强。渡江后，他暂驻淮阴，起炉冶铁，铸造兵器，又招募到士兵2000多人。

他一方面抓紧时间训练部队，筹措给养；一方面构筑工事，准备进军。他的北伐，得到各地人民的响应，纷纷报名参军，或支援粮草，数年间，经过祖逖率军浴血奋战，出生入死，收复黄河以南大片领土，使得石勒不敢南侵。

祖逖北伐成功，有很多原因。从主观原因来说，祖逖是个智勇双全的帅才，他熟读兵书，足智多谋，打仗常以少胜多，出其不意。他礼贤下士，善用人才，即使是关系疏远、地位低下之人，也能施布恩信，予以礼遇。将士稍有微功，便会加以赏赐。他生活俭朴，不畜资产，有了赏赐，全部分给部众，深得将士拥戴，打起仗来奋勇向前，战斗力很强。

从客观原因来说，他的北伐代表了人民的普遍意愿，是民心所向。加之其军队纪律严明，秋毫无犯，是仁义之师，深受人民欢迎。他每到一地，便劝督农桑，带头发展生产，让百姓休养生息，又收葬枯骨，善于体恤民情，因而深得民心。大兴四年（321），祖逖积劳成疾，重病在身，但仍图进取，抱病营缮武牢城，特意派从子祖济率众修筑壁垒。但壁垒尚未修成，祖逖便在雍丘病逝，时年56岁。百姓为其建祠立碑，纪念他的功德。

祖逖早年与刘琨为友，共以收复中原为志。祖逖获得朝廷任用北伐后，刘琨对人道："吾枕戈待旦，志枭逆虏，常恐祖生先吾著鞭。"意思是担心祖逖赶在自己前面建立功业。后人在诗文中常引用"先鞭""祖鞭"，以此形容奋勉争先。诗人华岳有诗云："自抚刘生几，谁思祖逖鞭。"诗人李洪有诗云："功名晚蹉跎，肯著祖逖鞭。"其中以诗人宋伯仁的《谢浙东赵宪使》中的诗句最为生动传神："乡心固忆张翰脍，壮志还思祖逖鞭。"

"苟利国家生死以，岂因祸福避趋之。"爱国爱民，收复故土，一直是历史上那些有识之士的最高理想。祖逖的北伐也是一曲爱国主义的壮歌，彪炳史册，流芳千古。谁把祖国放在心上，人民就把谁放在心上。

一代天骄的智慧

成吉思汗（1162—1227），即元太祖铁木真，古代蒙古首领、军事家和政治家。他的父亲也速该原本是蒙古乞颜部落的头领。铁木真9岁那年，父亲被另一蒙古部族首领下毒致死，家产也被洗劫一空。少年时期的磨难，培养了铁木真坚毅勇敢的性格。

铁木真拜当时草原上实力最雄厚的克烈部首领汪罕为义父，利用义父的势力收揽自己的部族人马。为了争取支持者，铁木真对于敌方的部队和居民也以礼相待。在著名的"十三翼之战"中，获胜的札木合因残酷地处死战俘，引起一些部下的不满，纷纷投奔宽仁大度的铁木真。

一天，铁木真率部外出打猎，遇上与自己有仇的泰赤乌部的朱里耶人。望着惊慌失措的朱里耶人，得知他们常受泰赤乌部的虐待，既无粮食，又无帐篷。铁木真慷慨地说："既然如此，那就请你们与我们一起住吧，明天行猎所获我们平分。"第二天，兑现了诺言。朱里耶人对此非常感动，便纷纷投靠铁木真。

铁木真重视人的特长和才能，重才德而不记前仇。即使是在战场上差一点致自己于死地的劲敌，他也能够为我所用，收为部将。铁木真委以重任的"四杰""四狗"等重要将领，来源于不同的部族，有的出身于平民，有的曾是俘虏，有的出身于奴隶，有的曾是铁木真的仇敌。他对待部下，一旦看准的人，就当成宝贝，绝对信任，大胆放手，只交代任务，不干涉具体行动，让部下充分施展才能。他不忘将士的功勋，不因喜怒而随意处置人，更没有"狡兔死，走狗烹；飞鸟尽，良弓藏"那种亲者痛、仇者快的悲剧发生。这是一种不问出身，不问等级、资历，只看实际才能的用人策略。知人善任，因才授任，是他取得成功的关键所在。

在阔亦田之战中，泰赤乌人不肯束手待毙，他们稳住阵脚，步步为营。泰赤乌部猛将只儿豁阿歹，一箭射伤了正在冲杀的铁木真的脖颈。铁木真虽然负伤，但最后还是打败了泰赤乌部，收留了只儿豁阿歹，并当场给他改名叫"哲别"，意为铁木真手中的利箭，为其射杀强敌。铁木真不记射颈之仇，对哲别推诚相待，破格重用。哲别跟随他南征北战，屡立战功，成为名将。铁木真不计恩怨，能够任用反对过自己的人，获得了很多一流人才。许多有见识的人投靠他，实现自己的抱负。

铁木真得知耶律楚材学识渊博，于是发出征召诏令，将耶律楚材作为谋士，留在身边。"博学多洽闻，谟猷见弼直。"后来铁木真对他的第三子窝阔台说："这位先生有宰相才，是上天赐予我们的。以后凡是军国要政，都要认真听取他的意见。"

铁木真深知"武得天下，文治天下"的道理。他攻打西域，顾不上治理中原的事，国库日渐空虚。近臣别迭等人建议："汉人对我们国家没有用处，可以将他们赶走，空出土地来作为牧场。"耶律楚材反对说："陛下南征，军需粮草要先备好。如果能合理地增收中原一带的土地税、商税、盐税等税收，每年可得银 50 万两，布 8 万匹，粮 40 余万石，足可供给军需，怎么说没有用呢！"

铁木真责成耶律楚材办理。耶律楚材奏请设立了燕京等 10

路征收课税使，全部由读书人担任。到了秋天，铁木真看到增添这么多的钱物，十分高兴，赐给他美酒，拜他为中书令。

1206 年，铁木真统一蒙古主要部落，建立蒙古汗国，被拥立为大汗，号成吉思汗（蒙古语"海洋"或"强大"之意）。他统一蒙古各部的功绩，对于我国各民族的融合具有重要意义。成吉思汗即位后，制定军事、政治、经济、法律、文化制度，创制蒙古文字，促进了蒙古社会经济、文化的发展，同时开展了大规模的军事活动。

1211 年和 1215 年两次进攻金国，打到黄河北岸，占领中都（今北京）。1219 年到 1224 年，发动第一次西征，占领了中亚大片土地，版图横跨欧亚两洲。1226 年，他又南下进攻西夏。战争进行了一年多，1227 年 6 月，西夏被迫遣使乞降。

1227 年 7 月，成吉思汗于军中得重病，病逝于六盘山下的清水（今甘肃省清水县）。他在生前，选定了他最为钟爱的稳重沉着、头脑清醒的第三个儿子窝阔台来做接班人。"一代天骄，成吉思汗"，这位从苦难中崛起的蒙古族英雄深沉有大略，驰骋南北东西，戎马一生立下了惊人战功。

成吉思汗具有鲜明的英雄主义情结和卓越的军事才能。成吉思汗的一生，是浴血奋战的一生。在作战中，他身先士卒、冲锋陷阵。他谙熟兵法，善于用兵，出奇制胜，在军事上有许多值得重视的创造。他充分利用游牧民族能骑善射的优点，经常采取奇袭的战术，一举歼灭对方。有时为了不让敌方知道自己兵力消耗的情况，让当地居民穿上蒙古军服，骑在马上，假扮蒙古兵。他还学习和吸收先进技术和文化，仿照汉族火炮等制造攻城武器。

他在战略上重视远交近攻，力避树敌过多，战术上用兵注重详探敌情、分割包围、远程奇袭、佯退诱敌、避实击虚、多路出击、迂回突袭、速战速决、运动中歼敌等战法。成吉思汗曾不止一次吃过败仗，但他在失败之后从不气馁，善于从失败中学习，以坚强的意志重整旗鼓，直到取得胜利。

延伸阅读

遇事不慌，才能干成事

一天傍晚，朱棣接到报告说宁夏被围了，吓得赶紧让人把翰林院的人叫来开会。可当时只有编修杨子荣在值班。朱棣无奈地问他应该派哪里的兵去救，杨子荣却说没必要救。朱棣很疑惑。杨子荣说，宁夏的城池非常坚固，事情既然发生十多天了，敌人肯定已经退了，现在只需让邻近诸城注意防备就可以。果然，当天半夜就传来好消息。为了奖赏杨子荣，朱棣令他入阁，改名杨荣，与杨士奇、杨溥做同事，时称"三杨"。

（来源：《传奇故事·百家讲坛》2023 年第 7 期）

刘伯温足智多谋

刘基（1311—1375），字伯温，浙江青田南田武阳村（今属文成）人。自幼勤奋好学，博览群书，精通军事韬略，明朝开国第一功臣，其文韬武略绽放绚丽的光彩。他的前半生坎坷崎岖。1333年进士，做过小官，为人慷慨而讲大节，为官正直清廉，不畏强御，不阿权贵。他在治国理民方面颇有建树，他的《郁离子》等著作无不闪耀着智慧的光芒。

"九州殊夏裔，万古肇君臣。"1359年，朱元璋经过多方访贤，听说刘基弃官归里，便两次派人前往邀聘。身材修伟、仪表伟丽、长须飘洒前胸的刘基观察诸多起义群雄，唯朱元璋最具雄才大略，兵精将强，求贤若渴，最有前途。

刘基此时已将近50岁，长朱元璋17岁。刘基、宋濂等4人刚到金陵，朱元璋马上亲自召见，说道："我为天下屈四先生"，尊他为"先生"而不呼名，有时还说："你就是我的张子房啊！"每到紧急关头，刘基总是挺身而出，辅佐朱元璋剪除群雄，治理天下。

在设宴款待刘基等人时，朱元璋以桌上的竹筷让刘基赋诗。刘基吟道："一对湘江玉并看，二妃曾洒泪痕斑。"朱元璋知道是用了舜妃娥皇、女英洒泪青竹而成湘妃斑竹的典故，双目攀蹙，笑道："秀才气味太浓。"

刘基接着吟道："汉家天下四百年，尽在留侯一箸间。"刘基立意深邃，自比张良，表达了其辅佐朱元璋成就帝业的鸿鹄之志。刘基见朱元璋虚心请教，便侃侃而谈天下群雄逐鹿的大势，提出"时务十八策"。朱元璋第一次听到如此精辟的分析，耳目为之一新。刘基从此佐戎帷幄，开始了新的政治军事生涯。

刘基初到金陵，据有江西、湖广的陈友谅自恃军力强大，密谋张士诚，联合进攻应天，欲一举消灭朱元璋。刘基建议朱元璋："应尽开府库，多用财物赏赐将士，然后厉兵秣马。目前敌我兵力悬殊，陈友谅骄纵轻敌，引军千里来犯我。与其陈兵力拒，不如诱之深入，设伏兵袭击，陈友谅必败无疑。"朱元璋采纳了刘基的计策，巧出奇兵，果然打败了陈友谅的进攻，巩固了金陵根据地。

为了扫平群雄，北定中原，多数将领主张先易后难，即先打力量较弱的张士诚。刘基的主张则相反：如今应当先对付陈友谅，后收拾张士诚。朱元璋说："张士诚弱小而陈友谅强大，应当先除弱者，这是用兵的常法，先生何故舍弱而图强呢？"刘基说："如今之势，不可拘泥于兵法。盐贩子出身的张士诚顾虑多、疑心重，龌龊无大志，只想保住那块地方，这种人不足为虑。陈友谅出身渔家，惯在风浪里过日子，劫主称帝，野心勃勃，容易冒险，地广势强，拥有精兵大舰，然而其数战民疲，不得人心，所以应当集中兵力，先除掉陈友谅，张士诚自孤，然后拥兵北上，王业可成也。"刘基这番精辟分析，不亚于诸葛亮的"隆中对"。朱元璋听后大喜："先生神机妙算也！"

1361年8月，朱元璋亲率三军溯长江西征陈友谅。安庆城坚，陈友谅重兵驻防安庆，不能攻下。刘基又建议撇开安庆，出其不意，直趋九江，捣陈友谅巢穴。陈友谅从梦中惊觉，疑神兵天降，仓促应战，弃逃武昌。陈友谅部臣江西行省丞相胡廷瑞，以保留军队为条件前来请降，朱元璋一时面有难色。刘基急中生智，从后面踢了一下朱元璋座椅。朱元璋顿悟，许之。结果，胡廷瑞降后，其他汉将接二连三遣使来降，整个江西很快并入朱元璋的版图。

"南征频克敌，北伐旋摧坚。"1363 年 4 月，陈友谅从武昌率军倾城而出，围攻南昌，双方大战于鄱阳湖。这是中国古代最大的一次水战。

刘基日夜伴随朱元璋左右，参与军机。有一次，在炮火密集的激战中，刘基心明眼快，劝朱元璋速换座舰，朱元璋的座舰迅即被火炮击碎。陈友谅以为朱元璋必死无疑，得意忘形。一会儿，朱元璋的大旗又在其他舰船上升起，继续指挥战斗，陈友谅大惊失色。两军鏖战，相持多日，血染湖水。这时刘基提出"移师湖口"之计——派重兵扼守鄱阳湖四周出口之处，以困陈友谅，关门打狗。陈友谅收拾残兵，杀出重围，又遇到阻击，于九江口中箭而死。陈友谅的 60 万水军全军覆没。

朱元璋又挥戈东进，征战张士诚。至 1367 年 9 月，攻占平江（今苏州）。张士诚见自己的军队大败，自缢而死。朱元璋对刘基说："先生是我创立江山的第一等功臣！"

刘伯温大智慧的展示，还在立国之后。1368 年，朱元璋宣布明朝建立，拜刘基为御史中丞兼太史令等职。刘基认为，治国必须德刑并用而以德治为主，要有仁爱之心，关心和爱护百姓，同时须有严明的法纪，有法必依。他和丞相李善长制定《大明律》，整肃纲纪，防止乱杀无辜。他严加治理吏治的腐败，处理长期以来积压的冤案，令下属大胆揭发官员贪赃枉法之事。

对于文臣之首的李善长，他也毫不通融。李善长的亲信、中书省都事李彬犯贪纵罪，被刘基查获。李善长多次找刘基求情宽恕。刘基不循情面，按律把李彬正法，在朝野引起震动。

刘基在举荐贤能方面，识高见著。朱元璋厌烦李善长的跋扈，欲免去李善长丞相一职。刘基却站出来替李善长辩护："善长是陛下勋旧，又有功劳，有较高威望，能协和诸将，和衷共济，万万撤换不得。"

朱元璋说："他屡次加害你，你怎么还为他说好话让他任宰相呢？看来，你既有大功，又忠心诚实，可以代他当丞相，不知意下如何？"刘基叩头说："国之大事，莫大于置相。换相好比大厦换柱子，必须是栋梁之材才行，若以小木代之，将加速倾覆。臣驽钝，岂能受此重任。"

刘基被百姓颂为"刘青天"，性情刚烈，豪爽刚正，为肃纲纪得罪了许多人。"安得廉循吏，与国共欣戚。"刘基难以继续施展抱负，于1371年毅然决然辞官，回到故乡，隐居山林。

"林下风云天下计，留侯筹策武侯心。"刘基是一位王佐之才，可与智慧的化身——诸葛亮相媲美。他有着赞画帷幄之奇谋，恢复中原之大计，制定了一系列有利于休养生息、巩固明王朝统治的政策。刘基死后不久，胡惟庸案发。朱元璋追思刘基生前所言，懊悔不已。于是下诏，令刘基子孙世袭诚意伯爵位。诚如蔡元培所言："时势造英雄，帷幄奇谋，功冠有明一代；庙堂馨俎豆，枌榆故里，群瞻遗像千秋。"

鏖兵决胜扭乾坤

于谦（1398—1457），字廷益，明浙江钱塘（今杭州）人，少年时才识过人，23岁中举人，24岁考上进士。担任监察御史，官至兵部尚书。

于谦年少时写出言志诗《石灰吟》，可见志向远大。于谦担任山西、河南等地巡抚达 19 年。在巡抚岗位上，他平反了好几百起冤案，被百姓称为"青天"。

于谦志存社稷，忧国忘家。他救灾赈荒，安抚流民，发展生产，政绩显著。1448 年，于谦被调入北京，担任兵部左侍郎。

1449 年，蒙古瓦剌部族兵分四路，大举入侵。明英宗不与朝臣商量，固执地偏信太监王振一面之词，冒冒失失率 50 万兵马，亲征蒙古瓦剌部族入侵，结果在土木堡被瓦剌生擒活捉，这是明朝建立以来的奇耻大辱。土木堡之变，王振开启祸端，失于防范，不听劝告，导致瓦剌部大举南侵。瓦剌挟持被俘的明英宗，进逼北京。

有的大臣提出迁都避敌，于谦力主不可迁都，"言南迁者，可斩也"。他出面稳定局势，认为马顺论罪当斩，暂不追究。之后，于谦紧锣密鼓安排防务，制造兵器，储备粮食。于谦下令：将领退却，斩将领；士兵退却，后队斩前队。于谦亲率大军 22 万，在北京城下抗击瓦剌也先，保卫首都。

也先部队见硬的不行，就想来软的。队中有一位投降过来的太监，名叫喜宁。他深谙明朝内部玄机，教唆也先耍诡计：推出明英宗，以此要挟黄金与丝织品等；邀请于谦、王直、胡濙等大臣出来谈判，趁机抓捕。于谦等回复：朝廷已有新帝，谈就免了吧。也先知道和谈行不通，就继续强攻。于谦利用对方急于求胜的心理，派兵诱敌，然后用火器伏击。待到瓦剌退军之后，于谦继续努力清理后患。他密令大同守将将叛宦喜宁逮捕杀了，之后又诱杀了间谍小田儿。

于谦拯国家于危难之中，在惊涛狂澜中起到了中流砥柱的作用，迫使瓦剌送还英宗，使局势转危为安。于谦敢于提出"社稷为重，君为轻"，强调以整个国家民族利益为重。京师保卫战获胜之后，于谦个人声望达到巅峰。朝廷加封于谦少保身份，总管军务。

一个皇位，兄弟两人都想坐，于是酝酿出更大的斗争。于谦认为一国之君不能随便换来换去，支持景帝继续当皇帝。没想到却给日后招来杀身之祸。谁能料到，英宗野心不死，阴谋复辟，第二次当皇帝。没有防范之心的于谦，全然不知血雨腥风已近，仍然一心扑在政事上。主张都城南迁以避瓦剌的大臣之一徐有贞，是支持英宗复辟的文臣之首。英宗复位后，徐有贞等告于谦谋逆罪，却查无实据，竟以"竟欲"定其案，将视为异己的于谦处死。于谦死时，天空布满阴云，似乎在为一代忠臣的冤死而低声抽泣。《明史·于谦传》评价很高："忠心义烈，与日月争光。"

于谦墓位于西湖三台山麓，在岳飞墓之南。清代袁枚深情赞扬于谦和岳飞："江山也要伟人扶，神化丹青即画图。赖有岳于双少保，人间始觉重西湖。"

王阳明的用兵智慧

王阳明是陆王心学之集大成者，在武功上也赫赫有名。1516年，兵部尚书王琼将自己颇为赏识的王阳明推荐为右佥都御史。王阳明经历平南赣盗、平宸濠叛乱、征思田、平八寨等诸多战事，几乎是攻无不克，战无不胜，达到了文人用兵的顶峰。

王阳明在《绥柔流贼》中说："盖用兵之法，伐谋为先；处夷之道，攻心为上；今各瑶征剿之后，有司即宜诚心抚恤，以安其心；若不服其心，而徒欲久留湖兵，多调狼卒，凭藉兵力以威劫把持，谓为可久之计，则亦末矣。"王阳明作战首选以谋胜敌，认为这样可以避免自己过多的伤亡，也可不那么过分地杀戮敌人。这既体现了王阳明的仁者之心，也体现了他以谋胜敌的思想。

王阳明对前人军事思想的学习和吸收能力是超强的，在实践中他很快就能举一反三。平定宁王朱宸濠叛乱可以说是王阳明一生军功的顶点，在此战役中王阳明连施三计，使得"攻心"之战打得可谓漂亮。王阳明首先采用了缓兵之计，来为官军争取时间。反间计的使用最难，而他用来却得心应手、屡试不爽。王阳明利用反间计和虚假情况迷惑宁王，离间朱宸濠与谋臣的关系，命参谋龙光伪造了一封给李士实的信，在信中谈到李士实、刘养正二人做内应之事，然后遣信使将这封信分别送给李士实、刘养正，伪造二人投降之假象，从而使其将帅互相猜忌。朱宸濠果然起了疑心，认为此事有诈，在南昌滞留了十多天没敢出兵。王阳明又让人在战前用竹木准备了数十万块免死牌，上面写着一行小字："宸濠叛逆，罪不容诛，胁从人等，有手持此牌弃暗投明者，既往不咎。"此举一出，敌方军心涣散。朱宸濠大势已去。

在鄱阳湖大战之时，王阳明又发现战机，即敌方水军连成方阵，正好可以用火攻："贼复退保樵舍，连舟为方阵，尽出其金银以赏士。臣乃夜督伍文定等为火攻之具"。王阳明的这种随机应变帮助他打败了朱宸濠。这场密谋 10 年的叛乱，王阳明仅仅用了 30 多天的时间便将其平定。

作为文臣的王阳明，在军事方面的特殊才能和智慧，通过几次较大的军事行动得到了充分的证明。对于宁王朱宸濠的平叛过程，体现了他谙熟军事、长于用兵。王阳明对于边远地区少数民族的动乱，不主张军事围剿，而主张采用怀柔招抚的政策。军事行动与地方治理并举，增强了地方政权的有效性管理。

《虎钤经》认为："用兵之要，先谋为本。"一是要考虑到矛盾的双方，吉凶、险易、利害等都要考虑到。对自己不利的方面用心防备，困难或灾难就可解除；对自己有利的方面充分利用，敌人的困难或灾难就会增加。二是要考虑到胜败可以转化，"败势可以为胜，胜势可以为败"。由胜转败的因素有泄密、不团结、狐疑不决、贻误时机等。

若想把事业做好，"勇"和"谋"缺一不可。王阳明博览群书，悟性极好，善于用兵布阵。在谋略方面，王阳明很崇拜诸葛亮，"纵擒徒羡孔明才"的诗句可表明他的心迹。在他的文集中曾多次提到诸葛亮。他学习诸葛亮的韬略，筹划精密，变幻莫测，使用了许多奇计，都是随机决断，韬略过人。

"此心不动，随机而动"，这八字真言是王阳明心学的至高精华、核心思想之一，也是成大事的第一真谛。大意是：我当下的心不受一丝一毫杂念的影响，不会因事物产生波动，不拘泥于一时一事的得失，对事物的深谋远虑，胸有成竹而临危不乱，随着事物的变化做到随机而动。王阳明真是一位卓越的军事家和奇男子，他一边云淡风轻地讲学育人，一边指挥千军万马剿匪、平定军事实力强大的宁王叛乱。宁王的心"妄动"，被不妄动的王阳明一览无余，于是王阳明"随机而动"，不仅可以先发制人，也可后发制人。要做到随机而动，亦即捕捉到事物的本质，在恰当的时机做出恰当的行动，其前提是"此心不动"，先让你的心安定下来，泰山崩于前而面不改色，只有"此心不动"，方能本心呈现，养成内心坚定、处变不惊的气度和格局，从而行走于大道之境。

延伸阅读

鲁迅：人要学会自审

鲁迅是民国时期的"文坛一哥"，短篇小说、散文、杂文、散文诗之类，无人能出其右，当时倾慕他的读者非常多，连法国文豪罗曼·罗兰都对他钦佩不已。可鲁迅认为自己不值得拥有传记。他在给李霁野的一封信中说："我是不写自传也不热心于别人给我作传的，因为一生太平凡，倘使这样的也可做传，那么，中国一下子可以有四万万部传记，真将塞破图书馆。"

闲暇时，鲁迅偶作旧题诗，主题别致，境界超迈，语言优美。常州人杨霁云准备编纂鲁迅的《集外集》，便给鲁迅写了一封信，信中对这些诗的评价甚高。鲁迅在回信中说："来信于我的诗，奖誉太过。其实我于旧诗素未研究，胡说八道而已。我以为一切好诗，到唐已被做完，此后倘非能翻出如来掌心之'齐天大圣'，大可不必动手，然而言行不能一致，有时也诌几句，自省殊亦可笑。"

（来源：《传奇故事·百家讲坛》2023 年第 8 期）

主要参考文献

1. 吕宁编著:《〈论语〉中的人生智慧》,北京工业大学出版社 2016 年版。

2. 张子维编著:《孟子的大智慧》,福建人民出版社 2010 年版。

3. 崔振明主编:《中华五千年军事家评传》,中国纺织出版社 2012 年版。

4. 陈树文:《先秦诸子中的领导智慧》,清华大学出版社 2019 年版。

5. 牟晓萍:《春秋人物》,生活·读书·新知三联书店 2022 年版。

6. 蒋筱波编:《中国宰相传》卷一,三秦出版社 2008 年版。

7. 冷成金:《读史有智慧》(上),贵州人民出版社 2023 年版。

8. 王子今:《历史学者毛泽东》,西苑出版社 2013 年版。

9. 〔明〕冯梦龙:《东周列国志》,华夏出版社 2013 年版。

10. 刘焕民:《二十五史军事人物随笔》,蓝天出版社 2009 年版。

11. 战化军、姜颖:《齐国人物志》,齐鲁书社 2004 年版。

12. 林语堂:《苏东坡传》,张振玉译,湖南文艺出版社 2012 年版。